高职高专经管专业十二五规划教材

企业财务管理实训

● 主编　彭亚黎

WUHAN UNIVERSITY PRESS

武汉大学出版社

图书在版编目(CIP)数据

企业财务管理实训/彭亚黎主编 . —武汉:武汉大学出版社,2012.9(2016.7 重印)

高职高专经管专业十二五规划教材
ISBN 978-7-307-09362-1

Ⅰ.企… Ⅱ.彭… Ⅲ.企业管理—财务管理—高等职业教育—教学参考资料 Ⅳ.F275

中国版本图书馆 CIP 数据核字(2012)第 208478 号

责任编辑:唐 伟 责任校对:刘 欣 版式设计:马 佳

出版发行:**武汉大学出版社** (430072 武昌 珞珈山)
(电子邮件:cbs22@whu.edu.cn 网址:www.wdp.com.cn)
印刷:虎彩印艺股份有限公司
开本:787×1092 1/16 印张:14 字数:326 千字 插页:1
版次:2012 年 9 月第 1 版 2016 年 7 月第 2 次印刷
ISBN 978-7-307-09362-1/F · 1709 定价:23.00 元

前　言

　　《企业财务管理实训》是彭亚黎主编的《企业财务管理》的配套辅助教材。企业财务管理课程是管理类、经济类学科专业的重要课程，是财务管理、财务会计、审计等专业的主干核心课程，是财经类投资理财、金融、税收、资产评估等专业的重要基础课。本书以资本市场为背景，现代公司制企业为研究对象，重点按主教材讲授的企业在再生产活动中客观存在的资金运动及其所体现的经济利益关系为主线，主要配套了资本运作各环节：资金的筹集、投放、使用、收回及分配、财务评价等学习情境的相关学习指导、习题与答案。课程的目的在于使学生能够了解和掌握企业财务管理的基本知识和基本方法，树立现代理财观念，掌握财务管理岗位的主要工作内容、环节和重点方法，能够结合企业个案，分析问题、解决问题。

　　本书是高职高专财经类专业教材《企业财务管理》的配套辅助教材，为了配合高职高专的就业面向和就业岗位，构建基于财务职业岗位任务的教材体系，立足于高职高专的"教、学、做"，采用学习情境式教学单元，体现高职高专教育职业化、实践化的特点，据此我们将全书分为上、下两编，四个模块。上编为财务管理基本认知，下编为财务管理实务。模块1：企业财务管理基本知识，包括：财务管理导论、资金的时间价值、风险与报酬、资本成本与现金流量；模块2：企业资本运作，包括：财务预测、资本筹集管理、营运资金管理、项目投资决策、证券投资决策；模块3：企业全面预算管理，包括：财务预算、财务控制；模块4：企业财务成果管理与评价，包括：收益分配管理、财务分析。各学习情境分别设计了以下内容：学习目的与要求、重难点解析、内容提要、习题、参考答案。

　　教材特点：1. 服务于工学结合的人才培养模式。本教材作者均为教学和科研第一线的"双师型"骨干教师，具有丰富的教学和实践经验，本书注重实践能力培养，推动教学过程的实践性、开放性和职业性。2. 新体例、新内容。采用职业含义更加丰富的学习情境式教学单元，体现高职高专教育职业化、实践化特点，每个学习情境按照工作过程设计"教、学、做"，教师讲授"知识准备"，学生学习"岗位业务操作"，师生共同完成"典型任务举例"，并将新《企业会计准则》、《企业财务通则》、《企业内部控制》等最新规章制度的精神贯穿全书，相应各处穿插了案例、典型任务举例，使知识间相互链接，易懂、有趣味性。3. 配套立体化教学资源。为利教便学，提供习题及答案、教学课件、案例等。

本书由彭亚黎任主编，辜明华、张德强任副主编，由彭亚黎总体设计教材体系、体例、编写大纲、主审、总纂，具体编写人员及分工如下：彭亚黎，学习情境一、学习情境五、学习情境八、学习情境九、学习情境十一、学习情境十三；辜明华，学习情境七；张艳，学习情境四、学习情境十；张德强，学习情境二、学习情境三；杜艺佳，学习情境六、学习情境十二、学习情境十三。

本书在编写过程中借鉴并吸收了有关书籍，在此表示衷心感谢！由于我们水平有限，加之时间紧迫，书中不足之处敬请批评指正。

《财务管理学习指导、习题与答案》编写组

2012 年 5 月

目　录

上编　财务管理基础

学习情境一 | # 财务管理导论

第一部分　学习指导

一、学习目的与要求

本学习情境主要内容包括财务管理的基本概念、财务管理的目标、财务管理环境、财务管理组织。

通过本学习情境的学习，要求学生能够掌握企业财务管理的基本框架；领会财务管理的概念、对象、目标、环境等；能够描述企业财务管理岗位的主要工作内容、环节和重点；了解财务管理法规制度。能根据学习情境设计的需要查阅有关资料；能够结合企业个案，科学确定和分析评价其财务目标；能够结合具体企业，正确分析企业的财务关系，能够协调不同利益主体在财务管理目标上的矛盾，妥善处理财务关系；理解财务管理在企业中的重要地位，能够结合企业个案，正确分析企业的财务环境，为科学决策提供决策依据；培养敬业精神、团队合作能力和良好的职业道德修养。

二、重难点解析

（一）财务管理的概念

财务是指企业在再生产活动中客观存在的资金运动及其所体现的经济利益关系。

财务管理简称理财，是基于再生产过程中客观存在的财务活动和财务关系而产生的，是企业组织财务活动、处理与各方面财务关系的一项经济管理工作。

财务管理作为一种管理活动，是企业管理的重要组成部分。财务管理主要运用价值形式，对企业资本活动实施管理，并通过价值形式这个纽带，把企业各项管理工作有机地协调起来，从财务的角度，保证企业管理目标的实现。

(二) 财务活动

财务活动是指企业资金的筹集、投放、使用、收回及分配等一系列行为，其中资金的投放、使用和收回可统称为投资。

1. 筹资活动

筹资活动指企业为了满足投资和用资的需要，筹措和集中所需资金的过程。筹集资金是企业进行投资和生产经营活动的前提，也是资金运动的起点。筹资活动的关键在于确定筹资的总规模、合理确定筹资结构。

2. 投资活动

投资活动是企业资金的运用，是为了获得收益或避免风险而进行的资金投放活动。

企业取得资金后，必须将资金投入使用，以谋求最大的经济效益，否则筹资便失去了意义。企业资金投放可分为对内和对外两种方式。企业把筹集到的资金投资于企业内部用于购置固定资产、无形资产等，便形成企业的对内投资；企业还可采取一定的方式以现金、实物或无形资产向其他单位投资，购买其他企业的股票、债券或与其他企业联营进行投资，便形成企业的对外投资。

3. 资金营运活动

资金营运活动是指企业因日常正常生产经营活动而引起的财务活动。营运活动的关键在于如何加速资金周转，提高资金利用效果。

4. 分配活动

分配活动是企业将一定时期收支配比实现利润后，按规定上缴各项税费、补偿各项耗费和损失、提取公积金和公益金、向投资者分配利润等一系列经济活动。分配活动是对投资成果的分配。

(三) 企业的财务关系

财务关系是指企业在组织财务活动过程中与有关各方发生的经济关系。企业的筹资活动、投资活动、经营活动、利润及其分配活动与企业内外各方面有着广泛的联系。企业的财务关系可概括为以下几个方面：

1. 企业与投资者(股东)和受资者之间的财务关系(投资 ——受资)

企业与投资者(股东)的财务关系主要指企业的投资人向企业投入资金，而企业向其支付投资报酬所形成的经济关系。企业与投资者、受资者的关系即投资同分享投资收益的关系，在性质上属于所有权关系。处理这种财务关系必须维护投资、受资各方的合法权益。

2. 企业与债权人、债务人、往来客户之间的财务关系(债权 ——债务)

企业与债权人的财务关系主要指企业向债权人借入资金，并按合同定时支付利息和归还本金，从而形成的经济关系。企业与债权人的财务关系在性质上属于债务与债权的关系。企业与往来客户之间的财务关系在性质上属于合同义务关系。

3. 企业与政府之间的财务关系(纳税 ——征税)

政府无偿参与企业利润的分配。这种关系体现为一种强制和无偿的分配关系,反映的是依法纳税和依法征税的税收权利义务关系(在税法上称为税收法律关系)。

4. 企业内部各单位之间的财务关系

在企业财务部门同各部门、各单位之间,各部门、各单位相互之间,会发生资金结算关系,它体现着企业内部各单位之间的经济利益关系,这种在企业内部形成的资金结算关系体现的就是企业内部各单位之间的财务关系。处理这种财务关系,要严格分清有关各方的经济责任,以便有效地发挥激励机制和约束机制的作用。

5. 企业与职工之间的财务关系

企业与职工之间的财务关系是企业向职工支付劳动报酬的过程中形成的经济关系,体现着职工个人和集体在劳动成果上的分配关系。企业与职工的分配关系会直接影响企业利润并由此影响所有者权益。

(四)财务管理的目标

财务管理的目标是企业进行财务管理活动所要达到的根本目的。关于财务管理的目标,主要有以下几种具有代表性的观点:

1. 利润最大化

利润最大化即财务管理的行为将朝有利于企业利润最大化方向发展。由于利润最大化不具有系统性、长远性、重要性、时间性、风险性等企业理财目标应具有的特性,所以,不能以其作为企业理财的根本目标。

2. 每股盈余(权益资本净利率)最大化

资本利润率:利润额与资本额的比率。

每股利润:利润额与普通股股数的比值。

可以对不同资本规模的企业或同一企业不同期间进行比较,揭示其盈利水平的差异。但其没有考虑每股盈余取得的时间性及其风险,不能避免企业的短期行为。

3. 股东财富最大化

股东财富最大化(股东价值最大化)是指企业通过合法经营,采取有效的经营和财务策略,使企业股东财富达到最大化。

其只强调股东的利益,而对其他关系人的利益重视不够;股票价格受多种因素影响,并不都是企业所能控制的,不利于评价企业的管理业绩。

4. 企业价值最大化

企业价值是指企业的未来现金净流量按照企业要求的必要报酬率计算的总现值,也是企业的市场价值。

以企业价值最大化作为企业目标有利于实现企业相关利益主体经济利益的均衡;体现了企业战略管理的要求;考虑了货币的时间价值与风险因素;有利于克服管理上的片面性和短期行为;反映了对企业资产保值增值的要求。

(五)财务管理环境

财务管理环境又称理财环境,是指对企业财务活动产生影响的企业内外部各种条件。按其存在的空间分为内部财务环境与外部财务环境。内部财务环境包括企业资本实力、生产技术条件、经营管理水平和决策者的素质四个方面。外部财务环境包含各种因素,其中最主要的有法律环境、经济环境和金融市场环境等因素。

(六)财务管理基本环节

财务管理基本环节是指财务管理的工作步骤和一般程序,包括财务预测、财务决策、财务预算、财务控制、财务分析五个基本环节。

三、内容提要

1. 财务管理的概念
2. 财务活动
3. 企业的财务关系
4. 财务管理的目标
5. 财务管理环境
6. 财务管理基本环节

第二部分　习　　题

一、名词解释

1. 财务

2. 财务管理

3. 财务活动

4. 财务关系

5. 企业价值

6. 股东财富最大化

二、判断题

1. 企业与政府之间的财务关系体现为投资与受资的关系。　　　　　　　（　）

2. 金融市场的纯利率是指没有风险和通货膨胀情况下的平均利率。　　　（　）

3. 企业追求利润最大化，能优化资源配置，实现企业资产保值增值的目的。（　）

4. 以每股利润最大化作为财务管理的目标，考虑了资金的时间价值但没有考虑投资的风险价值。　　　　　　　　　　　　　　　　　　　　　　　　　　（　）

5. 企业财务管理基于企业再生产过程中客观存在的资金运动而产生，是企业资金筹集与运用的一项经济管理工作。　　　　　　　　　　　　　　　　　（　）

6. 企业财务活动的内容，也是企业财务管理的基本内容。　　　　　　　（　）

7. 企业组织财务活动中与有关各方所发生的经济利益关系称为财务关系，但不包括企业与职工之间的关系。　　　　　　　　　　　　　　　　　　　　（　）

8. 解聘是所有者约束经营者的办法。　　　　　　　　　　　　　　　　（　）

9. 在企业财务关系中最为重要的关系是企业与作为社会管理者的政府有关部门、社会公众之间的关系。　　　　　　　　　　　　　　　　　　　　　　　（　）

10. 股票市价是一个能够较好地反映企业价值最大化目标实现程度的指标。（　）

三、单项选择题

1. 资金的实质是（　　　）。
   A. 生产过程中运动着的价值　　　　　B. 再生产过程中运动着的价值
   C. 生产过程中的价值运动　　　　　　D. 再生产过程中的价值运动

2. 每股盈余最大化的优点是（　　　）。
   A. 反映企业创造剩余产品的多少　　　B. 反映企业创造利润和投入的资本的多少
   C. 考虑了资金的时间价值　　　　　　D. 避免了企业的短期行为

3. 下列各项环境中，（　　　）是企业最为主要的环境因素。
   A. 金融市场环境　　　　　　　　　　B. 法律环境
   C. 经济环境　　　　　　　　　　　　D. 政治环境

4. 没有风险和通货膨胀情况下的平均利率是（　　　）。
   A. 基准利率　　　　　　　　　　　　B. 固定利率
   C. 纯利率　　　　　　　　　　　　　D. 名义利率

5. 下列哪项不属于解决经营者和所有者之间矛盾的方法（　　　）。
   A. 解聘　　　　　　　　　　　　　　B. 监督
   C. 限制性借债　　　　　　　　　　　D. 激励

6. 利润最大化目标的优点是（　　　）。
   A. 反映企业创造剩余产品的能力　　　B. 反映企业创造利润与投入资本的关系

    C. 考虑了资金时间价值　　　　　　D. 考虑了风险因素

7. 财务管理的基本内容是指(　　)。

    A. 筹资、投资与用资　　　　　　B. 预测、决策、预算、控制与分析

    C. 资产、负债与所有者权益　　　　D. 筹资管理、投资管理、利润分配管理

8. 财务管理的核心工作环节为(　　)。

    A. 财务预测　　　　　　　　　　　B. 财务决策

    C. 财务预算　　　　　　　　　　　D. 财务控制

9. 下列能充分考虑资金时间价值和投资风险价值的理财目标是(　　)。

    A. 利润最大化　　　　　　　　　　B. 资金利润率最大化

    C. 每股利润最大化　　　　　　　　D. 企业价值最大化

10. (　　)是企业财务管理目标的系统化、具体化，是企业实行内部经济责任制的基础，也是财务监督和财务检查的重要依据。

    A. 财务预测资料　　　　　　　　　B. 财务决策方案

    C. 财务计划　　　　　　　　　　　D. 财务报告

11. 企业财务关系中最为重要的关系是(　　)。

    A. 股东与经营者之间的关系

    B. 股东与债权人之间的关系

    C. 股东、经营者、债权人之间的关系

    D. 企业与作为社会管理者的政府有关部门、社会公众之间的关系

12. 企业与政府之间的财务关系体现在(　　)。

    A. 债权债务关系　　　　　　　　　B. 强制和无偿的分配关系

    C. 资金结算关系　　　　　　　　　D. 风险收益对等关系

13. 没有通货膨胀时，(　　)的利率可以视为纯利率。

    A. 短期借款　　　　　　　　　　　B. 金融债券

    C. 国库券　　　　　　　　　　　　D. 公司债券

14. 下列项目中，不属于财务管理的基本环节的是(　　)。

    A. 财务预测　　　　　　　　　　　B. 财务决策

    C. 财务控制　　　　　　　　　　　D. 资金循环

15. 下列关于财务管理目标的说法，(　　)观点反映了对企业资产保值增值的要求，并克服了管理上的片面性和短期行为。

    A. 资本利润率最大化　　　　　　　B. 每股利润最大化

    C. 企业价值最大化　　　　　　　　D. 利润最大化

16. (　　)是资金运动的前提。

    A. 投资活动　　　　　　　　　　　B. 筹资活动

    C. 利润分配活动　　　　　　　　　D. 经营活动

17. (　　)是进行财务决策的基础，是编制财务预算的前提。

    A. 财务预测　　　　　　　　　　　B. 财务核算

    C. 财务控制　　　　　　　　　　　D. 财务分析

18. 在股份制企业，尤其是上市的股份公司，企业价值最大化的目标往往演变为( )。
    A. 每股利润最大化
    B. 利润最大化
    C. 股票账面价格最大化
    D. 股票市场价格最大化

19. 财务关系是指企业在财务活动中所体现的与各方面的( )。
    A. 货币结算关系
    B. 债权债务关系
    C. 货币关系
    D. 经济利益关系

20. 在下列经济活动中，能够体现企业与其投资者之间财务关系的是( )。
    A. 企业向国有资产投资公司交付利润
    B. 企业向国家税务机关交纳税款
    C. 企业向其他企业支付货款
    D. 企业向职工支付工资

21. 关于市场经济体制下企业财务管理的目标，企业界的认识比较一致，基本上是以( )作为财务管理的目标的。
    A. 产值最大化
    B. 利润最大化
    C. 每股收益最大化
    D. 企业价值最大化

22. 企业资金按企业占用时间长短可分为长期资金和短期资金，其中短期资金包括( )。
    A. 资本金
    B. 资本公积金
    C. 长期负债
    D. 流动负债

23. 企业财务管理的主要内容有( )。
    A. 财务预测与决策
    B. 财务计划与控制
    C. 财务分析与检查
    D. 筹资投资和股利分配

四、多项选择题

1. 利润最大化的缺陷有( )。
    A. 没有考虑资金时间价值
    B. 没有反映创造利润与投入资本的关系
    C. 没有考虑风险因素
    D. 可能导致企业短期行为

2. 下列各项中，属于利率的组成因素的有( )。
    A. 纯利率
    B. 通货膨胀补偿率
    C. 风险报酬率
    D. 社会累积率

3. 为了协调所有者和经营者的矛盾，经常采用的方法有( )。
    A. 监督
    B. 激励
    C. 解聘经理
    D. 罚款

4. 为协调所有者与债权人的矛盾，通常可采用的方法有( )。
    A. 发行新债
    B. 罚款
    C. 限制性借款
    D. 收回借款或不再借款

5. 金融市场对企业财务活动的影响，主要表现在( )。
    A. 金融市场是企业投资和筹资的场所
    B. 企业通过金融市场使长短期资金相互转化
    C. 金融市场为企业理财提供有意义的信息
    D. 企业是金融市场的主体

6. 影响企业外部财务环境的有各种因素，其中最主要的有( )。

    A. 经济环境   B. 商业环境

    C. 法律环境   D. 金融市场环境

7. 所有者通过经营者损害债权人利益的常见形式是( )。

    A. 未经债权人同意发行新债券   B. 未经债权人同意举借新债

    C. 投资于比债权人预计风险要高的新项目 D. 不尽力增加企业价值

8. 财务管理是( )的一项经济管理工作。

    A. 组织企业财务活动   B. 组织购销活动

    C. 处理财务关系   D. 进行人力资源管理

9. 企业财务管理的基本内容包括( )。

    A. 筹资管理   B. 投资管理

    C. 利润分配管理   D. 经营管理

10. 企业价值最大化在运用时也存在着缺陷，表现在( )。

    A. 追求企业的价值化，不能使企业资产保值与增值

    B. 非上市企业的价值确定难度较大

    C. 股票价格的变动只受企业经营因素影响

    D. 股票价格的变动，除受企业经营因素影响外，还受其他企业无法控制的因素影响

11. 债权人为了防止其利益不受伤害，可以采取( )的保护措施。

    A. 取得立法保护，如优先于股东分配剩余财产

    B. 在借款合同规定资金的用途

    C. 拒绝提供新的借款

    D. 提前收回借款

五、简答题

1. 什么是财务关系？企业的财务关系可概括为几个方面？

2. 财务管理的目标主要有几种具有代表性的观点？

3. 为什么将企业价值最大化作为财务管理的目标？

4. 什么是财务管理环境？它主要包括哪几个方面？

5. 什么是财务管理基本环节？它主要包括哪几个基本环节？

6. 什么是经济环境？它主要包括几个方面的内容？

第三部分 参 考 答 案

一、名词解释

1. 财务是指企业在再生产活动中客观存在的资金运动及其所体现的经济利益关系。

2. 财务管理，简称理财，基于再生产过程中客观存在的财务活动和财务关系而产生，是企业组织财务活动、处理与各方面财务关系的一项经济管理工作。

3. 财务活动是指企业资金的筹集、投放、使用、收回及分配等一系列行为，其中资金的投放、使用和收回可统称为投资。

4. 财务关系是指企业在组织财务活动过程中与有关各方发生的经济关系。

5. 企业价值是指企业的未来现金净流量按照企业要求的必要报酬率计算的总现值，也是企业的市场价值。

6. 股东财富最大化（股东价值最大化）是指企业通过合法经营，采取有效的经营和财务策略，使企业股东财富达到最大化。

二、判断题

1. ✗	2. ✓	3. ✗	4. ✗	5. ✗
6. ✓	7. ✗	8. ✓	9. ✗	10. ✓

三、单项选择题

1. B	2. B	3. A	4. C	5. C
6. A	7. D	8. B	9. D	10. C
11. C	12. B	13. C	14. D	15. C
16. B	17. A	18. D	19. D	20. A
21. B	22. D	23. D		

四、多项选择题

1. ABCD	2. ABC	3. AB	4. CD	5. ABC
6. D	7. ABC	8. AC	9. ABC	10. BD
11. ABCD				

五、简答题

1. 财务关系是指企业在组织财务活动过程中与有关各方发生的经济关系。企业的筹资活动、投资活动、经营活动、利润及其分配活动与企业内外各方面有着广泛的联系。企业的财务关系可概括为以下几个方面：

（1）企业与投资者（股东）和受资者之间的财务关系（投资——受资）

企业与投资者（股东）的财务关系主要指企业的投资人向企业投入资金，而企业向其支付投资报酬所形成的经济关系。企业与受资者的财务关系主要指企业以购买股票或直接投资的形式向其他企业投资而形成的经济关系，并按约定履行出资义务，出资企业以其出资额参与受资企业的经营管理和利润分配。企业与投资者、受资者的关系即投资同分享投资收益的关系，在性质上属于所有权关系。处理这种财务关系必须维护投资、受资各方的合法权益。

（2）企业与债权人、债务人、往来客户之间的财务关系（债权——债务）

企业与债权人的财务关系主要指企业向债权人借入资金，并按合同定时支付利息和归还本金，从而形成的经济关系。企业的债权人主要有债券持有人、贷款银行及其他金融机构、商业信用提供者和其他出借资金给企业的单位和个人。企业与债权人的财务关系在性质上属于债务与债权的关系。企业与债务人的财务关系主要指企业将其资金以购买债券、提供借款或商务信用等形式出借给其他单位而形成的经济关系。企业在这种关系中有权要求其债务人按约定的条件支付利息和归还本金。企业与往来客户之间的财务关系在性质上属于合同义务关系。处理这种财务关系，必须按有关各方的权利和义务保障他们的权益。

（3）企业与政府之间的财务关系（纳税——征税）

政府作为社会管理者担负着维持社会正常秩序、保卫国家安全、组织和管理社会活动等任务，行使政府职能。政府依据这一身份，无偿参与企业利润的分配。企业必须按税法规定向政府缴纳各种税款，包括所得税、流转税、资源税、财产税和行为税等。这种关系体现为一种强制和无偿的分配关系，反映的是依法纳税和依法征税的税收权利义务关系（在税法上称为税收法律关系）。

（4）企业内部各单位之间的财务关系

企业内部的各职能部门和生产单位既分工又合作，共同形成一个企业系统。这主要指企业内部各单位之间在生产经营各环节中相互提供产品或劳务所形成的经济关系。企业供、产、销各个部门以及各个生产部门之间，相互提供劳务费和产品也要计价结算，在企业财务部门同各部门、各单位之间，各部门、各单位相互之间，就发生资金结算关系，它体现着企业内部各单位之间的经济利益关系，这种在企业内部形成的资金结算关系体现的就是企业内部各单位之间的财务关系。处理这种财务关系，要严格分清有关各方的经济责任，以便有效地发挥激励机制和约束机制的作用。

(5)企业与职工之间的财务关系

企业和职工之间的财务关系是企业向职工支付劳动报酬的过程中形成的经济关系。企业职工以自身提供的劳动参加企业的分配，企业根据劳动者的劳动情况，用其收入向职工支付工资、津贴和奖金，并按规定提取公益金等，体现着职工个人和集体在劳动成果上的分配关系。企业与职工的分配关系会直接影响企业利润并由此影响所有者权益。

企业的资金运动，从表面上看是钱和物的增减变动，实际上，钱和物的增减变动都离不开人与人之间的关系。企业资金运动及其所形成的经济关系，就是企业财务的本质。

2. 关于财务管理的目标主要有以下几种具有代表性的观点：

(1)利润最大化

利润最大化即财务管理的行为将朝有利于企业利润化方向发展。利润最大化一般指税后利润总额的最大化。在市场经济中，企业必然关心市场、关心利润，并且职工的经济利益直接同企业利润直接挂钩，从而使利润成为企业财务的主要目标。

但是，利润最大化也存在着难以克服的种种弊端，由于这些弊端的存在，利润最大化不应该成为现代企业追求的根本目标。第一，利润最大化是以静态状况下的边际收益等于边际成本为前提条件的，短期内的利润最大化会造成企业的短期行为，甚至可能受到"报表粉饰"的影响，进而损害企业的长远价值。第二，利润最大化的目标导向不符合现代企业战略管理的要求。现代企业战略管理需要对企业进行长远的、全局性的规划，其着眼点在于保证企业的长远良性发展。在战略管理下，一些企业成本对于短期利润的最大化是没有必要的，但是对于企业长远的发展则是必需的，如人才培训成本、研究开发成本、市场营销成本等。第三，短期利润最大化不能作为企业增强竞争能力的手段。第四，不能反映创造利润与投入资本之间的关系。第五，从财务估价的角度，利润最大化忽略了货币的时间价值及风险因素。在不考虑货币的时间价值的情况下，理财决策是不科学的决策，也有可能造成决策的失误。盲目追求利润最大化就有可能忽略风险去追逐高额利润，结果可能会给企业带来意外的损失。第六，利润极其最大化要受到会计政策选择等人为因素的影响。总之，由于利润最大化不具有系统性、长远性、重要性、时间性、风险性等企业理财目标应具有的特性，所以，不能以其作为企业理财的根本目标。

(2)每股盈余(权益资本净利率)最大化

资本利润率：利润额与资本额的比率。

每股利润：利润额与普通股股数的比值。

理由：每股盈余最大化考虑企业的利润和股东投入的资本之间的联系，用资本利润率(每股利润)概括企业财务管理目标，能够说明企业的盈利水平，可以在不同资本规模的企业或同一企业不同期间进行比较，揭示其盈利水平的差异。但没有考虑每股盈余取得的时间性及其风险，不能避免企业的短期行为。

(3)股东财富最大化

股东财富最大化(股东价值最大化)，是指企业通过合法经营，采取有效的经营和财务策略，使企业股东财富达到最大化。

现代企业的日常财务管理工作由受委托的经营者负责处理，经营者应最大限度地谋求股东或委托人的利益，而股东或委托人的利益目标则是提高资本报酬，股东创办企业的目的就是扩大股东的财富，股东是企业的所有者，增加股东财富，实现权益资本的保值增值。因此，股东财富最大化这一理财目标受到人们的普遍关注。在股份制企业中，投资者持有公司的股票并成为公司的股东。股东财富最大化的目标在一定条件下也就演变成股票市场价格最大化这一目标。合理性在于考虑了风险价值和时间价值；在一定程度上能够克服企业在追求利润上的短期行为。

缺陷：只强调股东的利益，而对其他关系人的利益重视不够；股票价格受多种因素影响，并不都是企业所能控制的，不利于评价企业的管理业绩。

（4）企业价值最大化

企业价值是指企业的未来现金净流量按照企业要求的必要报酬率计算的总现值，也是企业的市场价值。它取决于未来企业所创造的现金净流量、企业要求的必要报酬率和企业存续时间等因素。在理论上等于企业股票的价值与债券的价值，即金融化的资产价值，以企业价值最大化作为企业的理财目标，是现代企业发展的必然要求，反映了企业潜在或预期盈利能力。它具有与相关利益者利益的相一致性、保证企业战略发展的长期性、考虑风险及货币时间价值估价的风险性及时间性等特征。

缺点：对股票上市企业，用股票价格揭示企业价值也有不当之处，股票价格受多种因素的影响，股价与企业盈利水平并不完全成正比例，不能真实反映企业的业绩。非上市公司的评估由于评估方法与评估标准存在选择的影响，并且可能不易做到准确和客观，存在多种主观因素。

以上几种财务管理目标并非互不相干、相互排斥，而是相互作用、相互补充的，一般而言，企业的每股利润增长，股票的市场价格也会同向增长，从而使得股东财富与企业价值同向增长。企业价值最大化是目前认同度较高的财务管理基本目标。在选择财务管理目标时，可以同时选择两个以上的目标，以便克服各目标的不足从而有利于企业提高经济效益；有利于企业提高"三个能力"（营运能力、偿债能力和盈利能力）；有利于维护社会的整体利益。

3. 企业价值是指企业的未来现金净流量按照企业要求的必要报酬率计算的总现值，也是企业的市场价值。它取决于未来企业所创造的现金净流量、企业要求的必要报酬率和企业存续时间等因素。在理论上等于企业股票的价值与债券的价值，即金融化的资产价值，以企业价值最大化作为企业的理财目标，是现代企业发展的必然要求，反映了企业潜在或预期盈利能力。它具有与相关利益者利益的相一致性、保证企业战略发展的长期性、考虑风险及货币时间价值估价的风险性及时间性等特征。

理由：以企业价值最大化作为企业目标有利于实现企业相关利益主体经济利益的均衡；企业价值最大化体现了企业战略管理的要求；企业价值最大化考虑了货币的时间价值与风险因素；有利于克服管理上的片面性和短期行为；反映了对企业资产保值增值的要求，有利于社会资源的合理配置，社会资源会向企业价值最大化的企业流动，有利于社会效益的提高。

按照企业价值最大化的理财目标，由于企业价值是按照必要报酬率计算的企业未来现金净流量的现值，因此，在投资决策中，努力增加企业未来的现金净流量，在筹资中，努力降低资本成本(企业的必要报酬率)，控制风险，就成为理财工作的具体目标。

缺点：对股票上市企业，用股票价格揭示企业价值也有不当之处，股票价格受多种因素的影响，股价与企业盈利水平并不完全成正比例，不能真实反映企业的业绩。非上市公司的评估由于评估方法与评估标准存在选择的影响，并且可能不易做到准确和客观，存在多种主观因素。

4. 财务管理环境又称理财环境，是指对企业财务活动产生影响的企业内外部各种条件。按其存在的空间分为内部财务环境和外部财务环境。内部财务环境包括：企业资本实力、生产技术条件、经营管理水平和决策者的素质四个方面。外部财务环境包含各种因素，其中最主要的有法律环境、经济环境和金融市场环境等因素。

5. 财务管理基本环节是指财务管理的工作步骤和一般程序，包括财务预测、财务决策、财务预算、财务控制、财务分析五个基本环节。

6. 经济环境是指企业进行财务活动的宏观经济状况。它主要包括以下几个方面的内容。

(1)经济发展状况

经济发展的波动，即有时繁荣有时衰退，对企业理财有极大影响。当经济发展处于繁荣时期，经济发展速度较快，市场需求旺盛，销售额大幅度上升，资金需求量大增。当经济发展处于衰退时期，经济发展速度缓慢，甚至出现负增长，企业的产量和销售量下降，投资锐减，资金时而紧缺、时而闲置，销售额下降会阻碍企业现金的流转，例如，成品积压不能变现，需要筹资以维持运营，财务运作出现较大困难。财务人员对这种波动要有所准备，筹措并分配足够的资金，用以调整生产经营。

(2)通货膨胀

经济发展中的通货膨胀也成为企业理财中的重要影响因素，通货膨胀不仅对消费者不利，给企业理财也带来很大困难，主要表现在：资金占用额迅速增加；利率上升，企业筹资成本加大；证券价格下跌，筹资难度增加；利润虚增、资金流失。企业为了实现期望的报酬率，必须调整收入和成本。

(3)政府的经济政策

对宏观经济发展进行调控是政府的职能，可以通过计划、财税、金融等手段，对国民经济总运行机制及子系统提出一些具体的政策措施，其制定的国民经济的发展规划、国家的产业政策、经济体制改革的措施、政府的行政法规等，对企业的财务活动都有重大影响。

(4)经济结构

经济结构一般指从各个角度考察社会生产和再生产的构成，包括产业结构、地区结构、分配结构和技术结构等。经济结构对企业财务行为的影响主要体现在产业结构上。产业结构会在一定程度上影响甚至决定财务管理的性质，不同产业所要求的资金规模或投资规模不同，不同产业所要求的资本结构也不一样。产业结构的调整和变动要求财务管理做出相应的调整和变动，否则企业日常财务运作艰难，财务目标难以实现。

（5）竞争

竞争广泛存在于市场经济之中，任何企业都不能回避。企业之间、各产品之间、现有产品和新产品之间的竞争，涉及设备、技术、人才、推销、管理等各个方面。竞争能促使企业用更好的方法来生产更好的产品，对经济发展起推动作用。但对企业来说，竞争既是机会，也是威胁。为了改善竞争地位，企业往往需要大规模投资，成功之后企业盈利增加，但若投资失败则竞争地位更为不利。竞争是"商业战争"，在竞争中会体现企业的综合实力，同时，经济增长、通货膨胀、利率波动带来的财务问题以及企业的对策都会在竞争中体现出来。

学习情境二 | 资金的时间价值

第一部分　学习指导

一、学习目的与要求

资金的时间价值是资金经过投资或使用后人们创造的剩余价值的一部分。在现实经济生活中它是客观存在的。资金的时间价值也是企业财务管理的一个重要价值观念，在企业筹资、投资等经济活动中经常需要考虑这一问题，它对搞好企业预算、经济决策等工作以及提高企业财务管理水平有着重要影响。

学习目的：理解资金时间价值的含义，熟练掌握资金时间价值的基本原理及其计算方法，能够运用资金时间价值解决复杂情况和特殊情况下的现金流量问题。

学习要求：资金时间价值是财务管理的一个重要价值观念，也是学习后续内容的基础。学习本情境内容需要充分理解相关概念及其含义，并能进行必要的计算和综合运用。

二、重难点解析

(1)资金时间价值的含义。

资金的时间价值，是指一定量的资金在经历一段时间的投资或使用后所增加的价值。它是在不考虑通货膨胀和风险条件下的社会平均资金成本，是劳动者创造的剩余价值的一部分。资金的时间价值有两种表示形式：一种是绝对数，另一种是相对数。

(2)单利、复利、年金的概念。

单利就是本生利，利不生利；复利就是本生利，利也生利。

年金就是在一定期间内连续、等额发生的系列收支，年金有普通年金、预付年金、递延年金和永续年金。它具有连续、等额、定期的特点。

（3）终值、现值的概念。

终值是求未来的价值，而现值是求现在的价值。

（4）复利终值和现值的计算。

复利终值和现值的计算，关键是要掌握复利终值系数和复利现值系数。这两个系数呈互为倒数的关系。

（5）年金终值和现值的计算。

年金按收付款方式不同可分为普通年金、预付年金、递延年金、永续年金等。一般所称年金系指普通年金。

普通年金终值和现值计算是其他年金终值和现值计算的基础。普通年金终值和现值计算的关键是掌握普通年金终值和现值系数。偿债基金和投资回收额是普通年金终值和现值计算的一种变化形式。

预付年金和普通年金的区别仅在于支付时点的不同，预付年金要比普通年金提前一个时点。预付年金终值系数比普通年金终值系数的期数要多 1，为 $(n+1)$ 期，但系数要少 1。预付年金现值系数比普通年金现值系数的期数要少 1，为 $(n-1)$ 期，但系数要多 1。

递延年金终值的计算与递延期无关，故递延年金终值的计算不考虑递延期。可直接视为对普通年金或预付年金的终值进行计算。递延年金现值的计算方式有多种，关键是递延期的存在。教材所列的三种方法均是考虑如何在递延期存在的情况下折现为现值。

由于永续年金的期限是无限期的、永久的，所以永续年金没有终值。永续年金现值的计算公式为：

$$P_A = A/i$$

（6）特殊情况下资金时间价值的计算和复杂情况下现金流量资金时间价值的计算，实质上是对资金时间价值基本原理的具体和综合运用。内插法以及名义利率和实际利率的关系是资金时间价值的一些特殊运用形式。

在复杂情况下现金流量的资金时间价值的计算，需要以资金时间价值的基本原理为基础，具体情况具体分析：

对于不连续的情况，通常有两种计算方法：第一种：正视中断期间，分段计算。第二种：视为没有中断，连续计算后，再用同样计算方法减去中断期间。

对于非等额的情况，分别针对各期发生的收支直接计算复利终值或复利现值，然后再求和。

对于在整个期间内，有连续有不连续、有等额有非等额混合状态的情况，要综合运用各种计算方法。一般宜简不宜繁，能用年金计算的不要用复利计算。

三、内容提要

1. 资金时间价值的概念和形式
2. 单利、复利的终值和现值的含义及其计算
3. 年金的种类及各种年金的含义和计算
4. 特殊情况下资金时间价值的计算
5. 复杂情况下现金流量资金时间价值的计算

第二部分　习　　题

一、名词解释

1. 资金的时间价值

2. 终值

3. 年金

4. 普通年金

5. 偿债基金

6. 永续年金

7. 递延年金

8. 预付年金

二、判断题

1. 投资回收额是指在给定的年限内等额回收初始投入的资本或等额清偿所欠的债务。投资回收额是普通年金终值的逆运算。（　　）

2. 后付年金是指现在起在第一期或若干期以后才开始发生连续等额系列收付款项的年金。（　　）

3. 复利现值是指未来一定时点的资金按复利折算的现在价值。它是复利终值的逆运算，也叫贴现。（　　）

4. 符号$(F/A, i, n)$表示年金终值系数表。（　　）

5. 普通年金终值系数比较可以发现，预付年金终值系数比普通年金终值系数的期数要多1，为$(n+1)$期，但系数要少1。 （ ）

6. 预付年金的现值要比普通年金的现值小。 （ ）

7. 永续年金终值的计算公式为：$F_A = A/i$。 （ ）

8. 通常名义利率要高于实际利率。 （ ）

9. 资金的时间价值一般用绝对数表示。 （ ）

10. 递延年金终值的计算与递延期无关。 （ ）

三、单项选择题

1. 下列表示偿债基金系数的是（ ）。

    A. $(F/A, i, n)$ B. $(A/F, i, n)$

    C. $(P/A, i, n)$ D. $(A/P, i, n)$

2. 下列表示普通年金现值系数的是（ ）。

    A. $(P/A, i, n)$ B. $(P/F, i, n)$

    C. $(A/P, i, n)$ D. $(F/P, i, n)$

3. 和普通年金现值系数比，（ ）系数比普通年金现值系数的期数要少1，为$(n-1)$期，但系数要多1。

    A. 递延年金现值   B. 投资回收

    C. 预付年金现值   D. 偿债基金

4. 若给出的名义利率为年率12%，一年复利两次，则其实际利率为（ ）。

    A. 6%   B. 12.63%

    C. 13.36%   D. 12.36%

5. 若现在存入1 000 000元设立一笔基金，要达到每年年末能有不低于85 000元的利息用于扶贫，其期间利率至少应为（ ）。

    A. 8%   B. 8.5%

    C. 9%   D. 12.50%

6. 普通年金现值系数的倒数，称为（ ）。

    A. 投资回收系数   B. 偿债基金系数

    C. 普通年金终值系数   D. 复利终值系数

7. 已知P为100万元，i为10%，n为3。经计算F等于133.1万元。此处计算的F是（ ）。

    A. 单利终值   B. 永续年金终值

    C. 偿债基金   D. 复利终值

8. 资金时间价值的表示形式通常为（ ）。

    A. 相对数   B. 绝对数

    C. 终值   D. 现值

9. 通常所称的"利滚利"是指（ ）。

    A. 单利   B. 复利

　　C. 终值　　　　　　　　　　　　　　　　D. 现值

10. $P_A = A \times (F/A, i, n) \times [P/F, i, (m+n)]$ 是计算(　　)的公式。

　　A. 递延年金现值　　　　　　　　　　　B. 递延年金终值

　　C. 预付年金现值　　　　　　　　　　　D. 预付年金终值

四、多项选择题

1. 年金具有(　　)等特点。

　　A. 连续　　　　　　　　　　　　　　　B. 等额

　　C. 定期　　　　　　　　　　　　　　　D. 系列

2. 年金按收付款方式不同，主要可分为(　　)。

　　A. 普通年金　　　　　　　　　　　　　B. 预付年金

　　C. 递延年金　　　　　　　　　　　　　D. 永续年金

3. 在运用内插法进行特殊情况资金时间价值的计算时，常用的口诀有(　　)。

　　A. 期数差之比等于系数差之比　　　　　B. 利率差之比等于系数差之比

　　C. 终值差之比等于系数差之比　　　　　D. 现值差之比等于系数差之比

4. 下列表达正确的有(　　)。

　　A. 俗称的"利滚利"是指单利　　　　　　B. 俗称的"利滚利"是指单利

　　C. 投资回收额是普通年金现值的逆运算　D. 偿债基金是普通年金终值的逆运算

5. 下列属于年金形式的有(　　)。

　　A. 房贷还款　　　　　　　　　　　　　B. 融资租赁租金

　　C. 固定工资水平下的社保金　　　　　　D. 保险费

6. 下列关于永续年金表达正确的有(　　)。

　　A. 永续年金的期限是无限期的　　　　　B. 永续年金没有终值，只有现值

　　C. 永续年金下现值是一个期初概念　　　D. 永续年金下现值是一个期末概念

7. 下列关于资金的时间价值表达正确的有(　　)。

　　A. 资金的时间价值是指一定量的资金在经历一段时间的投资或使用后所增加的价值，也称货币的时间价值

　　B. 资金的时间价值是在不考虑通货膨胀和风险条件下的社会平均资金成本，是劳动者创造的剩余价值的一部分

　　C. 企业要提高财务管理水平，有效进行财务决策，必须充分考虑到资金的时间价值因素

　　D. 在财务管理实践中，通常使用相对数表示资金的时间价值

五、简答题

1. 简述反求利率的步骤。

2. 如何处理在复杂情况下现金流量的资金时间价值的计算？

3. 何谓年金？年金有哪些特点和形式？

4. 递延年金现值的计算方式有哪几种？

六、计算与实务题

1. 小王拟投入 100 000 元到其所在房开公司的一个项目，期望 5 年后能连本带利收回 200 000 元。

问：小王期望的年投资回报率是多少？

2. 小王投入 100 000 元到其所在房开公司的一个项目，公司和小王商定年投资回报率为 18%。

问：小王连本带利收回 200 000 元需要多少年？

3. 小王打算现在开始存钱，以期 10 年后能有 400 000 元用于付购房首付款。设目前以致今后相当长一段时间的社会平均资金成本为 10%。

问：现在开始小王每年需要存多少钱？

4. 某公司新设一家分公司，为此专门租赁一场所作为分公司的经营场所。租赁协议约定租期 10 年，每年年初支付租金 200 000 元。公司资金预算计划一次性安排一笔专门资金作为用于支付分公司这 10 年场所租赁费的准备金。设这 10 年的社会平均资金成本均为 10%。

问：公司资金预算需要安排多少专门资金作为准备金？

5. 某公司拟投资一个项目，计划明年初开始投资，项目寿命期为 5 年。在未来 5 年内，第一年年初投入 120 万元，年末投入 200 万元。第 2 年、第 3 年、第 4 年年末每年收回 100 万元，第 5 年末收回 110 万元。

设期间社会平均资金成本为10%。

问：此项目是否具有经济可行性？

第三部分　参考答案

一、名词解释

1. 资金的时间价值，是指一定量的资金在经历一段时间的投资或使用后所增加的价值，也称为货币的时间价值。

2. 终值也称将来值，是指现在一定量的现金在未来某一时点上的价值，即包括资金时间价值在内的本利和。

3. 年金是指一定期间内连续发生的等额、定期的系列收支款项。它具有连续性、等额性、定期性的特点。

4. 普通年金是指在每期期末等额发生的系列收付款项。由于每期有期初、期末两个时点，而普通年金是发生在期末这个时点，所以普通年金又称为后付年金。

5. 偿债基金是指为使普通年金终值达到既定金额应支付的年金数额。它是普通年金的倒数。

6. 永续年金是指无限期的每期连续、等额收入或支出的年金，也称为永久年金，如优先股股利。

7. 递延年金是指现在起在第一期或若干期以后才开始发生连续等额系列收付款项的年金，即凡是不是在第一期开始发生收付行为的年金均称为递延年金。

8. 预付年金是指在一定时期内，各期期初等额系列的收付款项。由于每期有期初、期末两个时点，而预付年金是发生在期初这个时点，所以预付年金又称为先付年金或即付年金。

二、判断题

1. ×	2. ×	3. ✓	4. ✓	5. ✓
6. ×	7. ×	8. ×	9. ×	10. ✓

三、单项选择题

1. B	2. A	3. C	4. D	5. B
6. A	7. D	8. A	9. B	10. A

四、多项选择题

1. ABCD	2. ABCD	3. AB	4. BCD	5. ABCD

6. ABC   7. ABCD

五、简答题

1. 反求利率可分为以下四步：

第一步：根据题意列出等式；

第二步：求出已知 n 和未知 i 对应的终值或现值系数；

第三步：查相应终值或现值系数表，找出已知 n 期、与已知终值或现值系数相邻的两个终值或现值系数及其对应的 i；

第四步：用内插法求出未知的 i（此时内插法的要点是利率差之比等于系数差之比）。

2. 在复杂情况下现金流量的资金时间价值的计算，需要以资金时间价值的基本原理为基础，具体情况具体分析：

(1) 对于不连续的情况，通常有两种计算方法：

第一种：正视中断期间，分段计算；

第二种：视为没有中断，连续计算后，再用同样计算方法减去中断期间。

(2) 对于非等额的情况，分别针对各期发生的收支直接计算复利终值或复利现值，然后再求和。

(3) 对于在整个期间内，有连续有不连续、有等额有非等额混合状态的情况，要综合运用各种计算方法。一般宜简不宜繁，能用年金计算的不要用复利计算。

3. 年金是指一定期间内连续发生的等额、定期的系列收支款项。它具有连续性、等额性、定期性的特点。年金按收付款方式不同可分为普通年金、预付年金、递延年金、永续年金等。

4. 递延年金现值的计算方式有多种。

设递延年金发生的年金均为普通年金：

第一种：

先求出 n 期年金的终值，再从 n 期的期末复利现值到 $(m+n)$ 期的期初。

计算公式为：

$$P_A = A \times (F/A, i, n) \times [P/F, i, (m+n)]$$

第二种：

先求出 n 期年金的现值，再从 m 期的期末复利现值到 m 期的期初。

计算公式为：

$$P_A = A \times (P/A, i, n) \times (P/F, i, m)$$

第三种：

假设递延期也发生相同年金，先计算出 $(m+n)$ 期的年金现值，再减去 m 期的年金现值。

$$P_A = A \times \{[P/A, i, (m+n)] - (P/A, i, m)\}$$

六、计算与实务题

1. 解：

$$200\ 000 = 100\ 000(1+i)^5$$

$$(1+i)^5 = 2$$

查 n 为 5，与 2 相邻的复利终值系数：

利率	复利终值系数
14%	1.925 4
i	2
15%	2.0114

用插值法：

$$(i-14)/(15\%-14\%) = (2-1.925\ 4)/(2.011\ 4-1.925\ 4)$$

$$i = 14.87\ \%$$

答：小王期望的年投资回报率是 14.87%。

2. 解：

$$200\ 000 = 100\ 000(1+18\%)^n$$

$$(1+18\%)^n = 2$$

查 i 为 18%，与 2 相邻的复利终值系数：

期数	复利终值系数
4	1.938 8
n	2
5	2.287 8

用插值法：

$$(n-4)/(5-4) = (2-1.938\ 8)/(2.287\ 8-1.938\ 8)$$

$$n = 4.18$$

答：小王要连本带利收回 200 000 元需要 4.18 年。

3. 解：

$$400\ 000 = A(F/A,\ 10\%,\ 10)$$

$$A = 400\ 000/15.937$$

$$= 25\ 098.83(元)$$

答：现在开始小王每年需要存 25 098.83 元。

4. 解：

$$P_A = 200\ 000 \times \{[P/A,\ 10\%,\ (10-1)]+1\}$$

$$= 200\ 000 \times (5.759+1)$$

$$= 1\ 351\ 800(元)$$

答：公司资金预算需要安排 1 351 800 元专门资金作为准备金。

5. 解：比较投资额和回收额的现值即可。

$$投资现值 = 120+200(P/F,\ 10\%,\ 1)$$

$$= 120+(200 \times 0.909\ 1)$$

$$= 301.82(万元)$$

$$回收现值 = [100(F/A,\ 10,\ 4)+10](P/F,\ 10\%,\ 5)$$

$$= [(100×4.641)+10]×0.620 9$$
$$= 294.37(万元)$$
$$301.82 > 294.37$$

显然，此项目在考虑资金时间价值后，连微利都谈不上，实质上是亏损的。

答：此项目完全不具经济可行性，应予否决。

学习情境三 | 风 险 与 报 酬

第一部分 学习指导

一、学习目的与要求

学习目的：理解风险含义，掌握风险与报酬的关系，并能进行单项投资和投资组合风险报酬的衡量。

学习要求：风险与报酬是企业财务管理无法回避的问题。理解风险的含义，并将风险与报酬的关系以量化的方式应用于企业财务管理实践，具有一定的现实意义。

二、重难点解析

1. 风险的含义。

风险是指投资活动所产生的收益水平偏离期望值的程度。

2. 风险与报酬的关系。

风险与报酬呈正相关的关系。不考虑通货膨胀因素，投资者期望的投资报酬率，就是无风险报酬率与风险报酬率之和。

3. 方差、标准差等相关指标的计算和单项投资风险报酬的衡量。

投资报酬率＝无风险报酬率＋风险报酬率

4. 投资组合的期望报酬率，就是投资组合中各投资项目的单独期望报酬率与其投资结构的加权平均数。用投资组合的投资报酬率的方差或标准离差来衡量投资组合风险。

5. 资本资产定价模型的核心关系式为：

$$R_i = R_f + \beta_i \times (R_m - R_f)$$

三、内容提要

1. 风险的含义及其种类。
2. 风险与报酬的关系。
3. 单项投资的风险报酬的衡量。
4. 投资组合风险报酬的衡量。

第二部分 习 题

一、名词解释

1. 市场风险

2. 企业特有风险

3. 期望值

4. 方差

5. 协方差

6. 相关系数

二、判断题

1. 风险可能给投资者带来超预期的收益，也可能给投资者带来超预期的损失——这也就是风险之所在。 （　　）
2. 企业面临的风险主要有市场风险和财务风险两种。 （　　）
3. 一般而言，负债比率越高，财务风险越大。财务风险会推高经营风险，但如果没有经营风险，也就没有财务风险。 （　　）
4. 投资者由于冒风险进行投资而获得的超过资金时间价值的额外收益，称为风险报酬率。 （　　）

5. 在预期的期望值下，有 n 个可能的结果，则标准差越大，说明各可能的结果偏离期望值的程度越大，结果的不确定性也越大，风险也就越大。　　　　（　　）

6. 计算出来的包括风险报酬率在内的投资报酬率实际上应是企业项目投资的上限。

（　　）

7. 协方差的绝对值越大，表示这两个投资项目报酬率的关系越密切；协方差的绝对值越小，表示这两个投资项目报酬率的关系越疏远。　　　　（　　）

8. 相关系数为正数时，表示两个投资项目的投资报酬率呈同方向变动；相关系数为负数时，表示两个投资项目的投资报酬率呈反方向变动。　　　　（　　）

9. 运用经济数学模型，应更注重它所反映的规律而不拘泥于用它计算出来的数字本身。

（　　）

10. 通常，随着投资组合中投资项目的减少，投资组合的组合风险会逐渐降低，但降低程度会越来越慢，越来越平稳，直至不再降低。　　　　（　　）

三、单项选择题

1. 连续型概率分布可能的结果有（　　）个。
　　A. 1　　　　　　　　　　　　　　B. 2
　　C. 4　　　　　　　　　　　　　　D. 无数

2. 可以对期望值不同的两个以上方案进行风险衡量比较的指标有（　　）。
　　A. 标准离差率　　　　　　　　　　B. 标准差
　　C. 方差　　　　　　　　　　　　　D. 协方差

3. 由协方差表示的各投资项目的投资报酬率之间相互作用所产生的风险始终存在，并不随投资组合中投资项目的增加而消失。这个风险称为（　　）。
　　A. 系统风险　　　　　　　　　　　B. 非系统风险
　　C. 市场风险　　　　　　　　　　　D. 企业特有风险

4. 在实际工作中，除了单项投资风险报酬的衡量外，企业在更多情况下需要对多项投资的投资组合进行风险报酬衡量，计算投资组合的（　　）。
　　A. 风险　　　　　　　　　　　　　B. 报酬
　　C. 相关系数　　　　　　　　　　　D. 风险报酬率

5. 离散系数是指（　　）。
　　A. 投资报酬率　　　　　　　　　　B. 标准离差率
　　C. 相关系数　　　　　　　　　　　D. 风险报酬率

6. 财务管理所述风险与报酬，一般用（　　）表示期望值。
　　A. b　　　　　　　　　　　　　　B. q
　　C. P　　　　　　　　　　　　　　D. E

7. 概率分布有一种情况是可能的各种结果在两点之间有无数个，呈连续状态。这种概率分布称为（　　）概率分布。
　　A. 波浪型　　　　　　　　　　　　B. 离散型
　　C. 连续型　　　　　　　　　　　　D. 区间型

8. 正常的社会平均投资报酬率，可以视为正常的社会平均资金成本，这基本上是没有风险的，故称之为( )。

    A. 风险投资报酬率   B. 无风险投资报酬率

    C. 投资报酬率   D. 净资产收益率

9. 财务风险是由( )引起的。

    A. 汇率变动   B. 过度融资

    C. 通货膨胀   D. 高利率

10. 下列不属于市场风险的是( )。

    A. 经营管理决策失误   B. 经济危机

    C. 通货膨胀   D. 税收政策发生变化

四、多项选择题

1. 企业面临的风险主要有( )。

    A. 市场风险   B. 经营风险

    C. 财务风险   D. 政策风险

2. 能量化反映风险的离散程度，可以进行风险衡量的指标有( )。

    A. 概率及其分布   B. 期望值

    C. 方差   D. 标准差

3. 资本资产定价模型所称的资本资产一般是指( )。

    A. 证券   B. 股票

    C. 机器设备   D. 土地使用权

4. 资本资产定价模型存在着( )等局限。

    A. 以历史数据推算未来   B. 有时 β 值难以估计

    C. 没有税金假设   D. 市场不存在摩擦假设

5. 度量投资组合中任意两个投资项目之间报酬率变动关系的指标有( )。

    A. 方差   B. 协方差

    C. 相关系数   D. 标准离差

6. 对于风险与报酬下列表达正确的有( )。

    A. 任何商业行为都会存在风险

    B. 当风险超过正常情况下可以忽略风险视之为无风险状态的水平时，企业或投资者期望的投资报酬，除了正常的社会平均投资报酬率外，还包括与其所冒风险相适应的风险报酬

    C. 风险报酬有风险报酬额和风险报酬率两种表现形式

    D. 正常的社会平均投资报酬率，可以视为正常的社会平均资金成本

7. 下列对于方差的表达，正确的有( )。

    A. 一般来说，方差越大，说明各可能的结果偏离期望值的程度越大

    B. 一般来说，方差越大，风险也就越大

    C. 方差越小，说明各可能的结果偏离期望值的程度越小，风险也就越小

D. 如果只有一种可能的结果，则这个可能的结果与期望值相等，方差为 1
8. 下列关于投资组合风险报酬的衡量表达正确的有(　　)。
   A. 对于投资组合来说，需要先计算其期望报酬率
   B. 投资组合的期望报酬率，就是投资组合中主要投资项目的单独期望报酬率与其投资结构的加权平均数
   C. 投资组合风险的衡量，需要量化各投资项目相互之间的影响情况
   D. 协方差和标准离差是度量投资组合中任意两个投资项目之间报酬率变动关系的两个重要指标

五、简答题

1. 风险具有哪些特征？

2. 简述风险的含义。

3. 当相关系数等于 1 和相关系数等于 −1 时，两项投资的投资报酬率分别是何情形？

六、计算与实务题

1. 某公司拟投资 A、B 两个项目。预计这两个投资项目三种可能情况下的投资报酬率及其相应概率如下：

投资报酬率的概率分布

项目	A 项目		B 项目	
	投资报酬率	概率	投资报酬率	概率
较好	40%	0.30	30%	0.30
正常	20%	0.50	18%	0.40
较差	−20%	0.20	10%	0.30
合计		1.00		1.00

试计算 A、B 两项目的期望投资报酬率。

2. 根据上题资料，请问 A、B 两个项目哪个项目的风险较小？

3. 根据前述两个计算实务题的资料及计算结果，设专家评议的风险报酬系数为 9%，无风险报酬率为 5%。试计算这两个项目的必要投资报酬率。

4. 一公司同时购买 A、B、C 三种股票，其投资结构占比分别为 30%、30%、40%，β 系数分别为 1.2、0.9、1.7。设期间无风险报酬率为 8%，市场平均报酬率为 20%。

试利用资本资产定价模型计算该投资组合的必要报酬率。

第三部分　参考答案

一、名词解释

1. 市场风险也称系统风险或不可分散风险，它是指那些任何企业和其他经济组织都会受影响的风险。

2. 企业特有风险也称非系统风险或可分散风险，它是指发生于某个企业并由该企业的特定事件或特定原因造成的风险。企业特有风险根据风险形成的原因不同，还可以分为经营风险和财务风险。

3. 期望值是指一个随机变量可能发生的各种结果与其相应概率之积的加权平均数。它是投资者基于风险对投资报酬率的合理综合预期。

4. 方差是各种可能的结果偏离期望值的综合差异。可以用来表示投资报酬率的各种可能值与其预期报酬率之间的离散程度。

5. 一个投资组合内，投资项目相互之间的变化情况影响着投资组合的整体方差，从而影响着投资组合风险。协方差就是一个度量投资组合中一个投资项目相对于其他投资项目风险的指标。

6. 相关系数就是用协方差除以两个投资项目的标准离差之积。

二、判断题

1. √　　　2. ×　　　3. √　　　4. ×　　　5. √

6. ×　　　7. √　　　8. √　　　9. √　　　10. ×

三、单项选择题

1. D   2. A   3. A   4. D   5. B
6. D   7. C   8. B   9. B   10. A

四、多项选择题

1. ABC   2. CD   3. AB   4. ABCD   5. BC
6. ABCD   7. ABC   8. AC

五、简答题

1. 通常风险具有以下特征：

(1)由于风险意味着偏离预期，它可能向好的方面偏离，也可能向不好的方面偏离，所以，风险可能给投资者带来超预期的收益，也可能给投资者带来超预期的损失——这也就是风险之所在。

(2)风险是在特定经济活动范围内并在该经济活动影响期内存在。随着经济活动向前推进，不确定、不可控因素在逐渐减少，结果越来越明朗，风险情况也越来越确定。

(3)通常情况下未来有不可控和不可预知性，故风险是一种客观存在。

2. 在一般情况下，我们可以认为风险是由于对未来事物的不可控甚至是因在事前不能详细全面地了解、判断环境条件而作出决策所导致的未来结果偏离预期的可能性。在财务管理中，风险是指投资活动所产生的收益水平偏离期望值的程度。

3. 当相关系数等于1时，两项投资的投资报酬率完全正相关，两项投资的投资报酬率变化方向和变化幅度完全相同，此时投资组合的报酬率的方差达到最大。此时两项投资的风险完全不能互相抵消，故这样的组合不能降低任何风险。

当相关系数等于-1时，两项投资的投资报酬率完全负相关，两项投资的投资报酬率变化方向和变化幅度完全相反，此时投资组合的报酬率的方差达到最小，甚至可能为零。此时两项投资的风险可以充分地互相抵消甚至完全抵消，故这样的组合可以最大限度地抵消风险。

六、计算与实务题

1. 解：

期望报酬率$_A$项目的期望投资报酬率$= 40\% \times 0.3 + 20\% \times 0.5 + (-20\%) \times 0.2$
$$= 18\%$$

期望报酬率$_B$项目的期望投资报酬率$= 30\% \times 0.3 + 18\% \times 0.4 + 10\% \times 0.3$
$$= 19.2\%$$

答：A 项目的期望投资报酬率为 18%，B 项目的期望投资报酬率为 19.2%。

2. 解：

根据上题的计算，A、B 两项目的期望值分别为 18% 和 19.2%。

由于期望值不同，需要计算 A、B 两项目的标准离差率。

A、B 两项目的标准离差率分别为:

$$\sigma_A = \sqrt{(40\%-18\%)^2 \times 0.3 + (20\%-18\%)^2 \times 0.5 + (-20\%-18\%)^2 \times 0.2}$$

$$= \sqrt{0.01452 + 0.0002 + 0.02888}$$

$$\approx 0.2088$$

$$\sigma_B = \sqrt{(30\%-19.2\%)^2 \times 0.3 + (18\%-19.2\%)^2 \times 0.4 + (10\%-19.2\%)^2 \times 0.3}$$

$$= \sqrt{0.0035 + 0.000058 + 0.002539}$$

$$\approx 0.0781$$

A、B 两项目的标准离差率分别为:

$$q_A = 20.88\% / 18\% \times 100\%$$

$$= 116\%$$

$$q_B = 7.81\% / 19.2\% \times 100\%$$

$$= 40.68\%$$

答:B 项目的标准离差率更小,所以 B 项目的风险较小。

3. 解:

$$R(A) = 5\% + 9\% \times 116\%$$

$$= 15.44\%$$

$$R(B) = 5\% + 9\% \times 40.68\%$$

$$= 8.66\%$$

答:A、B 两项目的必要投资报酬率分别为 15.44% 和 8.66%。

4. 解:

$$组合 \beta 系数 = 30\% \times 1.2 + 30\% \times 0.9 + 40\% \times 1.7$$

$$= 1.31$$

$$该投资组合的必要报酬率 = 8\% + 1.31 \times (20\% - 8\%)$$

$$= 23.72\%$$

答:该投资组合的必要报酬率为 23.72%。

学习情境四 | 资本成本与现金流量

第一部分 学习指导

一、学习目的与要求

本学习情境主要涉及资本成本、现金流量的概念和实际运用问题，包括个别资本成本、综合资本成本和边际资本成本的计算方法和现金流量的估算。学习本学习情境要求能够掌握资本成本的计算方法，理解现金流量的含义与构成，掌握现金流量的估算，并具备运用现金流量估算、分析企业实际投资项目的现金流量的能力。

二、重难点解析

（一）资本成本

1. 资本成本的概念

在市场经济条件下，企业筹集和使用资金，往往要付出代价。资本成本是在商品经济条件下，资金所有权与资金使用权分离的产物。资本成本是资金使用者对资金所有者转让资金使用权利的价值补偿。也就是说，企业不能无偿使用资金，必须向资金提供者支付一定数量的费用作为补偿，企业筹措和使用资本往往都要付出代价。资本成本就是指为筹集和使用资金而付出的代价。资本成本包括筹资费用和用资费用两部分。

2. 资本成本的性质

（1）从资本成本的价值属性看，它属于投资收益的再分配，属于利润范畴。资本成本的产生是由于资本所有权与使用权的分离，它属于资本使用者向其所有者或中介人支付的费用，构成资本所有者或中介人的一种投资收益。尽管资本成本属于利润范畴，但在会计核算中，有的资本成本是计入企业的成本费用之中，如利息；有的则作为利润分配项目，如股息。

（2）从资本成本的计算与应用价值看，它属于预测成本。计算资本成本与其说是一种计算，倒不如说是一种预计和预测。预计资本成本的目的在于通过成本大小的比较来规划筹资方案，因此，规划方案在前，实施方案在后。作为规划筹资方案的一种有效手段，预计不同筹资方式下的成本，有利于降低未来项目的投资成本，提高投资效益。因此，资本成本预计是规划筹资方案前的一项基础性工作，相应地，其计算结果也为预测数。

3. 资本成本的作用

资本成本是财务管理中的重要概念，对于企业筹资及投资管理，乃至整个经营管理都具有重要的意义。对于企业筹资来讲，资本成本是企业选择资金来源、确定筹资方案的重要依据，企业力求选择资本成本最低的筹资方式；对于企业投资来讲，资本成本是评价投资项目可行性、决定投资项目取舍的重要尺度。资本成本还可以用做衡量企业经营成果的尺度，即经营利润率应高于资本成本，否则表明业绩欠佳。

（1）资本成本是比较筹资方式、选择追加筹资方案的依据。企业筹措长期资本有多种方式可供选择，它们的筹资费用与使用费用各不相同，可通过资本成本的计算与比较，并按成本高低进行排列，从中选出成本较低的筹资方式。不仅如此，由于企业全部长期资本通常是采用多种方式筹资组合构成的，这种筹资组合有多个方案可供选择，因此，加权资本成本的高低将是比较各筹资组合方案、作出资本结构决策的依据。

（2）资本成本是评价投资项目、比较投资方案和追加投资决策的主要经济标准。一般而言，项目的投资收益率只有大于其资本成本率，才是经济合理的，否则投资项目不可行。它表明，资本成本是企业项目投资的"最低收益率"，或者是判断项目可行性的"取舍率"。

（二）个别资本成本

个别资本成本是指企业使用各种长期资金的成本。按各种长期资本的具体筹资方式来确定的成本，它进一步细分为借款成本、债券筹资成本、股票筹资成本（优先股与普通股）、留存收益成本等。其中，前两者可统称债务资本成本，后两种可统称权益资本成本。

债务成本主要是长期借款的成本和债券成本。按照国际惯例和各国所得税法的规定，债务的利息一般允许在企业所得税前支付，因此，企业实际负担的利息为：利息×（1-所得税税率）。

1. 长期借款成本

企业长期借款的成本主要包括借款利息和筹资费用。其中借款利息在税前支付，具有减税效应。

长期借款成本。其计算公式为：

$$K = \frac{I_L(1-T)}{L(1-f)} \times 100\%$$

$$K = \frac{R_L(1-T)}{L(1-f)} \times 100\%$$

式中：K——长期借款成本；

I_L——长期借款年利息；

L——长期借款总额，即借款本金；

R_L——企业所得税税率；

R——长期借款年利率；

F——长期借款筹资费用率。

2. 债券成本

债券成本主要包括债券利息和筹资费用。其中债券利息的计算与长期借款的计算相同，也在所得税前支付，因此，企业实际负担的利息应为债券利息×(1-所得税税率)。债券的筹资费用一般比较高，不可以在计算资本成本时忽略不计。债券的筹资费用即债券发行费用，这类费用主要包括申请发行债券的手续费、债券注册费、印刷费、上市费以及推销费用等。其中有些费用按一定的标准(定额或定率)支付，有些费用并无固定的标准。

债券资本成本的计算公式为：

$$K_b = \frac{I_b(1-T)}{B_0(1-f_b)} = \frac{B \cdot i_b \cdot (1-T)}{B_0(1-f_b)}$$

式中：K_b——债券资本成本；

I_B——债券年利息；

B_0——债券筹资总额，按发行价格确定；

T——企业所得税税率；

f_b——债券筹资费用率。

3. 优先股成本

公司发行优先股需要支付发行费用，且优先股的股息通常是固定的，因此其计算公式为：

$$K_P = \frac{D_P}{P_P(1-f)} \times 100\%$$

式中：K_P——优先股成本；

D_P——优先股年股息，等于优先股面额乘固定股息率；

P_P——优先股筹资总额，按预计的发行价格计算。

4. 普通股成本

普通股成本主要包括股利和筹资费用，其股利率将随着企业经营状况的变动而变化，正常情况下是呈逐年增长的趋势，而且股利是以税后净利支付的，不能抵减所得税。从理论上看，股东投资期望收益率即为公司普通股成本。在计算时，存在多种不同的方法，其主要的方法为股利折现法。这种方法是一种将未来期望股利收益折为现值，以确定其成本率的方法。其原理为：从投资者角度看，股票投资价值等于各年股利收益(即 D，并假定每年收益呈 g 的递增率序列)的折现值，因此股票的收益现值必须大于现在购买时的股票成本(即股价 R)，才有利可图。用公式表示：

$$K_E = \frac{D_1}{P_E(1-f)} + g$$

式中：K_E——普通股的成本；

D_1——第一年的预计股利额；

g——普通股股利预计年增长率；

P_E——普通股筹资总额，按发行价格计算。

5. 留存收益成本

留存收益是企业的税后未分配利润。留存收益是企业的可用资金，它属于普通股股东所有，其实质是普通股股东对企业的追加投资。留存收益资本成本可以参照市场利率，也可以参照机会成本，更多的是参照普通股股东的期望收益，即普通股资本成本，但它不会发生筹资费用。其计算公式为：

（1）股利固定不变企业留存收益成本的计算公式：

$$K_r = \frac{D}{V_0}$$

式中：K_r——留存收益成本；

D——每年支付的股利；

V_0——普通股现值，即股票发行价格。

（2）股利固定增长企业留存收益成本的计算公式：

$$K_r = \frac{D_1}{V_0} + g$$

（三）个别资本成本比较

上述各种资金来源中，普通股与留存收益都属于所有者权益，股利的支付不固定。企业破产后，股东的求偿权位于最后，与其他投资者相比，普通股股东所承担的风险最大，因此，普通股的报酬也应最高。所以根据风险收益对等观念，在一般情况下，各筹资方式的资本成本由小到大依次为：国库券、银行借款、抵押债券、信用债券、优先股、普通股等。

（四）综合资本成本

在实际工作中，由于受多种因素的影响，企业不可能只使用某种单一的筹资方式，往往需要通过多种方式筹集所需资金。进行筹资决策，就要计算确定企业全部长期资本的总成本。综合资本成本是指企业全部长期资本成本的总成本，通常以各种资本占全部资本的比重为权数，对个别资本成本进行加权平均确定，又称为加权平均资本成本。用公式表示为：

$$K_w = \sum_{j=1}^{n} K_j W_j$$

式中：K_W——综合资本成本（加权平均资本成本）；

K_j——第 j 种资本的个别资本成本；

W_j——第 j 种资本占全部资本的比重（权数）。

（五）边际资本成本

企业无法以某一固定的资本成本来筹措无限的资金，当其筹集的资金超过一定限度时，原来的资本成本就会增加。在企业追加筹资时，需要知道筹资额在什么数额上会引起资本成本怎样的变化。这就要用到边际资本成本的概念。

边际资本成本是指资金每增加一个单位而增加的成本，它是财务管理中的重要概念，也是企业投资、筹资过程中必须加以考虑的问题。

企业追加筹资，有时可能只采取一种筹资方式。在筹资数额较大，或在目标资本结构既定的情况下，往往通过多种筹资方式的组合来实现。这时，边际资本成本需要按加权平均法计算，是追加筹资时所使用资本的加权平均资本成本。其权数必须为市场价值权数，不应采用账面价值权数。

(六) 降低资本成本的途径

降低资本成本，既取决于企业自身筹资决策，如筹资期限安排是否得当，筹资效率是否提高，信用等级状况好坏，资产抵押或担保工作是否做得较好，等等；同时更取决于投资项目的未来风险状况以及市场环境，特别是通货膨胀状况、市场利率变动趋势等。如何从技术角度来降低资本成本？其途径包括：

1. 合理安排筹资期限

资本的筹集主要是为了满足投资需要，尤其是为了满足用于长期投资的需要。在这种情况下：筹资期限要服从于投资年限，服从于资本预算，投资年限越长，筹资期限也要求越长。但是，由于投资是分阶段、分时期进行的，因此，企业在筹资时，可按照投资的进度来合理安排筹资期限，这样既能减少资本成本，又能减少资金不必要的闲置。

2. 合理的利率预期

资本市场利率多变，因此，合理的利率预期对负债筹资意义重大。比如，同样是利用债券筹资 100 万元，筹资期限为 3 年。如果筹资时预期未来利率将由现时的 10% 上升到 12%，则按现时 10% 利率发行 3 年期的债券，对企业有利。如果未来利率预期将由现时的 10% 下降到 8%，则按现时 10% 利率发行为期 1~2 年的债券，等到利率下降时再按下降了的利率发行债券，以新债还旧债从而节约资本成本。

3. 提高企业信誉，积极参与信用等级评估

我国多数企业不太注重企业信誉建立，对信用等级评估也采取无所谓的态度，其实这不利于企业自身财务形象的树立。要想提高信用等级，首先必须积极参与等级评估，让市场了解企业，也让企业走向市场，只有这样，才能为以后的资本市场筹资提供便利，才能增强投资者的投资信心，才能积极有效地取得资金，降低资本成本。

4. 积极利用负债经营

在投资收益率大于债务成本率的前提下，积极利用负债经营，取得财务杠杆效应，降低资本成本，提高投资效益。

(七) 现金流量的概念

所谓现金流量，是指在项目投资决策中，投资项目在其计算期内因资本循环而可能发生或应该发生的各项现金流入量和现金流出量的统称，它是计算项目投资决策评价指标的重要根据和重要信息之一，也称为现金流动量。

(八)现金流量的估算

企业投资决策中的现金流量是指与投资决策有关的现金流入、流出的数量，现金流量是评价投资项目财务可行性的基础。从其产生的时间上看，现金流量的构成可以包括初始现金流量、营业现金流量和终结现金流量三部分，而不同阶段的现金流量的估算方法也有所不同。

1. 初始现金流量的估算

初始现金流量是指为使投资项目建成并投入使用而发生的有关现金流量，是项目的投资支出。它包括：固定资产投资支出、垫支营运资金支出、原有固定资产变价收入、其他投资费用支出、增加或抵减所得税支出。初始现金流量的计算公式为：

初始现金流量=固定资产投资支出+垫支营运资金支出+其他投资费用支出-原有固定资产变价收入+(-)增加或抵减所得税支出

2. 营业现金流量的估算

营业现金流量是指项目投入运行后，在整个经营寿命期间内因生产经营活动而产生的现金流入和流出的数量。这些现金流量通常是按照会计年度计算的，由以下几个部分组成：产品或服务销售所得到的现金流入量、各项营业现金支出(如原材料购置费用、职工工资支出、燃料动力费用支出、销售费支出以及期间费用等)、税费支出等。

如果各年销售收入均为现金收入，则年营业现金净流量(NCF)可用下列公式计算：

年营业现金净流量=年销售收入-付现成本-所得税

或：年营业现金净流量=净利+折旧

其中，付现成本指不包括固定资产折旧和无形资产、开办费的摊销等非付现成本在内的各项成本费用支出，而且把折旧作为主要的非付现成本。

3. 终结现金流量的估算

终结现金流量是指投资项目终结时所发生的各种现金流量。主要包括固定资产的变价收入、投资时垫支的流动资金的收回、停止使用土地的变价收入以及为结束项目而发生的各种清理费用。

终结现金流量=回收固定资产的残值收入+回收垫支的流动资金+停止使用土地的变价收入

三、内容提要

1. 资本成本概述
2. 个别资本的成本计算
3. 个别资本成本比较
4. 综合资本成本的计算
5. 边际资本成本的计算
6. 降低资本成本的途径
7. 现金流量的概念
8. 现金流量的估算

第二部分　习　　题

一、名词解释

1. 资本成本

2. 综合资本成本

3. 边际资本成本

4. 现金流量

5. 机会成本

6. 沉没成本

二、单项选择题

1. 任何投资决策都需要考虑资本成本，资本成本在本质上是(　　)。

    A. 企业的债务融资成本　　　　　　　B. 企业的股权融资成本

    C. 无风险收益率　　　　　　　　　　D. 项目可接受的最低收益率

2. 下列各项目筹资方式中，资本成本最低的是(　　)。

    A. 发行股票　　　　　　　　　　　　B. 发行债券

    C. 长期贷款　　　　　　　　　　　　D. 保留盈余资本成本

3. 某企业发行总面额1 000万元，票面利率为12%，偿还期限5年，发行费率3%的债券(企业所得税税率为33%)，债券总发行价为1 200万元，则该债券资本成本为(　　)。

    A. 8.29%　　　　　　　　　　　　　　B. 9.7%

    C. 6.91%　　　　　　　　　　　　　　D. 9.97%

4. 一般情况下，根据风险收益对等观念，下列各筹资方式的资本成本由大到小依次为(　　)。

    A. 普通股、公司债券、银行借款　　　B. 公司债券、银行借款、普通股

C. 普通股、银行借款、公司债券   D. 银行借款、公司债券、普通股

5. 投资决策中，现金流量是指一个项目引起的企业（   ）。

     A. 现金支出和现金收入量   B. 货币资金支出和货币资金收入量

     C. 现金支出和现金收入增加的数量   D. 流动资金增加和减少量

6. 某企业发行 5 年期，年利率为 12% 的债券 2 500 万元，发行费率为 3.25%，企业所得税税率为 33%，则该债券的资本成本为（   ）。

     A. 8.31%   B. 7.23%

     C. 6.54%   D. 4.78%

7. 某投资方案预计新增年销售收入 300 万元，预计新增年销售成本 210 万元，其中折旧 85 万元，企业所得税税率为 40%，则该方案年营业现金流量为（   ）。

     A. 90 万元   B. 139 万元

     C. 175 万元   D. 54 万元

8. 某公司发行普通股 550 万元，预计第一年股利率为 12%，以后每年增长 5%，筹资费用率为 4%，该普通股的资本成本为（   ）。

     A. 15%   B. 17.5%

     C. 18%   D. 19.5%

9. 关于资本成本，下列说法正确的是（   ）。

     A. 资本成本通常用相对数表示，即用筹资费用加上用资费用之和除以筹资额的商

     B. 保留盈余的存在使企业获得资金没有付出代价，因此保留盈余没有资本成本

     C. 在长期资本的各种来源中，普通股的资本成本不一定最高

     D. 一般而言，发行公司债券成本要高于长期借款成本

10. 某公司发行优先股，筹资费用率和股息率分别为 5% 和 9%，则优先股成本为（   ）。

     A. 5.94%   B. 5.26%

     C. 6.71%   D. 9.47%

三、多项选择题

1. 一般而言，债券筹资与普通股筹资相比，（   ）。

     A. 普通股筹资所产生的财务风险相对较低

     B. 公司债券筹资的资本成本相对较高

     C. 公司债券利息可以税前支付，普通股股利必须是税后支付

     D. 如果筹资率相同，两者的资本成本就相同

2. 在事先确定企业资金规模的前提下，吸收一定比例的负债资金，可能产生的结果有（   ）。

     A. 增加企业财务风险   B. 提高企业经营能力

     C. 降低企业财务风险   D. 提高企业资本成本

     E. 降低企业资本成本

3. 资本成本很高而财务风险很低的筹资成本有（   ）。

     A. 吸收投资   B. 发行债券

  C. 长期借款   D. 融资租赁

  E. 发行股票

4. 下列公式中正确计算营业现金流量的有(　　)。

  A. 税后收入－税后付现成本＋税负减少 B. 税后收入－税后付现成本＋折旧抵税

  C. 税后利润＋折旧   D. 营业收入－付现成本－所得税

  E. 收入×(1－税率)－付现成本×(1－税率)＋折旧×税率

5. 现金流量计算的优点有(　　)。

  A. 准确反映企业未来期间利润状况   B. 体现了时间价值观念

  C. 没有考虑回收期后的现金流量   D. 不能衡量投资方案投资报酬的高低

四、简答题

1. 简述资本成本的作用。

2. 简述降低资本成本的途径。

五、计算与实务

1. 某企业拟为某新增投资项目而筹资10 000万元，其筹资方案是：向银行借款7 500万元，已知借款利率10%，期限为3年；增发股票1 000万股共筹资2 500万元(每股面值1元)，且预期第一年年末每股支付0.1元，以后年度的预计股利增长率为5%。假设股票筹资费率为3%，企业所得税税率为30%。

  求：(1)借款成本。

    (2)普通股成本。

    (3)该筹资方案的综合资本成本。

2. 某企业筹集长期资金400万元，发行长期债券1.6万张，每张面值100元，票面利率11%，筹资费率2%，企业所得税税率33%；以面值发行优先股8万元，每股10元，筹资费率3%，股息率12%；以面值发行普通股100万张，每股1元，筹资费率4%，第一年年末每股股利0.096元，股利预计年增长率为5%；保留盈余60万元。试计算企业综合资本成本。

3. 某企业投资15 500元购入一台设备，该设备预计残值为500 元，可使用 3 年，折旧按直线法计算。设备投产后每年销售收入增加额分别为10 000元、20 000元、15 000元，除折旧外的费用增加额分别为4 000元、12 000元、5 000元。假定企业所得税税率为40%，要求的最低投资报酬率为10%，目前税后利润为20 000元。试计算每年的现金流量。

4. 某企业原有设备一台，购置成本为 15 万元，预计使用 10 年，已使用 5 年，预计残值为原值的 10%，该公司用直线法计提折旧，现拟购买新设备替换原设备。新设备购置成本为 20 万元，使用年限为 8 年，预计残值为原值的 10%，使用新设备后公司每年的销售额可以从 150 万元上升到 165 万元，每年付现成本将从 110 万元上升到 115 万元，公司如购置新设备，旧设备出售可得收入 10 万元，假定企业所得税税率为 33%，试计算新旧设备的现金流量。

第三部分　参 考 答 案

一、名词解释

1. 资本成本，是指为筹集和使用资金而付出的代价。

2. 综合资本成本，是指企业全部长期资本成本的总成本，通常以各种资本占全部资本的比重为权数，对个别资本成本进行加权平均确定，又称为加权平均资本成本。

3. 边际资本成本，是指资金每增加一个单位而增加的成本，它是财务管理中的重要概念，也是企业投资、筹资过程中必须加以考虑的问题。

4. 现金流量，是指在项目投资决策中，投资项目在其计算期内因资本循环而可能发生或应该发生的各项现金流入量和现金流出量的统称，它是计算项目投资决策评价指标的重要根据和重要信息之一，也称为现金流动量。

5. 机会成本，在投资决策中，如果选择了某一投资项目，就会放弃其他投资项目，其他投资机会可能取得的收益就是本项目的机会成本。

6. 沉没成本，是指项目决策中，在项目分析之前发生的成本费用。

二、单项选择题

1. D	2. C	3. C	4. A	5. C
6. A	7. B	8. B	9. D	10. D

三、多项选择题

1. AC　　　　2. AE　　　　3. AE　　　　4. ABCDE　　　　5. BCD

四、简答题

1. 资本成本是财务管理中的重要概念，对于企业筹资及投资管理，乃至整个经营管理都具有重要的意义。对于企业筹资来讲，资本成本是企业选择资金来源、确定筹资方案的重要依据，企业力求选择资本成本最低的筹资方式；对于企业投资来讲，资本成本是评价投资项目可行性、决定投资项目取舍的重要尺度。资本成本还可以用做衡量企业经营成果的尺度，即经营利润率应高于资本成本，否则表明业绩欠佳。

(1)资本成本是比较筹资方式、选择追加筹资方案的依据。企业筹措长期资本有多种方式可供选择，它们的筹资费用与使用费用各不相同，可以通过资本成本的计算与比较，并按成本高低进行排列，从中选出成本较低的筹资方式。不仅如此，由于企业全部长期资本通常是采用多种方式筹资组合构成的，这种筹资组合有多个方案可供选择，因此，综合加权资本成本的高低将是比较各筹资组合方案、作出资本结构决策的依据。

(2)资本成本是评价投资项目、比较投资方案和追加投资决策的主要经济标准。一般而言，项目的投资收益率只有大于其资本成本率，才是经济合理的，否则投资项目不可行。它表明，资本成本是企业项目投资的"最低收益率"，或者是判断项目可行性的"取舍率"。

2. 降低资本成本，既取决于企业自身筹资决策，如筹资期限安排是否得当，筹资效率是否提高，信用等级状况好坏，资产抵押或担保工作是否做得较好，等等；同时更取决于投资项目的未来风险状况以及市场环境，特别是通货膨胀状况、市场利率变动趋势等。如何从技术角度来降低资本成本？其途径包括：

(1)合理安排筹资期限

资本的筹集主要是为了满足投资需要，尤其是为了满足用于长期投资的需要。在这种情况下：筹资期限要服从于投资年限，服从于资本预算，投资年限越长，筹资期限也要求越长。但是，由于投资是分阶段、分时期进行的，因此，企业在筹资时，可按照投资的进度来合理安排筹资期限，这样既可以减少资本成本，又可以减少资金不必要的闲置。

(2)合理的利率预期

资本市场利率多变，因此，合理的利率预期对负债筹资意义重大。比如，同样是利用债券筹资 100 万元，筹资期限为 3 年。如果筹资时预期未来利率将从现时的 10% 上升到 12%，则按现时 10% 的利率发行 3 年期的债券，对企业有利。如果未来利率预期将由现时的 10% 下降到 8%，则按现时 10% 的利率发行为期 1～2 年的债券，等到利率下降时再按下降了的利率发行债券，以新债还旧债从而节约资本成本。

(3)提高企业信誉，积极参与信用等级评估

我国多数企业不太注重企业信誉建立，对信用等级评估也采取无所谓的态度，其实这不利于企业自身财务形象的树立。要想提高信用等级，首先必须积极参与等级评估，让市场了解企业，也让企业走向市场，只有这样，才能为以后的资本市场筹资提供便利，才能

增强投资者的投资信心，才能积极有效地取得资金，降低资本成本。

(4)积极利用负债经营

在投资收益率大于债务成本率的前提下，积极利用负债经营，取得财务杠杆效应，降低资本成本，提高投资效益。

五、计算与实务

1. 解：借款成本 $=10\%\times(1-30\%)=7\%$

普通股成本 $=\dfrac{0.1\times1\,000}{2\,500\times(1-3\%)}+5\%=9.12\%$

综合资本成本 $=3/4\times7\%+1/4\times9.12\%=7.53\%$

2. 解：债券筹资权数 $=1.6\times100\div400=40\%$

优先股筹资权数 $=8\times10\div400=20\%$

普通股筹资权数 $=100\times1\div400=25\%$

留存收益筹资权数 $=60\times100=15\%$

债券成本 $=11\%\times(1-33\%)/(1-2\%)=7.52\%$

优先股成本 $=12\%/(1-3\%)=12.37\%$

普通股成本 $=0.096/(1-4\%)+5\%=15\%$

留存收益成本 $=0.096+5\%=14.6\%$

综合资本成本 $=40\%\times7.52\%+20\%\times12.37\%+25\%\times15\%+15\%\times14.6\%$

　　　　　　 $=11.42\%$

3. 解：每年折旧额 $=(15\,500-500)\div3=5\,000(元)$

第一年税后利润 $=20\,000+(10\,000-4\,000-5\,000)\times(1-40\%)=20\,600(元)$

第一年税后现金流量 $=(20\,600-20\,000)+5\,000=5\,600(元)$

第二年税后利润 $=20\,000+(20\,000-12\,000-5\,000)\times(1-40\%)=21\,800(元)$

第二年税后现金流量 $=(21\,800-20\,000)+5\,000=6\,800(元)$

第三年税后利润 $=20\,000+(15\,000-5\,000-5\,000)\times(1-40\%)=23\,000(元)$

第三年税后现金流量 $=(23\,000-20\,000)+5\,000+500=8\,500(元)$

4. 解：旧设备：

折旧 $=15\times(1-10\%)\div10=1.35(万元)$

初始现金流量 $=0$

营业现金流量 $=(150-110-1.35)\times(1-33\%)+1.35=27.25(万元)$

终结现金流量 $=15\times10\%=1.5(万元)$

新设备：

折旧 $=20\times(1-10\%)\div8=2.25(万元)$

初始现金流量 $=-20+10=10(万元)$

营业现金流量 $=(165-115-2.25)\times(1-33\%)+2.25=34.24(万元)$

终结现金流量 $=20\times10\%=2(万元)$

下编　财务管理实务

学习情境五 ｜ 财 务 预 测

第一部分 学 习 指 导

一、学习目的与要求

本学习情境主要内容包括财务预测的概念、财务预测的意义和作用；财务预测的定性预测和定量预测方法。

本学习情境的学习要求理解财务预测的概念，了解财务预测的意义和作用；了解财务预测的定性预测和定量预测方法；掌握现金需要量的预测以及利润的预测；能根据学习情境设计的需要查阅有关资料；能够结合企业个案，进行现金需要量的预测以及利润的预测。

二、重难点解析

预测分析是指采用各种科学的专门分析方法，根据过去和现在预计未来以及根据已知推测未知的分析过程。预测分析的基本原理有：延续性原理、相关性原理、规律性原理、可控性原理。预测分析的一般程序是：确定预测目标、收集分析资料、选择预测方法、进行预测分析、分析预测误差、对预测值进行修正、评价预测结果。

预测分析的方法分定性预测法和定量预测法两种，定量预测分析法又分为趋势预测分析法和因果预测分析法。销售预测的主要方法有：判断分析法、市场调查法、趋势预测法（包括算术平均法、加权移动平均法、指数平滑法）、因果预测法。利润预测的方法有：预测保本点的方法、预测目标利润的方法。成本预测的方法有：目标成本预测法、历史成本预测法、因素变动预测法。资金需要量预测的基本方法有：销售百分比法、回归分析法。

1. 简单平均法

简单平均法又称算数平均法，是指以过去若干期的销售量或销售额的算数平均数作为计划期的销售预测值的一种方法。其计算公式为：

计划期销售预测值(X) = 各期销售量(或销售额)之和/期数

2. 移动加权平均法

移动加权平均法是先根据过去若干期的销售资料，按近大远小的原则确定各期权数（权数用 W 表示），然后计算其加权平均数作为计划期的销售预测值的一种预测方法。

3. 指数平滑法

指数平滑法是指在充分考虑有关前期预测值和实际情况的基础上，利用事先确定的平滑指数预测未来销售量或销售额的一种预测方法。这种方法需导入平滑指数（用 α 表示），其取值范围一般在 0.3~0.7。指数平滑法的计算公式为：

计划期销售预测值(X_t) = (平滑指数×上期实际销量或销售额)+(1−平滑指数)×上期销售预测值

$$= \alpha \cdot X_{t-1} + (1-\alpha) \cdot \overline{X_{t-1}}$$

4. 简易回归分析法

简易回归分析法又称回归直线分析法，它是通过建立回归直线模型，利用修正的时间自变量计算回归系数，进而进行预测销售量或销售额的一种预测方法。

回归直线法原理将此法应用于销售预测时，数学模型为：

$$y = a + bx$$

式中，a、b 为回归系数，y 代表销售量或销售额，x 代表观测期即时间自变量。回归系数 a、b 的值可按下列公式计算：

$$a = \left(\sum y - b \sum x \right)/n$$
$$b = \left(n \sum xy - \sum x \sum y \right)/\left(n \sum x^2 - \sum (x)^2 \right)$$

5. 高低点法

这种方法是根据一定时期的历史资料中最高产量与最低产量所对应的总成本的差额（用 Δy 表示）与两者产量的差额（用 Δx 表示）之比，求出单位变动成本 b，然后求出固定成本 a，其计算公式如下：

b = 最高产量成本−最低产量成本/最高产量−最低产量

$= \Delta y / \Delta x$

a = 最高点成本总额−b×最高点产量 = $y_h - bx_h$

或 a = 最低点成本总额−b×最低点产量 = $y_l - bx_l$

式中：y_h——最高点成本总额；

y_l——最低点成本总额；

x_h——最高点产量；

x_l——最低点产量。

a 和 b 的值求出后，代入数学模型 $y = a + bx$，即可求得计划期产品总成本及单位成本的预测值，即：

$$计划期产品总成本的预测值(yP) = a + bxP$$
$$计划期产品单位成本的预测值 = yP\ /xP$$

6. 经营杠杆系数在利润预测中的应用

在已知经营杠杆系数、产销变动率的条件下，可以利用经营杠杆系数测算产销量变动对利润的影响，再结合基期利润，能进一步计算利润预测值，具体计算公式如下：

$$经营杠杆系数 = 利润变动率/产销量变动率$$
$$未来利润的变动率 = 产销量变动率 \times 经营杠杆系数$$
$$预计利润 = 基期利润 \times (1 + 未来利润的变动率)$$
$$= 基期利润 \times (1 + 产销量变动率 \times 经营杠杆系数)$$

7. 损益方程式法

损益方程式法，是根据损益计算公式，把成本、业务量和利润三者之间的依存关系用方程式表示，在其他变量已知的基础上，计算出其中的未知变量。

$$目标利润 = 产品销售量 \times (单位售价 - 单位变动成本) - 固定成本总额$$
$$税后目标利润 = [产品销售量 \times (单位售价 - 单位变动成本) - 固定成本总额] \times (1 - 税率)$$

8. 利用边际贡献计算利润

$$目标利润 = 边际贡献 - 固定成本$$
$$= 单位边际贡献 \times 销售数量 - 固定成本$$
$$= (销售收入 - 变动成本总额) - 固定成本$$

9. 盈亏临界分析

盈亏临界点，也称保本点、损益平衡点等，是指当产品的销售业务达到某一水平时，其总收入等于总成本，边际贡献正好抵偿全部固定成本，利润为零，企业处于不盈利也不亏损的状态。

盈亏临界点的表现形式：盈亏临界点的销售量、盈亏临界点的销售额。

(1)盈亏临界点的销售量

①用损益方程式法预测。

$$盈亏临界点销售量 = 固定成本总额 \div (销售单价 - 单位变动成本)$$

②用边际贡献法预测。

$$盈亏临界点销售量 = 固定成本总额 \div 单位边际贡献$$

(2)盈亏临界点的销售额

$$综合盈亏临界点的销售额 = 固定成本总额 \div 加权平均边际贡献率$$

10. 资金需要量预测的销售百分比法

销售百分比法一般按以下三个步骤进行：

(1)分析研究资产负债表各个项目与销售收入总额之间的依存关系。

①资产类项目。在资产负债表资产类项目中，凡周转中的货币资金、正常的应收账款和存货等流动资产项目，一般都会随销售额的变动而相应地变动。而固定资产项目则要视基期固定资产是否已被充分利用而定，如果尚未充分利用，则可通过进一步挖掘其利用潜力，产销更多的产品，此时，不需追加资金投入；如果基期固定资产生产能力已达到饱和状态，则增加销售额，就需要增加资金购置固定资产设备，以扩大再生产。至于长期投

资、无形资产等其他资产项目，一般不会随着销售变动而变动。敏感性项目就是资产负债表中与销售收入存在不变比例的项目，资产负债表中除敏感性项目外，其余项目为非敏感性项目。

②权益类项目。在资产负债表权益类项目中，属于流动负债的项目，如应付账款、应付票据、应付税金等通常随销售的变动而变动；至于属于长期负债的项目和股东权益的项目等，则不会随销售的变动而变动。此外，计划期所提取的固定资产折旧准备减除计划期用于更新改造的金额和留存收益两个项目，通常可作为计划期内需要追加的内部资金来源。

(2)将基期的资产负债表与销售收入有关的各项目用销售百分比(与基期销售额相比)的形式另行编表。

(3)按下列公式计算计划期预计需要追加的资金数额。

计划期预计需要追加的资金数额 $= (A/S_0 - L/S_0)(S_1 - S_0) - DeP_1 - S_1R_0(1 - d_1) + M_1$

其中：S_0——基期的销售收入总额；

S_1——计划期的销售收入总额；

A/S_0——基期随着销售额增加而自动增加的资产项目占销售总额的百分比；

L/S_0——表示基期随着销售额增加而自动增加的负债项目占销售总额的百分比；

$(A/S_0 - L/S_0)$——销售额每增加 1 元所需追加的资金数额；

DeP_1——表示计划期提取的固定资产折旧减去用于更新改造后的金额；

R_0——基期的税后销售利润率；

d_1——计划期的股利发放率；

M_1——计划期的零星资金需要量。

三、内容提要

1. 财务预测概述

(1)财务预测的意义

(2)财务预测的原则、程序、内容

2. 销售的预测分析

(1)销售预测分析应考虑的因素

(2)销售预测分析的方法

3. 成本的预测分析

(1)成本预测的程序

(2)成本预测的方法

4. 利润的预测分析

(1)目标利润预测的步骤

(2)目标利润预测的方法

5. 资金需要量的预测分析

(1)资金需要量预测的主要依据

(2)资金需要量预测常用的方法

第二部分 习 题

一、名词解释

1. 财务预测

2. 经营预测

3. 定量分析法

4. 趋势预测分析法

5. 盈亏临界点

6. 定性分析法

二、判断题

1. 定量分析法是根据人们的主观分析判断确定未来的估计值。 （ ）
2. 高低点法属于定性分析的方法。 （ ）
3. 资金需要量预测常采用销售百分比法。 （ ）
4. 在保本点不变的情况下，如果销售量未超过保本点，则销售量越大亏损越大。 （ ）
5. 采用趋势分析法对未来进行预测，对不同时期的资料采用不同的权数，越是远期，权数越大。 （ ）
6. 成本预测的方法有目标成本预测法、历史成本预测法和因素变动预测法。 （ ）

三、单项选择题

1. 预测方法分为两大类：定量预测分析法和（ ）。
   A. 平均法　　　　　　　　　　B. 定性分析法
   C. 回归分析法　　　　　　　　D. 指数平滑法
2. 已知上年利润为 100 000 元，下一年的经营杠杆系数为 1.4，销售量变动率为

15%，则下一年的利润预测额为(　　)元。

　　A. 140 000　　　　　　　　　　B. 150 000

　　C. 121 000　　　　　　　　　　D. 125 000

3. 经营杠杆系数等于1，说明(　　)。

　　A. 固定成本等于0　　　　　　　B. 固定成本大于0

　　C. 固定成本小于0　　　　　　　D. 与固定成本无关

4. 假设平滑指数为0.6，9月的实际销售量为630千克，则预测10月的销售量为(　　)千克。

　　A. 618　　　　　　　　　　　　B. 600

　　C. 612　　　　　　　　　　　　D. 630

5. 已知上年利润为200 000元，下一年的经营杠杆系数为1.8，预计销售量变动率为20%，则下一年的利润预测额为(　　)元。

　　A. 200 000　　　　　　　　　　B. 240 000

　　C. 272 000　　　　　　　　　　D. 360 000

6. 预测分析的内容不包括(　　)。

　　A. 销售预测　　　　　　　　　　B. 利润预测

　　C. 资金需要量预测　　　　　　　D. 所得税预测

7. 下列适用于销售量略有波动的产品的销售预测方法是(　　)。

　　A. 加权平均法　　　　　　　　　B. 移动平均法

　　C. 趋势平均法　　　　　　　　　D. 平滑指数法

8. 某企业只生产一种产品，该产品的单位变动成本为6元，固定成本总额为5 000元，企业确定的目标利润为4 000元，产品售价为15元。则要实现目标利润，该产品的销售量至少应达到(　　)件。

　　A. 556　　　　　　　　　　　　B. 444

　　C. 600　　　　　　　　　　　　D. 1 000

9. 如果其他因素不变，只有单价发生变动，则会使安全边际(　　)。

　　A. 不变　　　　　　　　　　　　B. 不一定变动

　　C. 同方向变动　　　　　　　　　D. 反方向变动

10. 销售收入为20万元，边际贡献率为60%，其变动成本总额为(　　)万元。

　　A. 8　　　　　　　　　　　　　B. 12

　　C. 4　　　　　　　　　　　　　D. 16

四、多项选择题

1. 定量分析法包括(　　)。

　　A. 判断分析法　　　　　　　　　B. 集合意见法

　　C. 非数量分析法　　　　　　　　D. 趋势外推分析法

　　E. 因果预测分析法

2. 当预测销售量较为平稳的产品的销量时，较好的预测方法为(　　)。

　　A. 算术平均法　　　　　　　　　B. 移动平均法

C. 修正的时间序列回归法　　　　D. 因果预测分析法

E. 判断分析法

3. 经营杠杆系数通过以下公式计算（　　）。

A. 利润变动率/业务量变动率　　　B. 业务量变动率/利润变动率

C. 基期边际贡献/基期利润　　　　D. 基期利润/基期边际贡献

E. 销售量的利润灵敏度×100

4. 较大的平滑指数可用于（　　）情况的销售预测。

A. 近期　　　　　　　　　　　　B. 远期

C. 波动较大　　　　　　　　　　D. 波动较小

E. 长期

5. 属于趋势预测分析法的是（　　）。

A. 算术平均法　　　　　　　　　B. 平滑指数法

C. 回归分析法　　　　　　　　　D. 调查分析法

E. 移动平均法

6. 指数平滑法实质上属于（　　）。

A. 平均法　　　　　　　　　　　B. 算术平均法

C. 因果预测分析法　　　　　　　D. 趋势外推分析法

E. 特殊的加权平均法

五、简答题

1. 什么是简易回归分析法？怎样使用？

2. 什么是德尔菲法？

3. 什么是因素预测法？如何利用因素预测法对成本进行预测分析？

六、计算题

1. 已知某企业基期销售收入为 100 000 元，边际贡献率为 30%，实现利润 20 000 元。
要求：计算该企业的经营杠杆系数。

2. 已知某企业只生产一种产品,最近半年的平均总成本资料如下表所示:

月份	固定成本(元)	单位变动成本(元)
1	12 000	14
2	12 500	13
3	13 000	12
4	14 000	12
5	14 500	10
6	15 000	9

要求:如果 7 月产量预计为 500 件,采用加权平均法预测 7 月的总成本和单位成本。

3. 某企业只生产一种产品,单价为 200 元,单位变动成本 160 元,固定成本为 400 000元,2006 年销售量为 10 000 件。已知同行业先进的资金利润率为 20%,预计 2007 年企业资金占用额为 600 000 元。

要求:(1)以同行业先进的资金利润率为基础测算企业 2007 年的目标利润基数。

(2)企业为实现目标利润应该采取哪些单项措施?

4. 已知某企业只生产一种产品,本年销售量为 20 000 件,固定成本为 25 000 元,利润为 10 000 元,预计下一年的销售量为 25 000 件。

要求:预计下期利润额。

5. 企业某年度 6 月实际销售量为 800 公斤,该月的预测销售量为 840 公斤,平滑指数 $a = 0.4$。请用平滑指数法预测 7 月的销售量。

第三部分 参考答案

一、名词解释

1. 财务预测，是指财务工作者根据企业过去一段时期财务活动的资料，结合企业现在面临和即将面临的各种变化因素，运用数理统计方法以及结合主观判断，来预测企业未来财务状况。

2. 经营预测，是指企业根据现有的经济条件和掌握的历史资料以及客观事物的内在联系，对生产经营活动的未来发展趋势和状况进行的预计和测算。

3. 定量分析法又称为数量分析法，是指在掌握与预测对象有关的各种定量资料的基础上运用现代数学方法进行数据处理，据以建立能够反映有关变量之间规律性联系的各类预测模型进行预测分析的方法。

4. 趋势预测分析法又称趋势外推分析法，是指根据某项指标过去的、按时间顺序排列的数据，运用一定的数学方法进行加工处理，借以预测未来发展的方法。

5. 盈亏临界点，也称保本点、损益平衡点等，是指当产品的销售业务达到某一水平时，其总收入等于总成本，边际贡献正好抵偿全部固定成本，利润为零，企业处于不盈利也不亏损的状态。

6. 定性分析法又称非数量分析法，是指由有关方面的专业人员根据个人的经验和知识，结合预测对象的特点进行综合分析，进而推测事物未来发展状况和趋势的预测分析方法。

二、判断题

1. ×   2. ×   3. ✓   4. ×   5. ×   6. ✓

三、单项选择题

1. B   2. C   3. A   4. C   5. C   6. D
7. B   8. B   9. C   10. A

四、多项选择题

1. DE   2. AB   3. ACE   4. AC   5. ABE   6. ADE

五、简答题

1. 简易回归分析法又称回归直线分析法，它是通过建立回归直线模型，利用修正的时间自变量计算回归系数，进而进行预测销售量或销售额的一种预测方法。

将此法应用于销售预测时，数学模型为：

$$y = a + bx$$

式中，a、b 为回归系数，y 代表销售量或销售额，x 代表观测期即时间自变量。回归

系数 a、b 的值可按下列公式计算：

$$a = \frac{\sum y - b \sum x}{n}$$

$$b = \frac{n \sum xy - \sum x \sum y}{n \sum x^2 - \left(\sum x\right)^2}$$

由于观测期 x 按时间顺序排列，且间隔期相等，所以可采用简捷的办法，令 $\sum x = 0$ 来求回归直线。具体做法是，其观测期（n）为奇数，则令 x 的间隔期为 1，将 0 置于中央期，其余上下各期依次为 1 增减；若观测期（n）为偶数，则令 x 的间隔期为 2，将 -1 与 $+1$ 置于观测期中央的上下期，其余上下各期依次为 2 增减。经过这样处理，上述回归系数计算公式可简化为：

$$a = \frac{\sum y}{n},$$

$$b = \frac{\sum xy}{\sum x^2}$$

2. 德尔菲法先通过函询调查方式分别向各位专家征求意见，然后把各专家的判断汇集在一起，以匿名的方式再反馈给各位专家，请他们再参考别人意见修正本人的判断，如此反复多次，最终综合预测值。

3. 因素预测法是通过分析与定型产品成本有关的技术进步、劳动生产率变动以及物价变动和经济发展前景，确定这些因素对成本指标的相对影响，以预测现有老产品的未来成本的一种定量分析法。

六、实务题

1. 经营杠杆系数 = 100 000×30%/20 000 = 1.5
2. 总成本 = 19 452.38 元单位成本 = 19 452.38/500 = 38.9（元）
3.（1）600 000×20% = 120 000（元）
 （2）①（400 000+160×10 000+120 000）/（200-160）= 13 000（件）
   （13 000-10 000）/10 000×100% = 30%
   销量应增加 30%，才能实现目标利润。
  ②（200×10 000-400 000-120 000）/10 000 = 148（元）
   （160-148）/160×100% = 7.5%
   单位变动成本应降低 7.5%，才能实现目标利润。
  ③200×10 000-160×10 000-120 000 = 280 000（元）
   （400 000-280 000）/400 000×100% = 30%
   固定成本应降低 30%，才能实现目标利润。
  ④（400 000+160×10 000+120 000）/10 000 = 212（元）
   （212-200）/200 = 6%

单价应增加6%，才能实现目标利润。

4. 经营杠杆系数＝(25 000＋10 000)/10 000＝3.5

产销量变动率＝(25 000－20 000)/20 000×100%＝25%

预计利润＝10 000×(1＋25%×3.5)＝18 750(元)

5. 824公斤

7月销售量＝0.4×800＋(1－0.4)×840＝824(公斤)

学习情境六 | 资本筹集管理

第一部分 学习指导

一、学习目的与要求

企业筹集资金是企业筹措和集中生产经营所需资金的财务活动，是企业资金运动的起点。企业筹集资金具有必然性。企业筹集资金的基本要求，是要研究影响筹资投资的多种因素，讲求资金筹集的综合经济效益。企业筹资所形成的主要资金来源，即企业的资本金。

企业筹集资金需借助于金融市场来实现。筹集资金的渠道是指企业取得资金的来源，筹集资金的方式是指企业取得资金的具体形式。金融市场是指资金供应者和资金需求者双方借助于信用工具进行交易而融通资金的市场。应该理解企业有哪些主要的资金来源渠道，金融市场的特点、构成要素、融资方式、类型等。

自有资金的筹集和借入资金的筹集是本章的重要内容。自有资金筹集又称为股权性筹资，其方式主要有吸收直接投资、发行股票、联营筹资、企业内部积累四种。借入资金筹资又称为债权性筹资，其方式主要有银行借款、发行债券、融资租赁、商业信用等。对每种筹资方式，应着重理解其特点和优缺点。资金成本就是企业取得和使用资金而支付的各种费用，是企业选择资金来源、拟定筹资方案的依据，也是评价投资项目可行性的主要经济标准和衡量企业经营业绩的最低尺度。应理解企业资金结构和资金成本的关系。资金结构是指在企业资金总额（资本总额）中各种资金来源的构成比例。最基本的资金结构是借入资金和自有资金的比例。要从债务资金和主权资金的资金成本率的差别上，研究财务杠杆原理，并据以确定或调整企业的资金结构。

通过本学习情境学习，使学生重点掌握股本筹资和负债筹资；一般掌握筹资概念、种类和原则；一般了解筹资规模与筹资时机，掌握资本成本和筹资风险，一般掌握资本结构。

二、重难点解析

(一)筹集资金的概念

筹集资金是指企业根据其生产经营、对外投资和调整资本结构等活动对资金的需要，通过筹资渠道和资本市场，并运用筹资方式，经济有效地筹集企业所需资金的财务活动。

(二)筹集资金的原则

企业筹资管理的基本要求是在严格遵守国家法律法规的基础上，分析影响筹资的各种因素，权衡资金的性质、数量、成本和风险，合理选择筹资方式，提高筹集效果。

(1)遵循国家法律法规，合法筹措资金。

(2)分析生产经营情况，正确预测资金需要量。

(3)合理安排筹资时间，适时取得资金。

(4)了解各种筹资渠道，选择资金来源。

(5)研究各种筹资方式，优化资本结构。

(三)筹集资金规模预测的方法

筹集资金规模预测是指企业根据生产经营的需求，对未来所需资金的估计和推测。企业筹集资金，首先要对资金需要量进行预测，即对企业未来组织生产经营活动的资金需要量进行估计、分析和判断，它是企业制定融资计划的基础。企业资金需要量的预测方法主要有定性预测法和定量预测法。

1. 定性预测法

定性预测法主要是利用有关材料，依靠预测者个人的经验和主观分析、判断能力，对企业未来资金的需要量作出预测的方法。这种方法一般在企业缺乏完备、准确的历史资料的情况下采用。定性预测法使用简便、灵活，在企业缺乏基本资料的情况下不失为一种有价值的预测方法。但因其不能揭示资金需要量与某些有关因素之间的数量关系，缺乏客观依据，容易受预测人员主观判断的影响，因而预测的准确性较差。

2. 定量预测法

定量预测法是指以资金需要量与有关因素的关系为依据，在掌握大量历史资料的基础上，选用一定的数学方法加以计算，并将计算结果作为预测数的一种方法。

(1)销售百分比法

销售百分比法是在分析报告年度资产负债表有关项目与销售收入关系的基础上，确定资产、负债、所有者权益的有关项目占销售收入的百分比，然后依据计划期销售额的增长和假定不变的百分比关系来预测短期资金需要量的方法。

(2)资金习性预测法

资金习性预测法，是指根据资金习性预测未来资金需要量的一种方法。所谓资金习性，是指资金占用量与产品产销量之间的依存关系。按照这种关系，可将占用资金区分为不变资金、变动资金和半变动资金。不变资金是指在一定的产销规模内不随产量(或销量)变动的资金，主要包括为维持经营活动展开而占用的最低数额的现金、原材料的保险储备、必要的成品储备和厂房、机器设备等固定资产占用的资金。变动资金是指随产销量变动而同比例变动的资金，一般包括在最低储备以外的现金、存货、应收账款等所占用的资金。半变动资金是指虽受产销量变动的影响，但不成同比例变动的资金，如一些辅助材料上占用的资金等，半变动资金可采用一定的方法划分为不变资金和变动资金两部分。

(四)筹资渠道

目前我国筹资的渠道有：
(1)国家财政资金。
(2)银行信贷资金。
(3)非银行金融机构资金。
(4)其他法人资金。
(5)个人资金。
(6)境外资金。
(7)企业自留资金。

(五)筹资方式

目前我国企业的筹资方式主要有以下几种：
(1)吸收直接投资，指企业直接吸收国家、法人、个人投入资金，用于企业的生产经营活动。
(2)发行股票，指企业在证券市场发行股票，取得权益性资金。
(3)发行债券，指企业在证券市场发行债券，筹措债务性资金。
(4)商业信用，指由于企业间的业务往来发生的借贷关系，是企业筹措短期资金的主要方式。
(5)银行借款，指企业向银行借贷资金。
(6)融资租赁，指企业向租赁公司等机构取得固定资产而构成的债务，是区别于经营租赁的一种长期租赁方式。

(六)企业筹资的基本要求

(1)合理确定资金需要量。企业需根据实际生产情况和投资需要，预测资金需要量。
(2)合理安排筹资时间。资金的筹集不能过早也不能太迟，必须使筹资和用资在时间上衔接。
(3)合理确定企业资本结构。企业应对各种筹资方式进行比较分析，选择合理的资金结构。

(七)权益资金的筹集

权益资金筹资方式主要有吸收直接投资、发行普通股票、发行优先股票和利用留存收益。以下主要介绍发行股票。

1. 股票的概念

股票是一种有价证券，是股份公司在筹集资本时向出资人公开或私下发行的、用以证明出资人的股本身份和权利，并根据持有人所持有的股份数享有权益和承担义务的凭证。股票代表着其持有人(股东)对股份公司的所有权。

2. 股票的特点

(1)不可偿还性。

(2)参与性。

(3)收益性。

(4)流通性。

(5)价格波动性和风险性。

3. 股票的种类

股票可以根据投资主体的不同分为国家股、法人股、内部职工股和社会公众个人股；按股东权益和风险大小，可以分为普通股、优先股以及普通和优先混合股；按照认购股票投资者身份和上市地点不同，可以分为境内上市内资股、境内上市外资股和境外上市外资股三类。现在比较流行的分类方法：A股的正式名称是人民币普通股票。它是由我国境内的公司发行，供境内机构、组织或个人(不含台、港、澳投资者)以人民币认购和交易的普通股股票。B股也称为人民币特种股票，是指那些在中国内地注册、在中国内地上市的特种股票。以人民币标明面值，只能以外币认购和交易。H股也称为国企股，是指国有企业在香港上市的股票。S股是指那些主要生产或者经营等核心业务在中国内地而企业的注册地在新加坡或者其他国家和地区，但是在新加坡交易所上市挂牌的企业股票。N股是指那些在中国内地注册、在纽约上市的外资股票。

4. 股票的发行与上市

(1)股份有限公司发行股票的一般程序

①发起人认定股份、缴付股资。②提出公开募集股份申请。③公告招股说明书。④招认股份。⑤召开创立大会，选举董事会、监事会。⑥办理公司设立登记，交割股票。

(2)股票上市交易

①股票上市的条件。我国《证券法》规定，股份有限公司申请股票上市，应当符合下列条件：a. 股票经国务院证券监督管理机构核准已公开发行。b. 公司股本总额不少于人民币3000万元。c. 公开发行的股份达到公司股份总数的25%以上；公司股本总额超过人民币4亿元的，公开发行股份的比例为10%以上。d. 公司最近3年无重大违法行为，财务会计报告无虚假记载。

②股票上市的暂停、终止与特别处理。当上市公司出现经营情况恶化、存在重大违法违规行为或其他原因导致不符合上市条件时，就可能被暂停或终止上市。

5. 发行普通股

普通股筹资是指通过发行普通股的方式来筹集资金。

(1)普通股的种类

①按股票有无记名分为记名股票和不记名股票。

②按股票是否标明面值分为有面值股票和无面值股票。

③按投资主体不同分为国家股、法人股、外资股和个人股。

④按发行对象和上市地区不同分为 A 股、B 股、H 股和 N 股。

（2）普通股的发行

①发行的条件。生产经营符合国家产业政策；发行普通股限于一种，同股同权，同股同利；发起人认购的股份不少于公司拟发行股份总数的 35%；发起人在近三年内没有重大违法行为。

②发行的程序。首先，提出募集股份申请。其次，发起人公告招股说明书，并制作认股书。第三，发起人与依法设立的证券经营机构签订承销协议，与银行签订代收股款协议。第四，缴足股款后，由法定的验资机构验资并出具证明，发起人在 30 日内主持召开公司创立大会。第五，创立大会结束后 30 日内，董事会向公司登记机关报送有关文件，申请设立登记。最后，股份有限公司经登记成立后，将募集股份情况报国务院证券管理部门备案。

③发行的要求。股份有限公司应将资本划分为每一股金额相等的股份，然后将公司的股份采取股票的形式。股份的发行、实行公开、公平、公正的原则，必须同股同权，同股同利。

④股票的发行价格。按面值发行；按市价发行；按中间价发行。

⑤股票上市。股票上市是指股份有限公司公开发行的股票，可以在证券交易所进行交易。

（3）普通股筹资的优缺点

普通股筹资的优点在于无固定股利负担，无固定到期日，无需还本；筹资的风险小；能增强公司偿债和举债能力。普通股筹资的缺点是资本成本较高；会分散公司的控制权；有可能引发股价下跌。

6. 发行优先股

优先股是指有限股份公司发行的相对于普通股而言有一定优先权利的股票。"优先权利"包括优先分配股利和优先分配公司剩余财产权利。

1. 优先股的特征

（1）优先分配固定的股利。

（2）优先分配公司剩余财产。

（3）优先股股东一般无表决权。

（4）优先股可由公司赎回。

2. 优先股的种类

（1）累积优先股和非累积优先股。

（2）参与优先股和非参与优先股。

（3）可转换优先股与不可转换优先股。

（4）可赎回优先股和不可赎回优先股。

3. 优先股筹资的优缺点

（1）优先股筹资的优点

①优先股一般没有固定的到期日，不用偿付本金。

②股利的支付既固定又有一定的灵活性。

③保持普通股股东对公司的控制权。

④从法律上讲，优先股股本属于自有资金，发行优先股能加强公司的自有资本基础，可适当增强公司的信誉，提高公司的借款举债能力。

（2）优先股筹资的缺点

①优先股的成本虽低于普通股，但一般高于债券。

②对优先股的筹资制约因素较多。

③可能形成较重的财务负担。

（八）债务资金的筹集

1. 银行借款

（1）银行借款的程序

①提出申请。

②银行审批。

③签订合同。

④取得借款。

（2）银行借款的条款

由于银行等金融机构提供的长期贷款金额高、期限长、风险大，除借款合同的基本条款之外，债权人通常还在借款合同中附加各种保护性条款，以确保企业按要求使用借款和按时足额偿还借款。

（3）银行借款的种类

①按期限分为短期、中期和长期借款。

②按有无担保分为信用借款、担保借款以及票据贴现。

③按偿还方式分为一次性偿还借款和分期偿还借款。

④按借款的用途可分为基本建设借款、专项借款和流动资金借款。

⑤按提供贷款的机构分为政策性银行贷款和商业银行贷款。

（4）银行借款的信用条件

①信贷额度（贷款限额）。信用额度是指借款人与银行签订协议，规定的借入款项的最高限额。

②周转信贷协定。周转信贷协定是一种正式的信用额度，经常为大公司使用。

③补偿性余额。补偿性余额指银行要求借款人在银行中保留借款限额或实际借用额的一定百分比计算的最低存款余额。

④借款抵押。除信用借款以外，银行向财务风险大、信誉不好的企业发放贷款，往往需要抵押贷款，即企业以抵押品作为贷款的担保，以减少自己蒙受损失的风险。

⑤银行利息支付方法。

利随本清法又称为收款法，即在借款到期时向银行一次性支付利息和本金。采用这种方法的名义利率等于实际利率。计算公式如下：

$$实际利率＝（贷款额×名义利率）÷贷款额＝名义利率$$

贴现法，是银行向企业发放贷款时，先从本金中扣除利息部分，而到期时借款企业再偿还全部本金的一种方法。采用这种方法，企业可以利用的贷款额只有本金扣除利息后的差额部分。贷款的实际利率高于名义利率。计算公式如下：

$$贴息贷款实际利率＝本金×名义利率÷实际借款额$$
$$＝本金×名义利率÷(本金-利息)$$

⑥银行借款的优缺点。银行借款的优点在于筹资速度快，筹资成本低，借款弹性好。银行借款的缺点在于财务风险大，限制条款多，筹资数量有限。

2. 发行债券

债券是政府、金融机构、工商企业等直接向社会借债筹措资金时，向投资者发行，承诺按一定利率支付利息并按约定条件偿还本金的债权债务凭证。

（1）债券的分类

①按有无抵押担保分为抵押债券、信用债券和担保债券。

②按发行方式分为记名债券和不记名债券。

③按偿还方式分为定期偿还债券和不定期偿还债券。

④按有无利息分为有息债券和无息债券。

⑤按计息标准分为固定利率债券和浮动利率债券。

⑥按可否转换分为可转换债券和不可转换债券。

（2）发行债券的资格与条件

①发行债券的资格：股份有限公司、国有独资公司和2个以上的国有企业或2个以上的国有投资主体投资设立的有限责任公司，有权发行债券。

②发行债券的条件：股份公司净资产不低于3 000万元，有限责任公司不低于6 000万元；累计债券总额不超过公司净资产的40%；最近三年平均可分配利润足以支付公司债券一年利息；筹集的资金投入符合国家产业政策；债券的利率不超过国务院规定的水平；国务院规定的其他条件。

（3）债券发行价格的确定

公司债券发行价格是发行公司(或其承销机构)发行债券时的价格，即投资者向发行公司认购其所发行债券时实际支付的价格。

决定债券发行价格的因素：

债券面额——最基本因素；

票面利率——利率越高，发行价格越高；

市场利率——市场利率越高，发行价格越低；

债券期限——越长，价格越高。

（4）债券筹资的优缺点

债券筹资的优点在于资本成本较低，可利用财务杠杆，保障公司控制权。债券筹资的缺点为财务风险较高，限制条件多，筹资规模受制约。

3. 融资租赁

租赁是出租人以收取租金为条件，在契约或合同规定的期限内，将资产租赁给承租人使用的一种经济行为。

（1）租赁的种类

①营运租赁。营运租赁又称经营租赁、服务租赁，是由出租人向承租企业提供租赁设备，并提供设备维修保养等业务。

②融资租赁。融资租赁又称财务租赁，是指租赁公司按照承租企业的要求出资购买设备，并在契约或合同规定的较长期限内提供给承租企业使用的信用性业务。

（2）融资租赁租金的计算

在我国融资租赁业务中，租金的计算方法通常采用等额年金法，即将一项租赁资产在未来各租赁期内的租金按一定的利率换算成现值，使其现值总和等于租赁资产成本的租金计算方法。由于租金支付的时间不同分为后付租金和先付租金。

①后付租金的计算。后付等额租金即普通年金，根据普通年金现值的计算公式，可推导后付租金方式下每年年末支付租金数额的计算公式：

$$A = p/(p/A, \ i, \ n)$$

②先付租金的计算。承租企业也有可能与租赁公司商定采用在期初即先付等额租金的方式支付租金。根据先付年金的现值公式，可得到先付租金的计算公式：

$$A = p/[(p/A, \ i, \ n-1)+1]$$

（3）融资租赁的形式

①直接租赁。直接租赁是指出租人根据承租人的请求，向承租人指定出卖人，按承租人同意的条件，购买承租人指定的资产货物，并以承租人支付租金为条件，将该资本货物的占有、使用和收益权转让给承租人。

②售后租回。售后租回是指承租人将自有物件出卖给出租人，同时与出租人签订一份租赁合同，再将该物件从出租人处租回的租赁形式，简称"回租"。

③杠杆租赁。杠杆租赁是指在一项租赁交易中，出租人只需投资租赁物件购置款项的20%~40%的金额，即可以此作为财务杠杆，带动其他债权人对该项目60%~80%的款项提供无追索权的贷款，但需出租人以租赁物件作抵押，以转让租赁合同和收取租金的权利做担保的一种租赁交易。

（4）融资租赁的优缺点

融资租赁筹资的优点在于能帮助企业解决资金短缺和想要扩大生产的问题，并且容易获得；可以减少资产折旧的风险；实现"融资"与"融物"的统一。

筹资租赁的缺点即是资本成本较高，且租期长，一般不可撤销。

4. 商业信用

商业信用是指商品交易中以延期付款或预收货款进行购销活动而形成的借贷关系，它是企业之间的一种直接信用行为。

（1）商业信用的形式

①应付账款。应付账款是企业赊购货物而形成的短期债务。

②应付票据。应付票据是在应付账款的基础上发展起来的，是企业进行延期付款商品交易时开具的反映债权债务关系的票据。

③预收货款。预收货款指卖方按照购销合同或协议的规定，在发出商品之前向买方预收部分或全部货款的行为。一般用于生产周期长、资金需要量大的货物销售。

(2)信用条件

信用条件是销货企业要求赊购客户支付货款的条件，包括信用期限、折扣期限和现金折扣。

信用条件可表示为：$(a/b, n/c)$

其中：a——现金折扣；

b——折扣期；

c——信用期。

(3)商业信用的优缺点

商业信用筹资的优点是筹资成本低，限制条件少，筹资方便及时。商业信用筹资的缺点在于规模、方向、期限以及授信对象的局限性。

(九)杠杆原理

1. 相关概念

(1)成本习性

成本习性是指成本总额与业务量(x)之间在数量上的依存关系。成本习性可把全部成本划分为固定成本、变动成本和混合成本。

①固定成本是指其总额在一定时期和一定业务量(销售量或产量)范围内不随业务量发生变动的那部分成本。

②变动成本是指其总额在一定时期和一定业务量范围内随业务量成正比例变动的那部分成本。

③混合成本是指有些虽然也随业务量的变动而变动，但不成正比例变动，不能简单地归入变动成本或固定成本的成本。

成本按习性可分为变动成本、固定成本、混合成本三类，但混合成本又可以按一定方法分解为变动部分和固定部分，其可以归结为：$Y = a + bX$

其中：Y为总成本；a为固定成本；b为单位变动成本；x为产销量。

(2)边际贡献

边际贡献是指销售收入减去变动成本后的余额。计算公式：

$$M = px - bx = (p - b)x = mx$$

其中：M为边际贡献总额；p为单价；m为单位边际贡献。

(3)息税前利润

息税前利润是指支付利息和缴纳所得税前的利润。计算公式：

$$EBIT = px - bx - a = (p - b)x - a = M - a$$

其中：$EBIT$为息税前利润。

息税前利润也可以用利润总额加上利息费用求得。

2. 经营杠杆

杠杆效应是指在合适的支点上，通过使用杠杆，只用很小的力量便可产生很大的效果。

(1)经营杠杆及其计算

经营杠杆是指在某一固定经营成本比重的作用下，销售量变动对息税前利润产生的影响。

经营杠杆效应的大小可以用经营杠杆系数(简称 DOL)来表示,它是企业息税前利润的变动率与产销量变动率的比率。

$$DOL = \frac{\Delta EBIT/EBIT}{\Delta(px)/(px)} \qquad \frac{\Delta EBIT/EBIT}{\Delta x/x}$$

其中:DOL——经营杠杆系数;

EBIT——息税前利润;

ΔEBIT——息税前利润的变动额;

Δx——产销量的变动数。

对上式加以简化得到如下公式:

$$DOL = \frac{基期\, M}{基期\, EBIT} = \frac{基期\, M}{基期\, M-a}$$

其中:M——边际贡献总额;

a——固定成本。

(2)经营杠杆与经营风险的关系

两者的关系指的是由于市场需求和成本等因素的不确定性,当产销量增加或减少时,息税前利润将以 DOL 倍数的幅度增加或减少。因此,经营杠杆系数越大,利润变动越激烈,企业的经营风险就越大。这种现象称为经营风险。

3. 财务杠杆

(1)财务杠杆及其计算

财务杠杆是指资本结构中债务的运用对普通股每股利润的影响能力。

由于固定性财务费用的存在而导致普通股股东权益变动大于息税前利润变动的杠杆效应,称做财务杠杆效应。

财务杠杆效应的大小用财务杠杆系数(简称 DFL)来度量。

它是指普通股每股利润 EPS 的变动率与息税前利润 EBIT 变动率的比率。

$$DFL = \frac{\Delta EPS/EPS}{\Delta EBIT/EBIT}$$

其中:DFL——财务杠杆系数;

ΔEPS——普通股每股利润的变动额;

EPS——基期每股利润。

上述公式是计算财务杠杆系数的理论公式,必须同时已知变动前后两期的资料才能计算。可推导简化如下:

$$DFL = \frac{EBIT}{EBIT - I - \dfrac{d}{(1-T)}}$$

其中:I 为债务利息;d 为优先股股利;T 为所得税税率。

如果企业没有发行优先股,其财务杠杆系数的计算公式可进一步简化为:

$$DFL = \frac{EBIT}{EBIT - I}$$

必须说明的是，上述公式中的 EBIT、I、d、T 均为基期值。

（2）财务杠杆与财务风险的关系

在资金总额、息税前利润相同的情况下，负债比率越高，财务杠杆系数越大，普通股每股利润波动幅度越大，财务风险就越大；反之，负债比率越低，财务杠杆系数越小，普通股每股利润波动幅度越小，财务风险就越小。

4. 综合杠杆

（1）综合杠杆及其计算

综合杠杆又称为总杠杆，是由经营杠杆和财务杠杆共同作用形成的总杠杆。综合杠杆效应的大小用综合杠杆系数（简称 DCL）来衡量，它是经营杠杆与财务杠杆的乘积，是指每股利润变动率与产销业务量变动率的比率。

$$DCL = \frac{\Delta EPS/EPS}{\Delta(px)/px} = \frac{\Delta EPS/EPS}{\Delta x/x}$$

或

$$DCL = \frac{M}{EBIT - I - \dfrac{d}{(1-T)}} = DOL \times DFL$$

（2）综合杠杆与企业风险的关系

由于综合杠杆作用使每股利润大幅度波动而造成的风险，称为综合风险。

企业综合杠杆系数越大，每股利润的波动幅度越大。在其他因素不变的情况下，综合杠杆系数越大，综合风险越大；综合杠杆系数越小，综合风险越小。

（十）资本结构的决策

1. 资本结构的概念

资本结构是指企业各种资本的构成及其比例关系。

2. 最佳资本结构决策

（1）最优资本结构

最优资本结构是指公司在一定时期内，使其加权平均资本成本最低，公司价值最大时的资本结构。

（2）资本结构的决策方法

资本结构确定的任务在于在众多的资本结构方案中，根据企业的具体情况进行比较、分析和选择，确定适合于企业的资本结构。常用的确定方法主要有两种。

①比较加权平均资本成本法。比较加权平均资本成本法，是通过计算不同资本结构（或筹资方案）的加权平均成本，并进行比较、分析，以确定企业最佳资本结构的一种方法。该法认为在众多资本结构方案（或筹资方案）中，加权平均成本最低的方案最佳。

②无差别点分析法。无差别点，是指使不同资本结构的每股收益（EPS）相等时的息税前利润（EBIT）点。在此点上无所谓哪一种资本结构最佳。当企业的息税前利润低于此点时，则借入资本较少的资本结构最佳；反之，借入资本较多的资本结构最佳。

计算公式如下：

$$\frac{(\overline{EBIT} - I_1)(1-T) - DP_1}{N_1} = \frac{(\overline{EBIT} - I_2)(1-T) - DP_2}{N_2}$$

其中：EBIT——息税前利润平衡点，即每股利润无差别点；

　　　I——每年支付的利息；

　　　T——所得税税率；

　　　DP——优先股股利；

　　　N——普通股股数。

三、内容提要

1. 筹集资金的概念
2. 筹集资金的原则
3. 筹集资金规模预测的方法
4. 筹资渠道
5. 筹资方式
6. 企业筹资的基本要求
7. 权益资金的筹集
8. 债务资金的筹集
9. 杠杆原理
10. 资本结构的决策

第二部分　习　　题

一、名词解释

1. 短期筹资

2. 商业信用

3. 信用额度

4. 周转信贷协议

5. 补偿性余额

6. 融资租赁

二、判断题

1. 与直接筹资相比间接筹资具有灵活便利、规模经济、提高资金使用效益的优点。
（　）

2. 股票价格有广义和狭义之分，广义的股票价格包括股票发行价格和股票交易价格，狭义的股票价格仅是指股票发行价格，股票发行价格具有事先的不确定性和市场性。
（　）

3. 优先认股权是优先股股东的优先权。（　）

4. 股份有限公司申请上市，如果公司的股本总额是 4.5 亿元，则向社会公开发行股份达到股份总数的 25% 才符合条件。（　）

5. 信贷额度是银行从法律上承诺向企业提供不超过某一最高限额的贷款协定。（　）

6. 经营杠杆本身并不是利润不稳定的根源。（　）

7. 债券面值的基本内容即票面金额。（　）

8. 企业发行收益债券的目的是对付通货膨胀。（　）

9. 可转换债券的利率一般低于普通债券。（　）

10. 杠杆租赁中出租人也是借款人，他既收取租金又偿付债务，从这个角度看，杠杆租赁与直接租赁是不同的。（　）

11. 企业在利用商业信用筹资时，如果企业不放弃现金折扣，则没有实际成本。（　）

12. 在个别资金成本一定的情况下，综合资金成本取决于资金总额。（　）

三、单选题

1. 权益筹资方式中个别资本成本最高的是（　）。
    A. 吸收直接投资　　　　　　　　　B. 留存收益
    C. 发行公司债券　　　　　　　　　D. 发行普通股

2. 按照资金与产销量之间的依存关系可以把资金区分为（　）。
    A. 固定资金和长期资金　　　　　　B. 不变资金和半变动资金
    C. 长期资金和短期资金　　　　　　D. 不变资金、变动资金和半变动资金

3. 在资金缺乏的情况下，能够迅速获得所需资产，筹资限制条件少，免受设备陈旧过时风险的筹资方式是（　）。
    A. 发行债券　　　　　　　　　　　B. 发行股票
    C. 长期借款　　　　　　　　　　　D. 融资租赁

4. 下列各项费用中，属于占用费的是（　）。
    A. 向股东支付的股利　　　　　　　B. 借款手续费
    C. 债券的发行费　　　　　　　　　D. 股票的发行费

5. 相对于发行股票而言，发行公司债券筹资的优点为( )。

    A. 筹资额度大   B. 限制条款少

    C. 筹资风险小   D. 资本成本低

6. 相对于发行债券和利用银行借款购买设备而言，通过融资租赁方式取得设备的主要缺点是( )。

    A. 筹资速度慢   B. 限制条款多

    C. 资本成本高   D. 财务风险大

7. 企业向银行取得借款 100 万元，年利率 5%，期限 3 年。每年付息一次，到期还本，所得税税率 30%，手续费忽略不计，则借款资本成本为( )。

    A. 3.5%   B. 3%

    C. 4.5%   D. 5%

8. 某公司发行期限为 5 年，票面利率为 12% 的债券，按面值发行，发行价格为 250 万元，筹资费用率为 2%，该公司所得税税率为 25%，则债券资本成本为( )。

    A. 9.18%   B. 10%

    C. 9%   D. 12%

9. 采用销售额比率法预测资金需要量时，下列项目中一般被视为不随销售收入的变动而变动的是( )。

    A. 存货   B. 应付账款

    C. 现金   D. 公司债券

10. 在下列各项中，不属于商业信用融资的是( )。

    A. 预收货款   B. 应付账款

    C. 办理应收票据贴现   D. 用商业汇票购货

11. 关于边际资金成本，以下说法不准确的是( )。

    A. 是指资金每增加一个单位而增加的成本

    B. 采用加权均匀法计算

    C. 其权数为账面价值权数

    D. 当公司拟筹资进行某项目投资时，应以边际资金成本作为评价该投资项目可行性的经济尺度

12. 我国目前各类企业最为重要的资金来源是( )。

    A. 银行信贷资金   B. 国家财政资金

    C. 其他企业资金   D. 企业自留资金

四、多选题

1. 下列属于来源于国家财政资金渠道的资金有( )。

    A. 国家政策性银行提供的政策性贷款形成的资金

    B. 国家财政直接拨款形成的资金

    C. 国家给予企业的"税前还贷"优惠形成的资金

D. 国家对企业减免各种税收形成的资金

2. 下列属于吸收直接投资的出资方式的有( )。

    A. 以现金出资　　　　　　　　　　B. 以实物出资

    C. 以工业产权出资　　　　　　　　D. 以土地使用权出资

3. 按股东权利和义务,股票可以分为( )。

    A. 普通股和优先股　　　　　　　　B. 记名股票和不记名股票

    C. A 股和 B 股　　　　　　　　　　D. H 股和 N 股

4. 在个别资金成本的计算中,不考虑筹资费用影响因素的是( )。

    A. 吸收直接投资成本　　　　　　　B. 债券成本

    C. 留存收益成本　　　　　　　　　D. 普通股成本

5. 下列各项中,属于吸收直接投资与发行普通股筹资方式所共有的缺点的有( )。

    A. 限制条件多　　　　　　　　　　B. 财务风险大

    C. 控制权分散　　　　　　　　　　D. 资金成本高

6. 根据资本结构理论,下列各项中,属于影响资本结构决策因素的有( )。

    A. 企业资产结构　　　　　　　　　B. 企业财务状况

    C. 企业产品销售状况　　　　　　　D. 企业技术人员学历结构

7. 在事先确定企业资金规模的前提下,吸收一定比例的负债资金,可能产生的结果有( )。

    A. 降低企业资金成本　　　　　　　B. 降低企业财务风险

    C. 加大企业财务风险　　　　　　　D. 提高企业经营能力

8. 下列属于酌量性固定成本的项目有( )。

    A. 管理人员工资　　　　　　　　　B. 广告费

    C. 房屋折旧费　　　　　　　　　　D. 职工培训费

9. 降低企业经营风险的途径一般有( )。

    A. 增加销售　　　　　　　　　　　B. 增加自有资本

    C. 降低变动成本　　　　　　　　　D. 增加固定成本比例

10. 下列各项中,影响财务杠杆系数的因素有( )。

    A. 销售收入　　　　　　　　　　　B. 变动成本

    C. 固定成本　　　　　　　　　　　D. 财务费用

11. 股票发行价格通常有( )。

    A. 等价　　　　　　　　　　　　　B. 时价

    C. 净价　　　　　　　　　　　　　D. 中间价

    E. 清算价

12. 向银行借款筹资的优点有( )。

    A. 筹资金额多　　　　　　　　　　B. 筹资速度快

    C. 筹资灵活性大　　　　　　　　　D. 筹资成本低

    E. 筹资风险低

五、简答题

1. 企业筹资的动机是什么？

2. 普通股筹资的优缺点是什么？

3. 决定债券发行价格的因素有哪些？

4. 资本成本的作用是什么？

5. 简述资本结构的含义。

6. 企业筹资应遵循哪些基本原则？

六、计算题

1. 金峰公司生产和销售 A 产品，其总成本习性模型为 $Y = 10\,000 + 3X$。假设该公司 2010 年度 A 产品销售量为10 000件，每件售价为 5 元；预测 2011 年 A 产品的销售数量将增长 10%。

要求：

（1）计算 2010 年该企业的边际贡献总额。

（2）计算 2010 年该企业的息税前利润。

（3）计算销售量为10 000件时的经营杠杆系数。

（4）计算 2010 年息税前利润增长率。

（5）若公司 2010 年负债利息为 5 000 元，且无优先股股息，试计算总杠杆系数。

2. 新发公司拟筹资 1 000 万元，现有 A、B 两个备选方案。有关资料如下表所示：

筹资方式	A 方案		B 方案	
	筹资额(万元)	资金成本率	筹资额(万元)	资金成本率
长期债券	200	9%	180	9%
债券	300	10%	200	10%
普通股	500	12%	620	12%
合计	1 000	—	1 000	—

要求：确定公司较优的资金结构。

3. 新华公司是一家上市公司，2008 年年末公司总股份为 10 亿股，当年实现净利润 4 亿元，公司计划投资一条新生产线，总投资额为 8 亿元，经过论证，该项目具有可行性。为了筹集新生产线的投资资金，财务部制订了两个筹资方案：

方案 A：发行可转换公司债券 8 亿元，每张面值 100 元，规定的转换价格为每股 10 元，年利率为 2.5%，债券期限为 5 年，可转换日为自该可转换公司债券发行结束之日 (2009 年 1 月 25 日)起满 1 年后的第一个交易日(2010 年 1 月 25 日)。

方案 B：发行一般公司债券 8 亿元，每张面值 100 元，年利率为 5.5%，债券期限为 5 年，要求：

(1)计算自该可转换公司债券发行结束之日起至可转换日止，与方案 B 相比，方案 A 节约的利息。

(2)预计在转换期公司市盈率将维持在 20 倍的水平(以 2009 年的每股收益计算)。如果新华公司希望可转换公司债券进入转换期后能够实现转股，那么新华公司 2009 年的净利润及其增长率至少应达到多少？

(3)如果转换期内公司股价在 8 元和 9 元之间波动，说明新华公司将面临何种风险？

4. 某公司是上市企业，近三年净资产收益率均为 12%，并于 2007 年 9 月 1 日获准发行可转换公司债券筹资(不考虑筹资费率)。有关资料如下：

(1)该债券面值总额为 12 000 万元、期限 5 年，转换前每半年付息一次，票面年利率 3%。该债券到期时按面值偿还，发行 1 年后可随时按每股 4 元的转换价格转换为公司普通股。

(2)发行前的资产总额为 80 000 万元，权益乘数为 2，累计债券总额占净资产的 10%。

（3）2007年9月1日的市场利率（银行同期存款利率）为4%。

（4）假设2008年10月16日该公司同意按约定的条款接受一投资者将其所持有面值为6 000万元的可转换债券转换为普通股。

（5）假设2008年度实现净利润8 075万元，公司于2008年12月31日派发当年的现金股利4 980万元，2008年12月31日每股市价为15.2元。

根据以上内容，分别回答下列问题：

（1）根据债券估价模型，计算债券发行额（单位为万元，取整数）。

（2）判断说明某公司符合发行可转换公司债券的哪些条件。

（3）假设2008年初发行在外的普通股股数为4 000万股，计算2008年该公司的每股盈余、每股股利、留存收益比率和市盈率。

第三部分　参考答案

一、名词解释

1. 短期筹资，是指为满足企业临时性流动资金需要而进行的筹资活动。企业的短期资金一般是通过流动负债的方式取得，短期筹资也称为流动负债筹资或短期负债筹资。

2. 商业信用，是指在商品交易过程中由于延期付款或预收货款所形成的企业间的借贷关系。它是企业交易过程中的一种自然筹资，包括：应付账款、应付票据和预收账款。

3. 信用额度，是指银行对借款人规定的短期无担保贷款的最高限额。

4. 周转信贷协议，是指银行具有法律义务承诺提供不超过某一最高限额的贷款协定，它是正式的贷款承诺。

5. 补偿性余额，是银行要求企业在银行中保持按贷款限额或实际借用额的一定百分比计算的最低存款余额。这里的一定百分比通常为10%～20%。

6. 融资租赁，是指租赁公司按照承租企业的要求出资购买设备，并在契约或合同规定的较长期限内提供给承租企业使用的信用性业务。

二、判断题

1. ×	2. ×	3. ×	4. ×	5. ×	6. ✓
7. ×	8. ✓	9. ✓	10. ✓	11. ✓	12. ×

三、单选题

1. A	2. D	3. D	4. A	5. D	6. C
7. A	8. A	9. D	10. C	11. C	12. A

四、多选题

1. BCD	2. ABCD	3. A	4. AC	5. CD	6. ABC
7. AC	8. BD	9. AC	10. ABCD	11. ABD	12. BCD

五、简答题

1. 企业筹资动机包括四个方面：

（1）新建筹资动机：在企业新建时为满足正常生产经营活动所需的铺底资金而产生的筹资动机。

（2）扩张筹资动机：企业因扩大生产经营规模或追加额外投资而产生的筹资动机。

（3）偿债筹资动机：企业为了偿还某项债务而形成的借款动机，即借新款还旧款。

（4）混合筹资动机：企业既需要扩大经营的长期资金又需要偿还债务的现金而形成的筹资动机。

2. 与其他筹资方式相比，普通股筹措资本具有如下优点：

（1）发行普通股筹措资本具有永久性、无到期日、不需归还。这对保证公司对资本的最低需要、维持公司长期稳定发展极为有益。

（2）发行普通股筹资没有固定的股利负担，股利的支付与否和支付多少，视公司有无盈利和经营需要而定，经营波动给公司带来的财务负担相对较小。由于普通股筹资没有固定的到期还本付息的压力，所以筹资风险较小。

（3）发行普通股筹集的资本是公司最基本的资金来源，它反映了公司的实力，可作为其他方式筹资的基础，尤其可为债权人提供保障，增强公司的举债能力。

（4）由于普通股的预期收益较高并可一定程度地抵消通货膨胀的影响（通常在通货膨胀期间，不动产升值时普通股也随之升值），因此普通股筹资容易吸收资金。

普通股融资的缺点：

（1）普通股的资本成本较高。首先，从投资者的角度讲，投资于普通股风险较高，相应地要求有较高的投资报酬率。其次，对于筹资公司来讲，普通股股利从税后利润中支付，不像债券利息那样作为费用从税前支付，因而不具抵税作用。此外，普通股的发行费用一般也高于其他证券。

（2）以普通股筹资会增加新股东，这可能会分散公司的控制权。此外，新股东分享公司未发行新股前积累的盈余，会降低普通股的每股净收益，从而可能引发股价的下跌。

3. 决定债券发行价格的基本因素如下：

（1）债券面额

债券面值即债券市面上标出的金额，企业可根据不同认购者的需要，使债券面值多样化，既有大额面值，也有小额面值。

（2）票面利率

票面利率可分为固定利率和浮动利率两种。一般来说，企业应根据自身资信情况、公司承受能力、利率变化趋势、债券期限的长短等决定选择何种利率形式与利率的高低。

（3）市场利率

市场利率是衡量债券票面利率高低的参照系，也是决定债券价格是按面值发行还是溢价或折价发行的决定因素。

（4）债券期限

期限越长，债权人的风险越大，其所要求的利息报酬就越高，其发行价格就可能较低。

4. 资本成本在企业筹资、投资和经营活动过程中具有以下三个方面的作用：

（1）资本成本是企业筹资决策的重要依据。

企业的资本可以从各种渠道，如银行信贷资金、民间资金、企业资金等来源取得，其筹资的方式也多种多样，如吸收直接投资、发行股票、银行借款等。但不管选择何种渠道，采用哪种方式，主要考虑的因素还是资本成本。

通过不同渠道和方式所筹措的资本，将会形成不同的资本结构，由此产生不同的财务风险和资本成本。所以，资本成本也就成了确定最佳资本结构的主要因素之一。

随着筹资数量的增加，资本成本将随之变化。当筹资数量增加到增资的成本大于增资的收入时，企业便不能再追加资本。因此，资本成本是限制企业筹资数额的一个重要因素。

（2）资本成本是评价和选择投资项目的重要标准。

资本成本实际上是投资者应当取得的最低报酬水平。只有在当投资项目的收益高于资本成本的情况下，才值得为之筹措资本；反之，就应该放弃该投资机会。

（3）资本成本是衡量企业资金效益的临界基准。

如果一定时期的综合资本成本率高于总资产报酬率，就说明企业资本的运用效益差，经营业绩不佳；反之，则相反。

5. 资本结构指长期负债与权益（普通股、特别股、保留盈余）的分配情况。最佳资本结构便是使股东财富最大或股价最大的资本结构，也就是使公司资金成本最小的资本结构。资本结构是指企业各种资本的价值构成及其比例。企业融资结构，又称为资本结构，反映的是企业债务与股权的比例关系，它在很大程度上决定着企业的偿债和再融资能力，决定着企业未来的盈利能力，是企业财务状况的一项重要指标。合理的融资结构可以降低融资成本，发挥财务杠杆的调节作用，使企业获得更大的自有资金收益率。

6. （1）合理确定资金需要量，科学安排筹资时间。

通过预算手段完成资金的需求量和需求时间的测定，使资金的筹措量与需要量达到平衡，防止因筹资不足而影响生产经营或因筹资过剩而增加财务费用。

（2）合理组合筹资渠道和方式，降低资金成本。

综合考察各种筹资渠道和筹资方式的难易程度、资金成本和筹资风险，研究各种资金来源的构成，求得资金来源的最优组合，以降低筹资的综合成本。

（3）优化资本结构，降低筹资风险。

在筹资过程中合理选择和优化筹资结构，做到长期资本、短期资本、债务资本和自有资本的有机结合，有效地规避和降低筹资中各种不确定性因素给企业带来损失的可能性。

（4）拟定好筹资方案，认真签订和执行筹资合同。

在进行筹资成本、资本结构和投资效益可行性研究的基础上，拟定好筹资方案。筹资时间应与用资时间相衔接，而且要考虑资金市场的供应能力。在筹资方案的实施过程中，筹资者与出资者应按法定手续认真签订合同、协议，明确各方的责任和义务。此后，必须按照企业筹资方案和合同、协议的规定执行，恰当地支付出资人报酬，按期偿还借款，维护企业信誉。

六、计算题

1. （1）边际贡献总额=10 000×5-10 000×3=20 000（元）

（2）息税前利润=边际贡献总额-固定成本=20 000-10 000=10 000（元）

（3）经营杠杆系数=边际贡献总额/息税前利润总额=20 000/10 000=2

（4）息税前利润增长率=2×10%=20%

（5）方法一：总杠杆系数=$[(5-3)×10\ 000]/[(5-3)×10\ 000-10\ 000-5\ 000]=4$

方法二：财务杠杆系数=$EBIT/(EBIT-I)=10\ 000/(10\ 000-5\ 000)=2$

总杠杆系数=财务杠杆系数×经营杠杆系数=2×2=4

2. A方案：$W_1=200/1\ 000×100\%=20\%$

$W_2=300/1\ 000×100\%=30\%$

$W_3=500/1\ 000×100\%=50\%$

$K_A=9\%×20\%+10\%×30\%+12\%×50\%=10.8\%$

B方案：$W_1=180/1\ 000×100\%=18\%$

$W_2=200/1\ 000×100\%=20\%$

$W_3=620/1\ 000×100\%=62\%$

$K_B=9\%×18\%+10\%×20\%+12×62\%=11.06\%$

因为A方案的加权平均资金成本率低于B方案的，所以最优为A方案。

3. （1）发行可转换公司债券节约的利息=8×（5.5%-2.5%）=0.24（亿元）

（2）要想实现转股，转换期的股价至少应该达到转换价格10元，由于市盈率=每股市价/每股收益，所以，2010年的每股收益至少应该达到10/20=0.5（元），净利润至少应该达到0.5×10=5亿元，增长率至少应该达到（5-4）/4×100%=25%。

（3）如果公司的股价在8元和9元之间波动，由于股价小于转换价格，此时，可转换债券的持有人将不会转换，所以公司存在不转换股票的风险，并且会造成公司集中兑付债券本金的财务压力，加大财务风险。

4. （1）该债券发行额=12 000×3%/2×（P/A，2%，10）+12 000×（P/S，2%，10）

=180×8.982 6+12 000×0.820 3

=11 460.47（元）

（2）某公司符合发行可转换公司债券的下列条件

①最近三年连续盈利，且净资产收益率平均不低于7%；

②本次可转换债券的发行额为11 460.47万元，超过1亿元；

③发行前的净资产＝80 000÷2＝40 000(万元)

发行前的累积债券余额＝40 000×10%＝4 000(万元)

发行后累积债券余额＝4 000+11 460.47＝15 460.47(万元)

发行后累计债券余额占公司净资产额的比重＝15 460.47/40 000×100%＝38.65%，低于40%的上限。

学习情境七　营运资金管理

第一部分　学习指导

一、学习目的与要求

营运资金管理是企业对内投资管理的重要内容。在通常情况下，企业的财务经理有约 60% 的时间是用于营运资金管理，企业的营运资金在全部资金中占有相当大的比重，而且周期短、形态易变，所以是财务管理工作的一项重要内容。本章主要阐述企业营运资本的概念、特点及现金管理、应收账款管理和存货管理的基本理论、基本方法。通过本章的学习，要求学生了解营运资金的概念和特点、熟悉企业营运资金的三个主要项目(现金、应收账款、存货)的功能与成本，掌握最佳现金持有量、应收账款信用政策、最佳存货量的决策方法，并能灵活运用这些方法解决具体问题。

二、重难点解析

(一)营运资金的概念及特点

营运资金是指在企业生产经营活动中占用在流动资产上的资本。营运资金有广义和狭义之分，广义的营运资金又称为毛营运资金，就是企业的流动资产总额；狭义的营运资金，又称为净营运资金，是指企业的流动资产总额减去各类流动负债后的余额。营运资金的管理既包括流动资产的管理，也包括流动负债的管理。

营运资金具有以下特点：(1)营运资金的周转具有短期性；(2)营运资金的实物形态具有易变现性；(3)营运资金的数量具有波动性；(4)营运资金的实物形态具有动态性；(5)营运资金的来源具有灵活多样性。

（二）现金的管理

1. 现金管理的基本目标为：如何使企业在持有的现金满足现金需求的条件下成本最低。

2. 现金持有的动机：（1）交易动机，即企业为了维持日常周转及正常商业活动所需持有的现金额；（2）预防动机，即企业为应付意外事件而持有现金；（3）投机动机，即企业为了把握市场投资机会，获得较大收益而持有现金，在证券市场价格剧烈波动时，从事投机活动，从中获取收益。

除以上三种主要原因外，企业也会基于其他原因而持有现金，例如：为在银行维持补偿性余额而持有现金。

3. 现金的成本。

（1）机会成本。机会成本是指企业因保留一定的现金余额而丧失的再投资收益。

（2）转换成本。转换成本是指企业无论是用现金购入有价证券还是转让有价证券换取现金时需要付出一定的交易费用，如委托买卖佣金、委托手续费、证券过户费、实物交割手续等。

（3）管理成本。管理成本主要是由于对该项现金余额进行管理而增加的费用支出，如管理人员的工资及必要的安全措施费用等。

（4）短缺成本。短缺成本即在现金持有量不足，而又无法及时变现有价证券加以补充的情况下，企业遭受的损失。

4. 最佳现金持有量。

（1）最佳现金持有量就是企业在正常的生产经营情况下所保持现金的最低余额，使持有现金发生的总成本最少的一个现金持有量，即持有成本、机会成本、管理成本、短缺成本保持最低组合水平的现金持有量。

确定最佳现金持有量的方法主要有两种：运用成本分析模式和存货模式确定最佳现金持有量。

（2）成本分析模式是根据现金有关成本，分析预测其总成本最低时现金持有量的一种方法。有关成本：机会成本及短缺成本。运用成本分析模式确定现金最佳持有量时，只考虑因持有一定量的现金而产生的机会成本及短缺成本，而不予考虑转换成本和管理费用。运用该模式确定最佳现金持有量的操作步骤是：

①根据不同现金持有量测算并确定有关成本数值；②按照不同现金持有量及其有关成本资料编制最佳现金持有量测算表；③在测算表中找出相关总成本最低时的现金持有量，即最佳现金持有量。

（3）存货模式将存货经济进货批量模型原理用于确定目标现金持有量，其着眼点也是如何让现金相关成本最低。存货模式计算现金最佳持有量的具体公式是：

最佳现金持有量 $Q = \sqrt{\dfrac{2TF}{K}}$

最佳转换次数 $= T/Q = \sqrt{\dfrac{TK}{2F}}$

最低总成本$(TC) = \sqrt{2TFK}$

现金管理总成本 = 持有机会成本 + 转换成本

即：

$$TC = \frac{Q}{2}K + \frac{T}{Q}F$$

式中，T——一个周期内现金总需求量；

F——每次转换的固定成本；

Q——最佳现金持有量；

K——有价证券利息率（机会成本）；

TC——现金管理相关总成本。

5. 现金的日常管理。

现金的日常管理主要包括以下几个方面：

（1）现金收入的管理。可采取以下方法。①折扣、折让激励法；②邮政信箱法；③银行业务集中法；④大额款项专人处理法；⑤其他方法。

（2）企业延期支付账款的方法主要有：①推迟支付应付账款法；②汇票付款法；③合理利用现金"浮游量"；④分期付款法；⑤改进工资支付方式；⑥外包加工节现法。

（3）闲置现金投资管理。可将闲置现金投入流动性高、风险性低、交易期限短，且变现及时的投资上，以获取更多的利益。

（4）力争现金流入、流出量同步。如果企业能尽量使它的现金流入与现金流出发生的时间趋于一致，就可以使其所持有的交易性现金余额降到最低水平，这就是所谓的现金流量同步。

（三）应收账款的管理

1. 应收账款的管理目标

应收账款管理的基本目标是：在发挥应收账款强化竞争、扩大销售功能的同时，尽可能降低投资的机会成本、坏账成本与管理成本，最大限度地提高应收账款投资的效益。

2. 应收账款的成本

（1）机会成本

应收账款的机会成本是指将资金投资于应收账款，不能进行其他投资而丧失的投资收益。其计算公式为：应收账款投资机会成本 = 应收账款平均占用额×投资机会成本。

（2）管理成本

应收账款的管理成本是指企业对应收账款进行管理而耗费的开支。它是应收账款成本的重要组成部分。主要包括：对顾客信用情况调查的费用、收集各种信息的费用、催收账款的费用、账簿的记录费用等。

（3）坏账成本

应收账款的坏账成本是指由于某种原因应收账款不能收回而给企业造成的损失。

3. 信用政策的决策

信用政策又称为应收账款政策，信用政策是企业对应收账款进行规划与管理而制定的基本原则和行为规范，一般由信用标准、信用条件和收账政策三部分组成。

（1）信用标准

信用标准是企业同意向客户提供商业信用而要求对方必须具备的最低条件，常以坏账损失率表示。

①确定信用标准的定性分析。企业在制定或选择信用标准时，应考虑三个基本因素：第一，同行业竞争对手的情况；第二，企业承担违约风险的能力；第三，客户的资信程度。企业在制定信用标准时，必须对客户的资信程度进行调查、分析，然后在此基础上，判断客户的信用等级并决定是否给予客户信用优惠。客户资信程度的高低通常决定于六个方面，即客户的信用品质（Character）、偿付能力（Capacity）、资本（Capital）、抵押品（Collateral）、经济状况（Conditions）和持续性（Continuity），简称"6C"系统。

②确立信用标准的定量分析。确定信用标准的定量分析，主要解决两个问题：一是确定客户拒付账款的风险，即坏账损失率；二是具体确定客户的信用等级，作为制定信用标准的依据。这主要通过以下三个步骤来完成：第一步，确定信用等级的评价标准。第二步，利用客户的财务报告资料，计算各自的指标值并与信用等级评价标准比较。第三步，进行风险排队，并确定客户的信用等级。根据上述计算的预计坏账损失率，由小到大进行排序。然后，结合企业承受违约风险的能力及市场竞争的需要，划分客户信用等级，对不同信用等级的客户，分别采用不同的信用标准。

（2）信用条件

信用条件是指企业接受客户信用订单时所提出的付款要求，主要包括信用期限、折扣期限及现金折扣率等。信用标准、信用条件的改变，必然会对收益与成本两个方面产生影响，综上所述，因此决策的基本思路就是通过比较信用标准、信用条件调整前后收益与成本的变动，遵循边际收入大于边际成本的原则，做出方案的选择。确定信用条件的具体操作步骤是：第一，确定方案的决策相关成本，这些成本项目包括：应收账款占用机会成本，坏账损失等。第二，确定每一个方案的决策相关收益，包括扩大销售所取得的增加的收益。第三，对每一个方案进行成本效益分析比较，选择净收益增加最多的决策方案。信用条件决策的具体计算公式是：

决策成本＝应收账款投资机会成本＋应收账款坏账准备及管理费用额

其中：应收账款投资机会成本＝应收账款平均占用额×投资机会成本率

$$应收账款平均占用额＝\frac{应收账款赊销净额}{应收账款平均周转次数（率）}$$

应收账款赊销净额＝应收账款赊销收入总额－现金折扣额

$$应收账款平均周转次数＝\frac{360}{应收账款平均周转天数}$$

应收账款平均周转天数 $= \sum$ 各现金折扣期或信用期限 × 客户享受现金折扣期或信用期的估计平均比重

决策收益＝赊销收入净额×贡献毛益率

方案净收益＝决策收益－决策成本

决策标准：以方案净收益大于零为基本标准，取其净收益最大的决策方案。

（3）收账政策

收账政策又称收账方针，是指当客户违反信用条件，拖欠甚至拒付账款时，企业所采取的收账策略与措施。企业在制定收账政策时，就是要在增加收账费用与减少坏账损失、减少应收账款机会成本之间进行权衡，若前者小于后者，则说明制定的收账政策是可取的。

4. 应收账款的日常管理

应收账款日常管理的主要措施包括应收账款的追踪分析、账龄分析、收现率分析，以及根据有关会计法规建立应收账款坏账准备金制度。

（1）应收账款的追踪分析。赊销企业有必要在收账之前，对应收账款进行跟踪分析，企业应该将主要精力集中在对那些交易金额大、交易次数频繁或信用品质有疑问的客户进行重点追踪调查，根据客户的信用品质以及现金持有量与调剂程度判断其能否严格履行信用条件。

（2）应收账款的账龄分析。应收账款的账龄是指未收回的应收账款所拖欠的时间。进行应收账款账龄分析，可从应收账款账龄结构分析入手，首先，应分析产生这种情况的原因，如果属于企业信用政策的问题，应立即进行信用政策的调整；其次，应具体分析拖欠客户的情况，搞清这些客户发生拖欠的原因是什么、拖欠的时间有多长、拖欠的金额有多少；最后，针对不同的情况采取不同的收账方法，制订出经济可行的收账方案。同时，对尚未过期的应收账款也不应放松管理和账龄分析，防止发生新的逾期拖欠。

（3）应收账款收现保证率分析。应收账款收现保证率是指一定时期内必须收现的应收账款占全部应收账款的比重。公式为：

$$应收账款收现保证率 = \frac{当期必要现金支付总额 - 当期其他稳定可靠的现金流入总额}{当期应收账款总额}$$

（4）建立应收账款坏账准备金制度。按照权责发生制和谨慎性原则的要求，必须对坏账发生的可能性预先进行估计，并计提相应的坏账准备金。

（四）存货的管理

1. 存货管理的目标

存货管理的目标就是要在充分发挥存货作用的前提下，不断降低存货成本，以最低的存货成本保障企业生产经营的顺利进行。

2. 存货的成本

存货成本包括以下几个方面：

（1）取得成本。所谓取得成本，是指企业取得存货时的成本费用支出。它主要包括存货的订货成本和采购成本两个方面。

（2）储存成本。所谓储存成本，是指企业为持有存货而发生的成本费用支出。它主要包括存货资金占用的机会成本、仓储费用、保险费用、存货库存损耗等。

（3）缺货成本。所谓缺货成本，是指存货不足而给企业造成的损失。它主要包括由于原材料供应中断造成的停工待料损失、产品供应中断而导致延误发货的信誉损失以及丧失市场机会的有形与无形损失等。如果生产企业以紧急采购代用材料解决库存材料中断之急，那么缺货成本表现为紧急额外购入成本，而紧急额外购入的开支会大于正常采购的开支。

3. 存货的经济批量

存货的经济批量是指按照存货管理的目的，通过合理的进货批量和进货时间，能够使一定时期存货的总成本达到最低的采购数量。经济进货批量模式有基本模式、享受数量折扣条件下的经济进货模式以及允许缺货时的经济进货批量模式。

(1)经济进货批量的基本模式。经济批量基本模式以如下假设为前提：一是企业一定时期的进货总量可以较为准确地予以预测；二是存货的耗用或者销售比较均衡；三是存货的价格稳定，且不存在数量折扣，进货日期完全由企业自行决定，并且每当存货量降为零时，下一批存货均能马上一次到位；四是仓储条件及所需现金不受限制；五是不允许出现缺货情形；六是所需存货市场供应充足，不会因买不到所需存货而影响其他方面。此时，经济进货批量的基本模型的计算公式为：

经济进货批量 $Q^* = \sqrt{\dfrac{2KD}{K_c}}$

经济进货批量的存货相关总成本 $TC(Q^*) = \sqrt{2KDK_c}$

经济进货批量平均占用资金 $I^* = \dfrac{Q^*}{2} \times U$

年度最佳进货批次 $N^* = \dfrac{D}{Q^*} = \sqrt{\dfrac{DK_c}{2K}}$

最佳订货周期 $t^* = \dfrac{1}{N^*} \times 360$

式中：D——存货年需要量；

$\qquad Q$——每次进货批量；

$\qquad K$——每次订货的变动成本；

$\qquad K_c$——存货的单位储存变动成本；

$\qquad U$——单位购置成本。

(2)存在数量折扣的经济进货批量模式。为了鼓励客户购买更多的商品，销售企业通常会给予不同程度的价格优惠，即实行商业折扣或称价格折扣。购买越多，所获得的价格优惠越大。此时，进货企业对经济进货批量的确定，除了考虑进货费用与储存成本外，还应考虑存货的进价成本，因为，此时的存货进价成本已经与进货数量的大小有了直接的联系，属于决策的相关成本。即在经济进货批量基本模式其他各种假设条件均具备的前提下，存在数量折扣时的存货相关总成本可按下式计算：存货相关总成本＝采购成本＋订货成本＋相关存储成本。

实行数量折扣的经济进货批量具体确定步骤如下：

第一步，按价格分成若干个购货数量区间。

第二步，按照基本经济进货批量模式确定经济进货批量 Q^*。

第三步，就每一个购货数量区间，依据 Q^* 值分别确定各个购货数量区间的最优批量；其原则是同一区间内距 Q^* 值最近的数量为该区间的最优批量。

第四步，计算按给予数量折扣时进货最优批量进货时的存货相关总成本。

第五步，比较各区间最优批量的存货相关总成本，选择最小值，其批量即为最终的最优批量。

（3）允许缺货时的经济批量的确定。在允许缺货的情况下，企业对经济进货批量的确定，就不仅要考虑进货费用与储存费用，而且还必须对可能的缺货成本加以考虑，即能够使三项成本总和最低的批量便是经济进货批量。

（4）确定再订货点、订货提前期和保险储备。

①再订货点。一般情况下，企业不能等存货用光再去订货，而需要在没有用完时提前订货。在提前订货的情况下，企业再次发出订货单时，尚有存货的库存量，再订货点是指发出订货指令时尚存的原材料数量。其计算公式为：

$$R = L \times d$$

式中：R——再订货点（不考虑保险储备的再订货点）；

L——原材料的在途时间；

d——原材料平均日需求量。

②订货提前期。一般情况下，企业的存货不可能做到随用随时补充，因此需要企业在没有用完时提前订货。提前订货时，当企业再次发出订货单，提前期是指从发出订单到货物验收完毕所用的时间。其计算公式为：

$$订货提前期 = 预计交货期内原材料的使用量 \div 原材料使用率$$

③保险储备。建立保险储备，可以使企业避免由于存货或供应中断造成的损失，但同时也会使储备成本升高。因此，就要找出一个合理的保险储备量，使缺货或供应中断损失和储备成本之和最小。可以先计算出各不同保险储备量的总成本，然后再对总成本进行比较，选定其中最低的。确定保险储备的操作步骤为：（1）计算不同保险储备的总成本；（2）比较不同保险储备的总成本，以低者为佳。

4. 存货的日常管理

（1）存货储存期管理控制。企业储存存货而发生的费用，按照其与储存时间的关系可以分为固定储存费用与变动储存费用两类。根据本量利平衡关系可推导出下列公式：

$$存货保本储存期 = \frac{毛利 - 固定存储费 - 销售税金及附加}{每日变动费用}$$

$$存货保利储存期 = \frac{毛利 - 固定存储费 - 销售税金及附加 - 目标利润}{每日变动费用}$$

（2）存货 ABC 分类管理控制。存货 ABC 分类管理就是将存货按照一定的标准分成 A、B、C 三类，然后，按照各类存货的重要程度分别采取不同的方法进行管理。这样，企业就可以分清主次，突出管理重点，提高存货管理的整体效率。存货的划分标准主要有两个：一是存货的金额，二是存货的品种数量，以存货的金额为主。其中，A 类存货标准是：存货金额很大，存货的品种数量很少。B 类存货标准是：存货金额较大，存货的品种数量较多。C 类存货标准是：存货金额较小，存货的品种数量繁多。

三、内容提要

1. 营运资金的概念和特点

2. 营运资金的管理原则

3. 企业现金管理的内容及目标，持有现金的动机和成本

4. 最佳现金持有量的确定

5. 应收账款管理的目标与成本

6. 信用政策包括的内容与制定方法

7. 应收账款日常管理方法

8. 存货管理的目标与内容，存货的成本

9. 存货经济批量的确定

10. 存货日常管理的办法

第二部分 习　题

一、名词解释

1. 营运资金

2. 最佳现金持有量

3. 信用政策

4. 应收账款的机会成本

5. 存货的经济批量

二、判断题

1. 现金是一种非收益性资产。　　　　　　　　　　　　　　　　　　（　）

2. 信用标准是企业接受客户赊销时，客户必须具备的最高财务能力。　（　）

3. 只要花费必要的收账费用，积极做好收账工作，坏账损失是完全可以避免的。

　　　　　　　　　　　　　　　　　　　　　　　　　　　　　　　（　）

4. 为了保证企业生产经营所需现金，企业持有的现金越多越好。　　　（　）

5. 采购批量越大，持有成本越高，订货成本就越低。　　　　　　　　（　）

6. 存货管理的目的是以最低的存货成本保证企业生产经营活动的顺利进行。（　）

7. 加速收款是企业提高现金使用效率的重要策略之一，因此，企业要努力把应收账款降低到最低水平。 （　　）

8. 给客户提供现金折扣的主要目的是扩大企业销售。 （　　）

9. 在利用存货模式计算最佳现金持有量时，对缺货成本一般不予考虑。 （　　）

10. 订货点的高低对经济订货量不产生影响，对订货次数也没有影响。 （　　）

11. 邮政信箱法是企业加快应收账款回收的一种方法。 （　　）

12. 企业现金持有量过多会降低企业的收益水平。 （　　）

13. 即使企业已经按照规定对逾期应收账款作出坏账处理，企业仍然拥有对逾期账款继续收账的法定权利。 （　　）

14. 企业持有的现金总额可以小于各种动机所需现金余额之和，且各种动机所持有的现金也不必均为货币形态。 （　　）

15. 一般而言，企业存货需要量与企业生产及销售的规模成正比，与存货周转一次所需天数成反比。 （　　）

三、单项选择题

1. 下列不属于营运资金特点的是（　　）。
   A. 形态的变动性　　　　　　　　　　B. 数量的波动性
   C. 周转的短期性　　　　　　　　　　D. 投资的集中性

2. 持有过量的现金可能导致的不利后果是（　　）。
   A. 财务风险加大　　　　　　　　　　B. 收益水平下降
   C. 偿债能力下降　　　　　　　　　　D. 资产流动性下降

3. 在现金管理成本分析模式下，具有固定成本性质的是（　　）。
   A. 管理成本　　　　　　　　　　　　B. 转换成本
   C. 持有成本　　　　　　　　　　　　D. 短缺成本

4. 现金管理的存货模式中，与决策无关的成本是（　　）。
   A. 机会成本　　　　　　　　　　　　B. 转换成本
   C. 固定成本　　　　　　　　　　　　D. 管理费用

5. 现金管理的目标是（　　）。
   A. 权衡流动性和收益性　　　　　　　B. 权衡流动性和风险性
   C. 权衡风险性和收益性　　　　　　　D. 权衡流动性、收益性和风险性

6. 下列各项中，属于现金支出管理方法的是（　　）。
   A. 银行业务集中法　　　　　　　　　B. 利用现金浮游量
   C. 账龄分析法　　　　　　　　　　　D. 邮政信箱法

7. 企业 6 月 10 日赊购商品时，双方约定"2/10，$n/20$"。在 6 月 15 日有能力付款，但直到 6 月 20 日才支付这笔款项，其目的是运用现金日常管理策略中的（　　）
   A. 加速收款　　　　　　　　　　　　B. 利用现金浮游量
   C. 力争现金流量同步　　　　　　　　D. 推迟应付款的支付

8. 某企业规定的信用条件为"5/10，2/20，$n/30$"，一客户从该企业购入原价为

10 000元的原材料，并于第15天付款，则该客户实际支付的货款是( )元。

    A. 9 500

    B. 9 900

    C. 10 000

    D. 9 800

9. 信用政策的主要内容不包括( )。

    A. 信用标准

    B. 日常管理

    C. 收账方针

    D. 信用条件

10. 下列关于应收账款管理决策的方法，不正确的是( )。

    A. 应收账款投资的机会成本与应收账款平均周转次数无关

    B. 应收账款作为一项投资，其决策实际上是企业信用政策的延伸以及其在市场竞争中的具体表现

    C. 它是成本效益分析在应收账款投资决策中的具体应用

    D. 决策成本包括应收账款投资的机会成本和应收账款坏账准备及管理费用

11. 下列各项中，属于应收账款机会成本的是( )。

    A. 应收账款占用资金的应计利息

    B. 客户资信调查费用

    C. 坏账损失

    D. 收账费用

12. 某公司预计2002年应收账款的总计金额为3 000万元，必要的现金支付为2 100万元，应收账款收现以外的其他稳定可靠的现金流入总额600万元，则该公司2002年的应收账款收现保证率为( )

    A. 70%

    B. 20.75%

    C. 50%

    D. 28.75%

13. 某企业全年需要A材料2 400吨，每次订货成本为400元，每吨材料的储备成本为12元，则每年最佳订货次数为( )次。

    A. 12

    B. 6

    C. 3

    D. 4

14. 某企业全年需要A材料3 600吨，单价为100元，目前每次的订货量和订货成本分别是600吨和400元，则该企业每年订货的订货成本为( )元。

    A. 4 800

    B. 1 200

    C. 3 600

    D. 2 400

15. 建立存货合理保险储备的目的是( )。

    A. 在过量使用存货时保证供应

    B. 在进货延迟时保证供应

    C. 使存货的缺货成本和储存成本之和最小

    D. 降低存货的储备成本

16. 下列进货费用中属于变动成本的是( )。

    A. 采购部门的管理费用

    B. 采购人员的计时工资

    C. 进货差旅费

    D. 预付定金的机会成本

17. 以下各项与存货有关的成本费用中，不影响经济订货批量的是( )。

    A. 专设采购机构的基本支出

    B. 采购员的差旅费

    C. 存货资金占用费

    D. 存货的保险费

18. 在允许存货的情况下，经济订货批量是使( )。

  A. 订货成本和储存成本之和最小

  B. 订货成本等于储存成本

  C. 订货成本、储存成本和短缺成本之和最小

  D. 订货成本等于储存成本与短缺成本之和

19. 不适当地延迟信用期限，会给企业带来的不良后果有(　　)。

  A. 降低应收账款的机会成本   B. 引起坏账损失和收账费用的增加

  C. 使平均收账期延迟   D. 造成销售萎缩

20. 存货 ABC 管理中，将存货金额很大，品种数量很少的存货划分为(　　)。

  A. A 类存货   B. B 类存货

  C. C 类存货   D. AB 类存货

四、多项选择题

1. 下列属于流动资产的有(　　)。

  A. 现金   B. 短期投资

  C. 应付账款   D. 预付账款

2. 下列哪项属于营运资金的特点(　　)。

  A. 营运资金的周转具有短期性 B. 营运资金的来源具有灵活多样性

  C. 营运资金的实物形态具有易变现性 D. 营运资金的数量具有波动性

3. 企业持有现金的动机有(　　)。

  A. 交易动机   B. 预防动机

  C. 投资动机   D. 投机动机

4. 现金成本包括(　　)。

  A. 持有成本   B. 转换成本

  C. 短缺成本   D. 管理成本

5. 采用成本分析模式确定最佳现金持有量时，需要考虑的因素有(　　)。

  A. 机会成本   B. 持有成本

  C. 管理成本   D. 短缺成本

  E. 转换成本

6. 加速现金回收的管理方法有(　　)。

  A. 邮政信箱法   B. 银行业务集中法

  C. 合理利用现金浮游量   D. 账龄分析法

7. 对信用期限的叙述，不正确的有(　　)。

  A. 信用期限越短，企业的坏账风险越小

  B. 信用期限越长，表明客户享受的信用条件越优越

  C. 延迟信用期限，不利于销售收入的增加

  D. 信用期限越长，应收账款的机会成本越低

8. 构成企业信用政策的主要内容有(　　)。

  A. 信用标准   B. 信用条件

C. 信用期限　　　　　　　　　　　　　　D. 收账政策

9. 企业在制定或选择信用标准时,应当考虑的基本因素有(　　)。

  A. 同业竞争对手的情况　　　　　　　　B. 企业承担违约风险的能力

  C. 客户的资信情况　　　　　　　　　　D. 企业的收账政策

10. 应收账款追踪分析的重点对象是(　　)。

  A. 全部赊销的客户　　　　　　　　　　B. 赊销金额较大的客户

  C. 资信品质较差的客户　　　　　　　　D. 超过信用期的客户

11. 信用标准过高可能的结果包括(　　)。

  A. 丧失很多销售机会　　　　　　　　　B. 降低违约风险

  C. 扩大市场占有率　　　　　　　　　　D. 减少坏账费用

12. 存货管理的经济批量基本模型建立的假设条件有(　　)。

  A. 所需存货市场供应充足,不会因买不到所需存货而影响其他方面

  B. 存货的价格稳定,且不存在数量折扣

  C. 存货的单位储存变动成本不变

  D. 企业一定时期的进货总量可以较为准确地予以预测

13. 以下属于变动储存费的项目有(　　)。

  A. 存货资金占用费　　　　　　　　　　B. 存货仓储管理费

  C. 仓储损耗　　　　　　　　　　　　　D. 进货费用

14. 以下属于存货决策无关成本的有(　　)。

  A. 进货成本　　　　　　　　　　　　　B. 固定性进货费用

  C. 采购税金　　　　　　　　　　　　　D. 变动性储存成本

  E. 缺货成本

15. 下面关于经济订货批量的表述正确的有(　　)。

  A. 储存变动成本与经济批量成反比

  B. 订货变动成本与经济批量成反比

  C. 经济批量是使存货总成本最低的采购批量

  D. 经济批量是订货变动成本与储存变动成本相等时的采购批量

  E. 订货变动成本与经济批量成正比

五、简答题

1. 什么是营运资金?营运资金的特点是什么?

2. 现金持有的动机是什么?现金持有的成本有哪些?

3. 信用政策包括哪些内容?

4. 如何确定经济订货批量？

5. 储备存货的有关成本有哪些？存货管理的目标是什么？

六、计算与实务题

1. 某企业有四种现金持有方案，各方案有关成本资料如下表所示：

某公司现金持有量资料表

单位：元

项　　目	A	B	C
现金持有量	15 000	20 000	30 000
短缺成本率	10%	10%	10%
机会成本	4 500	3 000	0

根据资料编制最佳现金持有量测算表，并确定最佳现金持有量。

2. A 公司现金收支状况比较平衡，预计全年现金需求量为250 000元，每次转换有价证券的固定成本为 500 元，有价证券的利息率为 10%。

要求：

(1)计算现金最佳持有量。

(2)计算最佳现金持有量的现金管理相关总成本、转换成本和持有成本。

(3)计算最佳现金持有量下的全年有价证券交易次数和有价证券交易间隔期。

3. 某公司预测的年度赊销收入净额为2 400万元，应收账款周转期为 30 天，变动成本率为75%，资金成本为 8%。

要求：计算该企业应收账款的机会成本。

4. 某公司信用条件为 30 天付款，无现金折扣，平均收现期为 40 天，销售收入 10 万元。预计下年的销售利润率与上年相同，仍保持 30%。该企业拟改变信用政策，信用条件为：2/10，n/30，预计销售收入增加 4 万元，所增加的销售额中，坏账损失率为 5%，客户获得的现金折扣的比率为 70%，平均收现期为 25 天。

要求：如果应收账款的机会成本为 10%，测算信用政策变化对利润的综合影响。

5. 红日公司目前赊销收入为 3 000 万元，变动成本率为 70%，资金成本为 12%，信用条件为"n/30"，坏账损失率为 2%，收账费用为 650 000 元，为使赊销收入增加 10%，有 A、B 两个方案可供选择。

A 方案：信用条件为"n/60"，收账损失率为 3%，收账费用为 70.2 万元。

B 方案：信用条件为"2/10，1/20，n/60"，客户中利用 2% 现金折扣的有 60%，利用 1% 现金折扣的有 15%，放弃现金折扣的有 25%。预计收账损失率为 2%，收账费用为 58.78 万元。

要求：通过计算，评价公司是否应该改变目前的信用条件。若有改变，选择哪个方案更有利？

6. 已知明豪公司每年需要甲材料 36 000 吨，进货价格为每吨 150 元，每次订货成本为 1 250 元，每吨年存储成本为 10 元。要求：

(1) 计算甲材料的经济订货批量。

(2) 计算经济订货批量的相关存货成本。

(3) 计算最优订货批次。

(4) 计算经济订货批量平均占用资金。

(5) 根据经验，甲材料从发出订单到货物验收入库一般需要 3 天，最长需要 5 天，一年的生产周期为 300 天，每天最大需要量为 150 吨，则明豪公司对甲材料应该建立多少保险储备？

7. 某企业计划年度甲材料耗用量为 7 200 千克，每次订货成本为 800 元，该材料的价格为 30 元/千克，单位储存成本为 2 元。

要求：

(1) 计算该材料的经济采购量。

(2) 若供货方提供商业折扣，当一次采购量超过 3 600 千克时，该材料的价格为 28 元/

千克，则一次采购多少比较经济？

8. 红日公司 2010 年提供下列资料：

(1)订货量必须以 200 为单位。

(2)年销售量为 72 万单位。

(3)进货单价为 10 元。

(4)储存成本为进价的 20%。

(5)每次订货成本为 35 元。

(6)交货需 5 天，安全存量为18 000单位。

要求：

(1)计算经济订货量和订货次数。

(2)计算再订货点。

(3)订货批量分别为4 000、5 000和6 000单位时，计算各自的总库存成本。

第三部分　参考答案

一、名词解释

1. 营运资金是指在企业生产经营活动中占用在流动资产上的资本。营运资金有广义和狭义之分，广义的营运资金又称为毛营运资金，就是企业的流动资产总额；狭义的营运资金，又称为净营运资金，是指企业的流动资产总额减去各类流动负债后的余额。

2. 最佳现金持有量就是企业在正常的生产经营情况下所保持现金的最低余额，使持有现金发生的总成本最少的一个现金持有量，即持有成本、机会成本、管理成本、短缺成本保持最低组合水平的现金持有量。

3. 信用政策又称为应收账款政策，信用政策是企业对应收账款进行规划与管理而制定的基本原则和行为规范，一般由信用标准、信用条件和收账政策三部分组成。

4. 应收账款的机会成本是指将资金投资于应收账款，不能进行其他投资而丧失的投资收益。

5. 存货的经济批量是指按照存货管理的目的，通过合理的进货批量和进货时间，能够使一定时期存货的总成本达到最低的采购数量。

二、判断题

1. √　　　2. ×　　　3. ×　　　4. ×　　　5. ×　　　6. √

| 7. × | 8. ✓ | 9. ✓ | 10. × | 11. ✓ | 12. ✓ |
| 13. ✓ | 14. ✓ | 15. ✓ | | | |

三、单项选择题

1. D	2. B	3. A	4. D	5. A	6. B
7. D	8. D	9. B	10. A	11. A	12. C
13. B	14. D	15. C	16. C	17. A	18. C
19. B	20. A				

四、多项选择题

1. ABD	2. ABCD	3. ABD	4. ABCD	5. AD	6. AB
7. ACD	8. ABD	9. ABC	10. BCD	11. ABD	12. ABD
13. ABC	14. BD	15. ACE			

五、简答题

1. 营运资金又称为营运资本，是指在企业生产经营活动中占用在流动资产上的资本。
特点：

(1)营运资金周转的短期性。

(2)营运资金数量的波动性。

(3)营运资金实物形态的变现性。

(4)营运资金的实物形态具有并存性。

(5)营运资金的来源具有灵活多样性。

2. 企业持有现金的动机出于以下几个方面：

(1)交易动机，即企业为了维持日常周转及正常商业活动所需持有的现金额。

(2)预防动机，即指企业为应付意外事件而持有现金。

(3)投机动机，即企业为了把握市场投资机会，获得较大收益而持有现金，在证券市场价格剧烈波动时，从事投机活动，从中获取收益。

除以上三种主要原因外，企业也会基于其他原因而持有现金，例如，为在银行维持补偿性余额而持有现金。

现金的持有成本是指企业因保留一定的现金余额而增加的管理费用及丧失的再投资收益，包括机会成本、转换成本、短缺成本。

(1)现金的机会成本是由于企业不能同时用该项现金进行有价证券投资而放弃的投资收益。

(2)转换成本是指企业无论是用现金购入有价证券还是转让有价证券换取现金，都需要付出一定的交易费用，即现金同有价证券之间相互转换的成本，如委托买卖佣金、委托手续费、证券过户费、实物交割手续等。

(3)短缺成本是在现金持有量不足，而又无法及时变现有价证券加以补充的情况下，给企业带来的损失。

3. 信用政策又称为应收账款政策，信用政策是企业对应收账款进行规划与管理而制定的基本原则和行为规范，一般由信用标准、信用条件和收账政策三个部分组成。

(1)信用标准是企业同意向客户提供商业信用而要求对方必须具备的最低条件，常以坏账损失率作为判别标准。

(2)信用条件是指企业向对方提供商业信用时要求其支付赊销款项的条件。信用条件由信用期限、折扣期限和现金折扣三个部分构成。

(3)收账政策是指客户超过信用期限而仍未付款或拒付账款时企业采取的收账策略。

4. 存货的经济批量是指按照存货管理的目的，通过合理的进货批量和进货时间，能够使一定时期存货的总成本达到最低的采购数量。决定存货经济批量的成本因素主要包括变动性进货费用、储存变动成本以及允许缺货时的缺货成本。不同的成本项目与进货批量有着不同的变动关系。同时，采购次数少，进货费用和缺货成本少；订购的批量小，储存的存货就少，储存成本就低。反之，采购次数多，进货费用和缺货成本多；订购的批量大，储存的存货就多，储存成本就高。经济批量采购决策就是要权衡这些成本和费用，使得它们的总和最低。

5. 存货管理的目标就是要在充分发挥存货作用的前提下，不断降低存货成本，以最低的存货成本保障企业生产经营的顺利进行。

存货成本包括以下几个方面：

(1)取得成本是指企业取得存货时的成本费用支出，它主要包括存货的订货成本和采购成本两个方面。

(2)储存成本是指企业为持有存货而发生的成本费用支出。

(3)缺货成本是指因存货不足而给企业造成的损失。

六、计算与实务题

1. 最佳现金持有量测算如下表所示：

最佳现金持有量测算表　　　　　　　　　　单位：元

方案	现金持有量	短缺成本	机会成本	相关总成本
A	15 000	1 500	4 500	6 000
B	20 000	2 000	3 000	5 000
C	30 000	3 000	0	3 000

由上表可见，通过计算三个方案的现金持有总成本，可知 C 方案的相关总成本最低，为3 000元，也就是说当公司持有30 000元现金时，各方面的总代价最低，对公司最合算，即30 000元为该公司现金最佳持有量。

2. (1)最佳现金持有量 $= \sqrt{\dfrac{2\times250\,000\times500}{10\%}} = 50\,000$（元）

(2)相关总成本 $= \sqrt{2\times250\,000\times500\times10\%} = 5\,000$（元）

$$转换成本 = \frac{250\,000}{50\,000} \times 500 = 2\,500(元)$$

$$持有成本 = \frac{50\,000}{2} \times 10\% = 2\,500(元)$$

$$(3)\ 有价证券交易次数 = \frac{250\,000}{50\,000} = 5(次)$$

$$有价证券交易间隔期 = \frac{360}{5} = 72(天)$$

3. 该企业应收账款周转率 = 360 ÷ 30 = 12(次)

　应收账款平均余额 = 2 400 ÷ 12 = 200(万元)

　维持赊销业务所需资金 = 200 × 75% = 150(万元)

　应收账款的机会成本 = 150 × 8% = 12(万元)

4. 改变信用期后增加的利润 = 40 000 × 30% = 12 000(元)

　信用条件改变对机会成本的影响：

$$\frac{25-40}{360} \times 100\,000 \times 10\% + 25/360 \times 40\,000 \times 10\% = (-416.67) + 277.78 = -138.89(元)$$

　现金折扣的成本 = (100 000 + 40 000) × 70% × 2% = 1 960(元)

　改变信用期后增加的坏账损失 = 40 000 × 5% = 2 000(元)

　信用政策变化后对利润的综合影响 = 12 000 - (-138.89) - 1 960 - 2 000 = 8 178.89(元)

5. B 方案的平均收现期 = 10 × 60% + 20 × 15% + 60 × 25% = 24(天)

　B 方案平均现金折扣 = 3 300 × 2% × 60% + 3 300 × 1% × 15% = 44.55(万元)

　计算应收账款占用的应计利息：

　目前信用条件下的应计利息 = (3 000/360) × 30 × 70% × 12% = 21(万元)

　A 方案信用条件下的应计利息 = (3 300/360) × 60 × 70% × 12% = 46.2(万元)

　B 方案信用条件下的应计利息 = (3 300/360) × 24 × 70% × 12% = 18.48(万元)

信用条件评价分析表　　　　　　　　　　　　单位：万元

项目	目前	A 方案	B 方案
年销售收入	3 000	3 300	3 300
减：现金折扣	0	0	44.55
变动成本	2 100	2 310	2 310
边际贡献(收益)	900	990	945.45
信用成本	146	215.40	143.26
其中：机会成本	21	46.2	18.48
坏账损失	60	99	66
收账费用	65	70.2	58.78
净收益	754	774.6	802.19

由计算可知，改变目前信用条件可获得更高的收益，所以，应当改变目前信用条件。B 方案的净收益大于 A 方案，应选择 B 方案。

6. (1) $Q^* = \sqrt{\dfrac{2KD}{K_c}} = \sqrt{\dfrac{2 \times 1\,250 \times 36\,000}{10}} = 3\,000（吨）$

(2) $TC(Q^*) = \sqrt{2KDK_c} = \sqrt{2 \times 1\,250 \times 36\,000 \times 10} = 30\,000（元）$

(3) $N^* = \dfrac{D}{Q} = \sqrt{\dfrac{DK_c}{2K}} = 36\,000 \div 3\,000 = 12（次）$

(4) $I^* = \dfrac{Q^*}{2} \times U = 3\,000 \times 150 \div 2 = 225\,000（元）$

(5) 每日正常需要量 $= 36\,000 \div 300 = 120（吨）$

保险储备 $= (150 \times 5 - 120 \times 3) \div 2 = 195（吨）$

7. (1) $Q = \sqrt{\dfrac{2KD}{K_c}} = \sqrt{\dfrac{2 \times 7\,200 \times 800}{2}} = 2\,400（千克）$

(2) 一次采购 2 400 千克的全年总成本 $= 7\,200 \times 30 + 2 \times 2\,400 \div 2 + 800 \times 7\,200 \div 2\,400$
$= 220\,800（元）$

一次采购 3 600 千克的全年总成本 $= 7\,200 \times 28 + 2 \times 3\,600 \div 2 + 800 \times 7\,200 \div 3\,600$
$= 206\,800（元）$

比较全年总成本可知，应一次采购 3 600 千克。

8. (1) $Q^* = \sqrt{\dfrac{2KD}{K_c}} = \sqrt{\dfrac{2 \times 35 \times 720\,000}{10 \times 20\%}} \approx 5\,020（单位）$

$N^* = \dfrac{D}{Q} = \sqrt{\dfrac{DK_c}{2K}} = 720\,000 \div 5\,020 \approx 143（次）$

(2) 原材料平均日需要量 $= 720\,000 \div 360 = 2\,000（单位/天）$

企业的再订货点 $= R = L \times d + B = 2\,000 \times 5 + 18\,000 = 28\,000（单位）$

(3) 一次采购 4 000 千克的全年总成本 $= 720\,000 \times 10 + 2 \times 4\,000 \div 2 + 35 \times 720\,000 \div 4\,000$
$= 7\,210\,300（元）$

一次采购 5 000 千克的全年总成本 $= 720\,000 \times 10 + 2 \times 5\,000 \div 2 + 35 \times 720\,000 \div 5\,000$
$= 7\,210\,040（元）$

一次采购 6 000 千克的全年总成本 $= 720\,000 \times 10 + 2 \times 6\,000 \div 2 + 35 \times 720\,000 \div 6\,000$
$= 7\,210\,200（元）$

学习情境八 项目投资决策

第一部分 学习指导

一、学习目的与要求

本学习情境的主要内容包括项目投资的概念、类型及项目投资决策的程序，各种贴现与非贴现指标的含义及计算方法，项目投资决策评价指标的应用。

在项目投资决策中，根据是否考虑资金的时间价值，项目投资决策评价指标可分为非贴现指标和贴现指标两大类。一类是考虑货币时间价值来决定方案取舍的，叫"贴现方法"，也称"动态评价方法"。主要包括：净现值法、现值指数法、内含报酬率法。另一类是决定方案取舍不考虑货币时间价值的，叫"非贴现方法"，也称"静态评价方法"。主要包括：静态投资回收期法、年均报酬率法等。通过本学习情境的学习，要求学生了解项目投资的概念、类型及项目投资决策的程序；掌握各种贴现与非贴现指标的含义及计算方法；掌握项目投资决策评价指标的应用。同时能根据学习情境设计的需要查阅有关资料并进行相关分析；能够结合企业个案，应用项目投资决策评价指标，为企业进行科学、合理的投资决策。

二、重难点解析

（一）投资的含义与分类

投资，即资金的投放，是指企业投入一定量的资金从事某项经营活动，以期望在未来获取收益或达到其他目的的一种经济行为。与其他形式的投资相比，项目投资具有投资数额大、影响时间长、变现能力差等特征。

（二）分类

1. 按投资的性质和内容分为项目投资和有价证券投资

项目投资，也称生产经营性资产投资，是企业把资金直接投放于生产经营性资产，自己利用其组织生产经营活动。

有价证券投资，又称为金融性资产投资，是指把资金投放于有价证券等金融资产，取得其他企业的股权或债权。

2. 按投资回收期的长短分为短期投资和长期投资

短期投资，是指能够并准备在一年内收回的投资。

长期投资，是指在一年以上才能收回的投资。

3. 按投资的方向分为对内投资和对外投资

对内投资，是指把资金投放在企业内部，购置各种生产要素，组织生产的投资。

对外投资，是指企业以现金、实物和无形资产等方式或者以购买股票、债券等有价证券的方式向其他单位进行投资。

4. 按项目投资的类型分为新建项目投资和更新改造项目投资

新建项目投资包括单纯固定资产投资和完整工业投资两种：单纯固定资产投资项目仅涉及固定资产资金的投入，是投资最基本的形式，目的是新增生产能力，任何项目投资均包括固定资产投资；完整工业投资项目不仅包括固定资产，还包括无形资产投资、流动资金和开办费等其他投资。

更新改造项目是指以新换旧或者以旧的固定资产为基础进行改扩建的投资项目，其目的是恢复或改善生产能力。以旧换新或者对旧的固定资产进行改扩建虽然需要增加资金的投资，但也会带来现金流入的增加。而现金流入的增加是否会大于新增的投资是否需要进行更新改造的关键。

（三）项目计算期的构成和资金构成内容

项目计算期是指投资项目从投资建设开始到清理结束整个过程的全部时间，包括建设期和运营期。

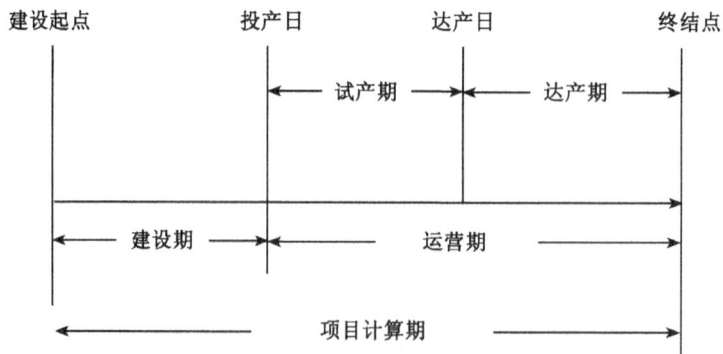

项目计算期的关系

项目投资包括建设投资和营运资金投资。

建设投资是指在建设期内按一定生产经营规模和建设内容进行的投资，包括固定资产投资、无形资产投资和其他资产投资三项内容。

营运资金投资是指为维持生产经营的正常运转而垫支的资金，数值上等于流动资产与流动负债的差额。

(四)项目投资决策评价指标

1. 回收期法

回收期(PP)是指投资项目回收该项目的原投资额所需要的时间，一般以年作单位。回收期法就是以回收期的长短来判断方案是否可行的方法。回收期越短，说明这项投资所冒风险越小，并使投入的资金得以较快地周转。

(1)若各年现金净流量相等

$$\text{不包括建设期的投资回收期}(PP) = \frac{\text{原始投资额}}{\text{各年相等的现金净流量}}$$

(2)若各年现金净流量不相等

$$\text{回收期}(PP) = \text{最低未回收额所在年份} + \frac{\text{最低未回收额}}{\text{最低未回收额下一年的现金净流量}}$$

2. 平均投资报酬率法

平均投资报酬率(ARR)是指投资项目平均净利润额与原始投资报酬的比率，平均投资报酬率法是用年平均投资报酬率来评价投资方案的决策分析方法。

$$\text{平均投资报酬率}(ARR) = \frac{\text{年均净利润额}}{\text{项目总投资额}}$$

可将计算出来的平均投资报酬率与预订要求达到的投资报酬率进行比较，如前者大于后者，说明投资项目可行；如小于后者，则不宜接受。平均投资报酬率越高，说明项目的经济效益越好；反之，平均报酬率越低，则说明其经济效益越差。

3. 净现值法

净现值(NPV)是指项目投产后各年现金净流量的现值之和与投资额现值之间的差额。净现值法就是用净现值指标作为评价长期投资方案优劣标准的方法。若净现值是正数，说明该方案的现金流入量现值大于原投资额，该方案可行；反之，净现值为负数，则不可行。净现值越大，说明项目的经济效益越好。

净现值法一般可以按以下步骤进行：

(1)计算投资项目每年的现金净流量(NCF)。

(2)根据资金成本将各年的现金净流量折成现值(即折合在同一年份上)。若各年 NCF 相等，按年金折成现值；若各年 NCF 不相等，则需分别按普通复利折成现值。

(3)将各年现金净流量的现值加总合计，得出未来报酬总现值；将各项投资额的现值加总合计得出投资额总现值。

(4)计算投资方案的"净现值"(NPV)：

$$\text{净现值}(NPV) = \text{未来报酬的总现值} - \text{投资额的总现值}$$

103

（5）对投资方案进行评价：若为一个单一备选方案，NPV>0，方案可行；NPV<0，方案不可行。若为多个备选方案，则以 NPV 最大者为最优方案。

4. 现值指数法

现值指数（PVI）是指任何一项投资方案的未来报酬按资金成本折算的现值与原始投资额的现值之比，亦称"获利能力指数"。它反映每 1 元原始投资（成本）所带来的按资金成本折现后的收入。

$$现值指数（PVI）= \frac{未来报酬的现值}{原始投资的现值}$$

在进行投资决策分析时，如果现值指数大于1，可接受该方案；如果现值指数小于1，则应拒绝该方案；若同时有数个方案，它们的现值指数大于1，应选择现值指数较大的投资方案为最优方案。

5. 内含报酬率法

内含报酬率（IRR）是指一项长期投资方案在其寿命周期内按现值计算的实际可能达到的投资报酬率，也可称为"内部收益率"。

内含报酬率的基本原理就是根据这个报酬率对投资方案的全部现金流量进行折现，使未来报酬的总现值正好等于该方案原投资额的现值。其实质就是一种能使投资方案的净现值等于零的折现率。

在净现值等于零的状态下，内含报酬率与资金成本对比，如果内含报酬率大于资金成本，方案可以接受；反之，方案就不可以接受。若干个方案比较，以内含报酬率最大的投资方案为最优方案。

（1）若各年"现金净流量"相等，内含报酬率可一次计算。

①先求年金现值系数$(P/A, i, n)$。

设内含报酬率为i。

$\because$ NPV＝未来报酬现值－原投资额现值＝0

$\therefore$ 各年 NCF×$(P/A, i, n)$＝原投资额现值

移项：

$$(P/A, i, n) = \frac{原投资额现值}{每年现金净流量}$$

②查"年金现值系数表"，在已知寿命期(n)的同一行中，找出与上述年金现值系数相邻的较小和较大的年金现值系数及折现率。

③根据上述两个邻近的折现率及相应的年金现值系数，再结合上述公式计算的年金现值系数，采用"插值法"计算出该项投资方案的"内含报酬率"。

（2）若干年"现金净流量"不等，内含报酬率可采用逐次测试法计算。

①先估计一个折现率，并根据它计算未来各年现金净流量的现值，然后加计总数求得"未来报酬"的总现值，再与原投资额现值进行比较，若净现值（NPV）为正数，即说明估计的折现率低于该方案的实际投资报酬率，应相应提高原估计的折现率，再次测试计算净现值。若第一次测试的净现值为负数，即说明原先估计的折现率高于该方案的实际投资报酬率，应相应降低原估计的折现率，再行测试计算净现值。经过逐次测试，最终找出邻近

的一个正数的净现值和一个负数的净现值相应的两个折现率。

②因内含报酬率就是使投资方案的"净现值"为零的折现率，用前面找出来的两个相邻的折现率及相应的正负"净现值"采用"插值法"，即可算出该方案的"内含报酬率"。

(五)项目投资决策评价指标应用

1. 在单一的独立投资方案中应用

在只有一个投资项目可供选择的条件下，只需要通过计算经济评价指标来考察该方案是否在经济上可行，从而作出接受或拒绝的决策。

可以利用净现值、现值指数、内含报酬率对同一个独立项目进行评价，会得出完全相同的结论。

2. 在多个互斥投资方案中的应用

互斥投资方案就是在决策时涉及多个相互排斥、不能同时并存的投资方案。互斥投资方案决策是指在所有备选方案均为财务可行方案时，利用具体决策方法，比较各方案的优劣，从各备选方案中选出一个最佳方案的过程。

互斥方案决策方法很多，若原始投资相等并且项目计算期一样的多个方案比较，可以用净现值法。

(六)长期投资决策的敏感性分析

敏感性分析，是指如果决策有关的某个因素发生变动，那么该项投资决策的预期结果将会受到什么样的影响。凡某项因素在很小幅度内发生变动就会影响决策结果的，即表明该因素的敏感性强；若某因素在较大幅度内发生变动才会影响决策结果的，即表明该因素的敏感性弱。

现金净流量或使用年限的变动对净现值的敏感性分析：

1. 计算投资方案的净现值

2. 进行敏感性分析

(1)确定年现金净流量的下限临界值。

(2)确定该投资方案有效年限的下限临界值。

三、内容提要

(一)项目投资相关概念

1. 项目投资的概念与种类

2. 项目投资的决策程序

3. 项目计算期的构成和资金构成内容

4. 项目投资资金的投入方式

(二)项目投资决策评价指标

1. 投资回收期法

2. 年均报酬率法

3. 净现值法

4. 现值指数法

5. 内含报酬率法

(三)项目投资决策评价指标的应用

1. 在单一的独立投资方案中的应用

2. 在多个互斥投资方案中的应用

(四)长期投资决策分析案例

(五)长期投资决策敏感性分析的含义

1. 长期投资决策的敏感性分析

2. 现金净流量或使用年限的变动对净现值的敏感性分析

第二部分　习　　题

一、名词解释

1. 项目计算期

2. 贴现方法

3. 平均投资报酬率

4. 净现值

5. 现值指数

6. 内含报酬率

二、判断题

1. 投资回收期越短，表明该项投资的效果越好，所以风险也就越小。　（　）

2. 投资回收期指标易于计算和理解，在实际工作中可单独用来评价项目的经济效益。　（　）

3. 两个原始投资额不等的方案，衡量优劣应以净现值为准。　（　）

4. 一个方案的净现值如果大于零，那么，其现值指数肯定大于1。　（　）

5. 若一个项目的内含报酬率大于资金成本率，则该项目可行。　（　）

6. 采用逐次测试法时，若第一次测试结果是净现值大于零，则第二次测试时，所选折现率应降低。　（　）

三、单项选择题

1. 在用动态指标进行项目评价时，如果其他因素不变，只有贴现率提高，下列指标结果不变的有（　）。
   A. 净现值　　　　　　　　　　B. 投资回收率
   C. 内含报酬率　　　　　　　　D. 现值指数

2. 下列表述中不正确的是（　）。
   A. 净现值是未来报酬的总现值与初始投资额的现值之差
   B. 当净现值等于零时，说明此时的贴现率为内含报酬率
   C. 当净现值大于零时，现值指数小于1
   D. 当净现值大于零时，说明该投资方案可行

3. 下列关于长期投资决策特点的叙述错误的是（　）。
   A. 投资额大　　　　　　　　　B. 资金占用时间长
   C. 一次投资、分次收回　　　　D. 风险较小

4. 回收固定资产的残值属于（　）。
   A. 现金流入　　　　　　　　　B. 现金流出
   C. 投资　　　　　　　　　　　D. 以上都不对

5. 某投资方案贴现率为16%时，净现值为6.12，贴现率为18%时，净现值为-3.17，则该方案的内含报酬率为（　）。
   A. 14.68%　　　　　　　　　　B. 17.32%
   C. 18.32%　　　　　　　　　　D. 16.68%

6. 某项目年营业收入140万元，年付现成本60万元，年折旧40万元。所得税税率35%。则该方案经营期的年现金净流量为（　）万元。
   A. 40　　　　　　　　　　　　B. 66
   C. 78　　　　　　　　　　　　D. 52

7. （　）的计算本身与事先设定的折现率无关。
   A. 内含报酬率　　　　　　　　B. 投资回收期
   C. 净现值　　　　　　　　　　D. 现值指数

8. 现值指数( )就表示该项目具有正的净现值, 对企业有利。

    A. 大于 0   B. 小于 0

    C. 大于 1   D. 小于 1

9. 评价投资方案经济效益的方法中, ( )属于非贴现的现金流量法。

    A. 回收期法   B. 净现值法

    C. 现值指数法   D. 内含报酬率法

10. 项目投资决策中, 完整的项目计算期是指( )。

    A. 建设期   B. 生产经营期

    C. 建设期+达产期   D. 建设期+生产经营期

11. 某投资项目原始投资额为 100 万元, 使用寿命 10 年, 已知该项目第 10 年的经营净现金流量为 25 万元, 期满处置固定资产残值收入及回收流动资金共 8 万元, 则该投资项目第 10 年的净现金流量为( )万元。

    A. 8   B. 25

    C. 33   D. 43

12. 下列指标的计算中, 没有直接利用净现金流量的是( )。

    A. 内部收益率   B. 投资利润率

    C. 净现值率   D. 现值指数

13. 如果其他因素不变, 一旦贴现率提高, 则下列指标中其数值将会变小的是( )。

    A. 净现值   B. 投资报酬率

    C. 内部报酬率   D. 静态投资回收期

14. 某投资项目原始投资为 12 000 元, 当年完工投产, 有效期限 3 年, 每年可获得现金净流量 4 600 元, 则该项目内含报酬率为( )。

    A. 7.33%   B. 7.68%

    C. 8.32%   D. 6.68%

15. 在评价单一方案的财务可行性时, 如果不同评价指标之间的评价结论发生了矛盾, 就应当以主要评价指标的结论为准, 如下列项目中的( )。

    A. 净现值   B. 静态投资回收期

    C. 投资报酬率   D. 年平均报酬率

四、多项选择题

1. 在以下投资方案评价指标中, 属于贴现指标的有( )。

    A. 回收期   B. 会计收益率

    C. 内含报酬率   D. 净现值

    E. 现值指数

2. 投资决策分析使用的非贴现指标主要有( )。

    A. 会计收益率   B. 内含报酬率

    C. 偿还期   D. 净现值

    E. 现值指数

3. 企业在进行长期投资决策时，应重点考虑下列哪些因素( )。

    A. 时间价值   B. 企业当期损益

    C. 风险价值   D. 企业预期净利

4. 当方案的净现值等于 0 时，该方案的( )。

    A. 净现值指数等于 0   B. 现值指数等于 1

    C. 净现值指数小于 0   D. 现值指数小于 1

5. 与计算内含报酬率有关的因素为( )。

    A. 原始投资   B. 银行利率

    C. 每年现金流量   D. 投资项目的有效年限

6. 下列属现金流出量的是( )。

    A. 固定资产投资   B. 流动资产垫支

    C. 项目投资后每年可增加的营业收入   D. 营业净收益

    E. 折旧

7. 对于同一个投资方案来说，下列表述正确的有( )。

    A. 资金成本与内含报酬率相等时，净现值为零

    B. 资金成本高于内含报酬率，净现值为负数

    C. 资金成本越高，净现值越小

    D. 资金成本越高，净现值越大

    E. 资金成本高低与净现值大小无关

8. 下述表述中不正确的是( )。

    A. 净现值等于 0，说明此时的贴现率为内部收益率

    B. 净现值大于 0，该投资方案不可行

    C. 净现值大于 0，现值指数小于 1

    D. 净现值是未来报酬的总现值与初始投资额现值之差

9. 净现值法与现值指数法的共同之处在于( )。

    A. 都是相对数指标，反映投资的效率

    B. 都必须按预定的贴现率折算现金流量的现值

    C. 都不能反映投资方案的实际投资收益率

    D. 都没有考虑货币时间价值因素

10. 下列哪些指标属于折现的相对量评价指标( )。

    A. 净现值率   B. 现值指数

    C. 投资利润率   D. 内部收益率

11. 若建设期不为零，则建设期内各年的净现金流量可能会( )。

    A. 等于 1   B. 大于 1

    C. 小于 0   D. 等于 0

12. 若 NPV<0，则下列关系式中正确的有( )。

    A. NPVR>0   B. NPVR<0

    C. PI<1   D. IRR>1

13. 净现值法的优点有(　　)。

    A. 考虑了资金时间价值　　　　　　B. 考虑了项目计算期的全部净现金流量

    C. 考虑了投资风险　　　　　　　　D. 可从动态上反映项目的实际投资收益率

14. 内部收益率是指(　　)。

    A. 投资报酬与总投资的比率　　　　B. 项目投资实际可望达到的报酬率

    C. 投资报酬现值与总投资现值的比率　D. 使投资方案净现值为零的贴现率

15. 当一项长期投资方案的净现值大于零时，则可以说明(　　)。

    A. 该方案贴现后现金流入大于贴现后现金流出

    B. 该方案的内含报酬率大于预定的贴现率

    C. 该方案的现值指数一定大于1

    D. 该方案可以接受，应该投资

五、简答题

1. 什么是净现值？怎样利用净现值对投资项目进行决策分析？

2. 什么是现值指数？怎样利用现值指数对投资项目进行决策分析？

3. 什么是内含报酬率？如何利用内含报酬率对投资项目进行决策分析？

4. 简述各种长期投资决策分析方法的比较。

六、计算题

1. 某企业要进行一项投资，现有甲、乙两个方案可供选择，两个方案的现金净流量如表所示，该企业期望的投资回收期为 5 年(含建设期)。要求应用回收期法对两个方案进行选择。

投资方案现金净流量表　　　　　　　　　　　　　　单位：万元

年份	甲方案现金净流量	乙方案现金净流量
0	−1 000	−1 000
1	0	0
2	200	310
3	200	310

续表

年份	甲方案现金净流量	乙方案现金净流量
4	200	310
5	200	200
6	200	200
7	200	200
8	200	200

2. 根据以下资料计算年平均投资报酬率。

单位：元

年份	0	1	2	3	4	5
甲方案 NCF 合计	−10 000	3 200	3 200	3 200	3 200	3 200
乙方案 NCF 合计	−15 000	3 800	3 560	3 320	3 080	7 840

3. 设贴现率为10%，有三个方案。有关数据如表所示，就下列情况分别计算净现值，并为该企业进行方案决策。

单位：万元

期间	A 方案		B 方案		C 方案	
	净收益	现金净流量	净收益	现金净流量	净收益	现金净流量
0		(2 000)		(9 000)		(1 200)
1	1 800	11 800	(1 800)	1 200	600	4 600
2	3 240	13 240	3 000	6 000	600	4 600
3			3 000	6 000	600	4 600
合计	5 040	5 040	4 200	4 200	1 800	1 800

4. 某项目原始投资额为 55 万元，一次投入，其中 15 万元是流动资产投资，其余为固定资产投资，该项目可使用 5 年，期末无残值，预计每年可获净利 10 万元，要求：分别用净现值法、现值指数法、内含报酬率法做出该项目是否可行的决策（设折现率为 10%）。

5. 某设备原值为 10 万元，使用年限 5 年，税法规定残值率 10%，用直线法计提折旧，该设备投入使用后每年可增加营业收入 8 万元，增加付现成本 2 万元，报废时实际残值为 2 万元，设企业所得税税率为 30%，折现率为 10%，用净现值法判断并说明该方案是否可行。

6. 某企业有一设备购置成本 40 000 元，已使用 5 年，还可使用 5 年直线法计提折旧，期满无残值，现在出售可得 10 000 元，旧设备每年可获收入 50 000 元，付现成本 30 000 元；现拟以一新设备替换旧设备，购置成本 60 000 元，估计可使用 5 年有残值 10 000 元，每年可获收入 80 000 元，付现成本 40 000 元，资本成本率为 10%，企业所得税税率为 40%，要求：做出是继续使用旧设备还是对其进行更新的决策。

7. 某企业拟用一新设备替换旧设备，有关资料如下：

单位：元

项目	旧设备	新设备	差量（三方案）
原值	80 000	100 000	—
预计使用年限	6	5	—
已使用年限	1	0	—
变现值	60 000	100 000	40 000
最终残值	14 000	20 000	6 000
年运行成本	15 000	10 000	-5 000
贴现率	10%	10%	10%

要求：分析计算以新换旧是否合算。

8. 光明公司新增一条流水线，投资 620 万元，可用 6 年，期满有残值 20 万元，按直线法计提折旧。项目投产后每年可增加销售收入 300 万元，同时增加付现成本 120 万元，企业所得税税率为 35%。要求：计算各年的现金净流量。

9. 投资项目自第三年起，每年可取得投资收益 5 000 元，假设投资报酬率为 10%。
要求：计算 10 年后共取得的投资收益的价值及其现值。

10. 大兴公司有一台设备既可生产甲产品也可生产乙产品。甲、乙两种产品在各年末发生的现金净流量资料如表所示。

单位：元

品种	第 1 年	第 2 年	第 3 年	第 4 年
甲产品	90 000	80 000	70 000	60 000
乙产品	70 000	80 000	90 000	100 000

该公司的预期投资报酬率为 16%。
要求：利用净现值法判断生产哪种产品较为合适。

11. 某厂拟建立一条新生产线，估计购置成本为 100 000 元，可使用 10 年，残值为 10 000 元，采用新生产线后每年可增加利润 21 000 元，贴现率为 20%（采用直线法折旧）。
要求：计算净现值，并作出评价。

12. 某企业购买机器价值 20 000 元，预计可使用 8 年，残值为零。每年可生产产品 5 000 件，该产品售价每件 6 元，单位变动成本 4 元，固定成本（不包括折旧）5 000 元。
要求：计算该机器的投资回收期和年平均投资报酬率。

13. 某投资方案原始投资额 20 万元，有效期 4 年，期满无残值。每年净利润均为 20 000 元，试计算方案的内含报酬率。

14. 企业现有 A、B 两个投资方案，两个方案的投资额均为 20 万元，资金成本率为 12%，项目寿命为 5 年。A 方案每年现金净流量 8 万元，B 方案每年的现金净流量分别是 10 万元、9 万元、7.5 万元、7 万元、6 万元。

　　要求：用净现值法、现值指数法、内含报酬率法及回收期法对两个方案进行比较评价。

15. 设某企业有一台旧设备，重置成本为 12 000 元，年运行费用为 8 000 元，6 年后报废，无残值。如果用 40 000 元购买一台新设备，年运行成本为 6 000 元，使用寿命为 8 年，8 年后残值 2 000 元。新旧设备的产量及产品销售价格相同。另外企业计提折旧的方法为直线法，企业的资金成本率为 10%，企业所得税税率为 40%。

　　要求：通过计算，对企业是继续使用旧设备还是将其更新为新设备进行决策。

第三部分　参考答案

一、名词解释

1. 项目计算期是指投资项目从投资建设开始到清理结束整个过程的全部时间，包括建设期和运营期。

2. 贴现方法，也称"动态评价方法"。它是将各期现金流入量和现金流出量通过换算，统一在相同的时间基础上进行比较，以决定备选方案取舍或优劣的方法。

3. 平均投资报酬率，是指投资项目平均净利润额与原始投资报酬的比率。

4. 净现值(NPV)是指项目投产后各年现金净流量的现值之和与投资额现值之间的差额。

5. 现值指数(PVI)是指任何一项投资方案的未来报酬按资金成本折算的现值与原始投资额的现值之比，也称"获利能力指数"。

6. 内含报酬率(IRR)是指一项长期投资方案在其寿命周期内按现值计算的实际可能达到的投资报酬率，也可称为"内部收益率"。

二、判断题

1. ×　　　2. ×　　　3. ×　　　4. ✓　　　5. ✓　　　6. ✓

三、单项选择题

1. B　　　2. C　　　3. D　　　4. A　　　5. B　　　6. D

7. B　　　8. C　　　9. A　　　10. D　　　11. C　　　12. B

13. A　　　14. A　　　15. A

四、多项选择题

1. BDE　　　2. AC　　　3. ACD　　　4. AB　　　5. ABCD　　　6. AB

7. ABC　　　8. AC　　　9. BC　　　10. ABD　　　11. CD　　　12. BCD

13. ABC　　　14. ABC　　　15. ABC

五、简答题

1. 净现值(NPV)是指项目投产后各年现金净流量的现值之和与投资额现值之间的差额。净现值法就是用净现值指标作为评价长期投资方案优劣标准的方法。若净现值是正数，说明该方案的现金流入量现值大于原投资额，该方案可行；反之，净现值为负数，则不可行。净现值越大，说明项目的经济效益越好。

2. 现值指数(PVI)是指任何一项投资方案的未来报酬按资金成本折算的现值与原始投资额的现值之比，也称"获利能力指数"。它反映每1元原始投资(成本)所带来的按资金成本折现后的收入，它是评价投资方案优劣的一项动态指标。它的计算公式如下：

$$现值指数(PVI) = \frac{未来报酬的现值}{原始投资的现值}$$

现值指数法就是以各个投资方案的现值指数大小作为取舍投资方案依据的方法。在进行投资决策分析时，如果现值指数大于1，可接受该方案；如果现值指数小于1，则应拒绝该方案；若同时有数个方案，它们的现值指数大于1，应选择现值指数较大的投资方案为最优方案。

3. 内含报酬率(IRR)是指一项长期投资方案在其寿命周期内按现值计算的实际可能达到的投资报酬率，也可称为"内部收益率"。

内含报酬率的基本原理就是根据这个报酬率对投资方案的全部现金流量进行折现，使未来报酬的总现值正好等于该方案原投资额的现值。其实质就是一种能使投资方案的净现值等于零的折现率。它是考核投资方案优劣的一项动态指标。

内含报酬率法是指根据投资方案的内含报酬率来确定投资方案是否可行，并选出最优方案的方法。在净现值等于零的状态下，内含报酬率与资金成本对比，如果内含报酬率大于资金成本，方案可以接受；反之，方案就不可以接受。若干个方案比较，以内含报酬率最大的投资方案为最优方案。

4. 五种方法的计算要求和计算结果综合概括如下表所示。

决策分析方法	方法所用主要指标	主要优点	主要缺陷	方法评价标准
平均投资报酬率法	平均净利	简明、方便	①没有考虑货币时间价值；②没有考虑投资项目使用年限	越高越好
回收期法	现金净流量	简明方便易于理解	①没有考虑货币时间价值；②没有从投资项目全部期间收益考虑	越短越好
净现值法	NCF现值	考虑了货币时间价值	①不能用于不同投资额的评价；②不知预期收益大小	NPV > 0 可行，越大越好
现值指数法	NCF现值	①考虑了货币时间价值；②可用于不同投资额方案对比	不知预期收益率大小	PVI > 1 可行，越大越好
内含报酬率法	折现率	①考虑了货币时间价值；②可用于不同投资额方案的比较；③知道预期收益率大小	①只能在常规条件下使用；②计算繁琐工作量大	IRR > 资金成本可行，越大越好

在以上五种计算方法中，后三种都是通过投资的成本与收益(报酬)的比较，并结合货币时间价值和投资风险价值来对各该投资方案的经济效益进行评价的。它们各有特点：

(1)净现值法的比较是用减法，即：

$$未来报酬的总现值 - 原投资额的现值 = 净现值$$

(2)现值指数法的比较是用除法，即：

$$\frac{未来报酬的总现值}{原投资额的现值} = 现值指数$$

(3)内含报酬率法的比较是通过使未来报酬的现值与原投资额的现值相等的原理，来求出投资方案本身实际能达到的投资报酬率。

这三个指标都属于动态正指标，而且它们之间存在以下数量关系，即：

当 NVP > 0 时，PVI > 1，IRR > i

当 NPV = 0 时，PVI = 1，IRR = i

当 NPV < 0 时，PVI < 1，IRR < i

其中：i 为资金成本。

六、计算题

1. 解：

投资方案现金净流量表　　　　　　　　单位：万元

年份	甲方案累计现金净流量	乙方案累计现金净流量
0	−1 000	−1 000
1	−1 000	−1 000
2	−800	−690
3	−600	−380
4	−400	−70
5	−200	130
6	0	330
7	200	530
8	400	730

甲方案投资回收期＝6（年）

乙方案投资回收期＝4+70 /200＝4.35（年）

∵ 4.35 ＜ 6

∴ 乙方案可行

2. 解：

甲方案年平均投资报酬率＝3 200 /10 000× 100%＝32%

乙方案年平均投资报酬率＝（3 800+3 560+3 320+3 080+7 840)/5÷ 15 000×100%

　　　　　　　　　＝28.8%

3. 净现值（A）＝（11 800× 0.909 1+13 240÷0.826 4)−20 000

　　　　　＝21 669−20 000

　　　　　＝1 669（元）

净现值（A）＝（1 200×0.909 1+6 000×0.826 4+60 000×0.751 3)−9 000

　　　　　＝10 557−9 000

　　　　　＝1 557（元）

净现值（A）＝（4 600×2.487)−12 000

　　　　　＝11 440−12 000

　　　　　＝−560（元）

4. 解：NCF（1−5）＝10+（55−15）/5＝18（万元）。NCF（5）＝15（万元）；

　　NCF（0）＝−55（万元）

（1）NPV＝18×3.791+15×0.621−55＝22.53（万元）

（2）PI＝（18×3.791+15×0.621）/55＝1.41

（3）取 $i=15\%$

NPV=18×3. 352+15×0. 497 2-55=12. 794(万元)

取 $i=20\%$

NPV=18×2. 990 6+15×0. 401 9-55=4. 859 3(万元)

取 $i=24\%$

NPV=18×2. 745 4+15×0. 341 1-55=-0. 466 3(万元)

因此 IRR=20%+(24%-20%)×(4. 859 3)/(4. 859 3+0. 466 3)=23. 65%

5. （1）确定该设备的现金流量 NCF(0)=-10(万元)

年折旧额=10×(1-10%)/5=1.8(万元)

NCF(1-5)=(8-2-1. 8)×(1-30%)+1. 8=4. 74(万元)

NCF(5)=2-(2-1)×0. 3=1. 7(万元)

（2）NPV=-10+4. 74×3. 791+1. 7×0. 621=9. 025 04(万元)

6. 解：方法（一）

（1）旧设备的 NCF 如下：

NCF(0)=-10 000(元)

NCF(1-5)=(50 000-30 000-4 000)×(1-40%)+4 000=13 600(元)

NPV=13 600×3. 791-10 000=41 557. 6(元)

（2）新设备的 NCF 如下：

NCF(0)=-60 000(元)

NCF(1-5)=(80 000-40 000-10 000)×(1-40%)+10 000=28 000(元)

NCF(5)=10 000(元)

NPV=-60 000+28 000×3. 791+10 000×0. 621=52 358(元)

因为：52 538-41 557. 6=10 800. 4>0，所以应以新设备替换旧设备。

方法（二）——差量净现值法（新旧设备使用年限相同）

（1）分别计算初始投资与折旧的现金流量差量：

初始投资差额=60 000-10 000=50 000(元)；折旧差额=10 000-4 000=60 000(元)

（2）计算各年营业现金流量差量：

单位：元

项　　目	新设备	旧设备	差额
销售收入　　（1）	80 000	50 000	30 000
付现成本　　（2）	40 000	30 000	10 000
折旧额　　　（3）	10 000	4 000	6 000
税前净利（4）=（1）-（2）-（3）	30 000	16 000	14 000
所得税（5）=（4）×40%	12 000	6 400	5 600
税后净利（6）=（4）-（5）	18 000	9 600	8 400
营业现金净流量（7）=（6）+（3）	28 000	13 600	14 400

（3）计算差额净现值：

$\Delta NPV = 14\ 400 \times 3.791 + 10\ 000 \times 0.621 - 50\ 000 = 10\ 800$（元）$> 0$，所以方案可行。

7. 解：方法（一）——比较新旧设备的总成本现值

旧设备总成本的现值 $= 60\ 000 + 15\ 000 \times (P/A,\ 10\%,\ 5) - 14\ 000 \times (P/S,\ 10\%,\ 5)$

$= 108\ 171$（元）

新设备总成本的现值 $= 100\ 000 + 10\ 000 \times (P/A,\ 10\%,\ 5) - 20\ 000 \times (P/S,\ 10\%,\ 5)$

$= 125\ 490$（元）

新设备总成本的现值－旧设备总成本的现值 $= 125\ 490 - 108\ 171 = 17\ 319 > 0$（元）

所以应继续使用旧设备。

方法（二）——比较新旧设备的差额总成本的现值（新－旧）若> 0，则使用旧设备，反之则使用新设备

差额总成本的现值 $= 40\ 000 + (-5\ 000) \times (P/A,\ 10\%,\ 5) - 6\ 000 \times (P/A,\ 10\%,\ 5)$

$= 17\ 319$（元）

8. 第 0 年 $= -620$（万元）

第 1—5 年 $= 152$（万元）

第 6 年 $= 172$（万元）

9. $S = 57\ 180$（元）　$P = 22\ 042.89$（元）

10. 甲产品净现值 $= 205\ 010$（元）

乙产品净现值 $= 232\ 670$（元）

所以，生产乙产品有利。

11. 方案可行

12. 回收期 $= 4$ 年，年平均投资报酬率 $= 25\%$

13. 14.98%

14. A 方案：净现值 $= 8.84$（万元）

现值指数 $= 1.441$

内含报酬率 $= 28.74\%$

回收期 $= 2.5$（年）

B 方案：净现值 $= 9.297$（万元）

现值指数 $= 1.46$

内含报酬率 $= 31.55\%$

回收期 $= 2.13$（年）

所以，选 B 方案。

15. 如继续使用旧设备：

平均年成本 $= $ 总成本$/(P/A,\ 10\%,\ 4)$

$= (12\ 000 - 3\ 484.24 + 15\ 679.08)/4.355$

$= 5\ 555.26$（元）

改用新设备：

平均年成本＝总成本/$(P/A,10\%,8)$

$\qquad$ ＝$(30\ 000-933-7\ 468.8+19\ 205.64)/5.335$

$\qquad$ ＝$7\ 648.46(元)$

$\qquad$ 因此，不应更新。

学习情境九 | # 证券投资决策

第一部分 学习指导

一、学习目的与要求

本学习情境主要内容包括证券投资的基本概念；证券投资的风险与收益率；证券投资决策；证券投资组合。

通过本学习情境的学习，要求学生能够领会证券投资的含义；能够描述企业证券投资的主要风险和进行投资决策的相关因素分析；能够掌握证券投资中一般情况下证券投资收益的计算和一般情况下债券、股票的估价计算。同时能根据学习情境设计的需要查阅有关资料；能够结合企业个案，科学寻找和分析其证券投资活动的主要投资渠道和主要风险点并采取相应措施进行控制。

二、重难点解析

(一)证券投资基本概念

证券是根据一国政府的有关法律法规发行的，票面载有一定金额、各类记载并代表一定权利的法律凭证，代表财产所有权或债权，并表明证券持有人有权按券面规定的条件取得权益，可以有偿转让的凭证。证券必须具备两个基本特征，一是法律特征，二是书面特征，凡同时具备上述两个特征的书面凭证才可称为证券。证券具有流动性、收益性、风险性三个基本特点：

1. 流动性，又称变现性，是指证券可以随时抛售取得现金。

2. 收益性，是指证券持有者凭借证券可以获得相应的报酬。证券收益一般由当前收益和资本利得构成，以股息、红利或利息所表示的收益称为当前收益；由证券价格上升(或下降)而产生的收益(或亏损)称为资本利得或差价收益。

3. 风险性，是指证券投资者达不到预期的收益或遭受各种损失的可能性。

证券投资有可能获得收益，更有可能带来损失，具有很强的不确定性。

证券投资，是指企业为获取投资收益或特定经营目的而买卖有价证券的一种投资行为。证券投资是企业对外投资的重要组成部分，科学地进行证券投资管理，能增加企业收益，降低风险，有利于财务管理目标的实现。它具有投资方便、变现能力强等特点。科学地进行证券投资，可以充分地利用企业的闲置资金，增加企业的收益，减少风险，有利于实现企业的财务目标。

（二）证券投资的分类

1. 债券投资

债券投资是指企业将资金投向各种各样的债券，例如，企业购买国库券、公司债券和短期融资券等都属于债券投资。与股票投资相比，债券投资能获得稳定收益，投资风险较低。当然，也应看到，投资于一些期限长、信用等级低的债券，也会承担较大风险。

2. 股票投资

股票投资是指企业将资金投向其他企业所发行的股票，将资金投向优先股、普通股都属于股票投资。企业投资于股票，尤其是投资于普通股票，要承担较大风险，但在通常情况下，收益也相对较高。

3. 证券投资基金

证券投资基金是指通过发行基金单位，集中投资者的资金，由基金托管人托管，由基金管理人管理和运用资金，按照利益共享、风险共担的原则专门投资于股票、债券等金融工具的基金。

基金按受益凭证可分封闭式基金和开放式基金。封闭式基金在信托契约期限未满时，不得向发行人要求赎回，分红方式普遍采取年终分红；开放式基金投资者可以随时要求基金公司收购所买基金（即"赎回"），当然目标应该是卖出价高于买入价，同时在"赎回"的时候，要承担一定的手续费，分红方式根据行情和基金收益状况，不定期分红。

4. 组合投资

组合投资又叫证券投资组合，是指企业将资金同时投资于多种证券，例如，既投资于国库券，又投资于企业债券，还投资于企业股票。组合投资可以有效地分散证券投资风险，是企业等法人单位进行证券投资时常用的投资方式。

（三）证券投资的目的

1. 为盈利而进行证券投资。
2. 与筹集长期资金相配合。
3. 为保证未来的资金支付进行证券投资。
4. 满足季节性经营对现金的需求。
5. 进行多样化投资，分散投资风险。
6. 为影响或控制某一企业而进行证券投资。

（四）证券投资风险

1. 系统性风险

系统性风险是指某些因素给市场上所有的证券都带来影响的风险，是与市场的整体运动相关联的。

系统性风险的特点有三点：

（1）共同性。系统性风险对所有证券的收益产生影响，尽管影响程度不同，所以又叫共同性风险。

（2）不可回避性。风险因素来自于上市公司的外部，公司无法抗拒和回避系统性风险，因而购买证券的投资者也无法回避，因此又叫不可回避风险。

（3）不可分散性。这样的风险造成的损失不能通过多样化投资来分散，因此又称为不可分散风险。

系统性风险的主要来源：

（1）宏观经济风险。

（2）政策风险。

（3）市场风险。

（4）购买力风险。

（5）利率风险。

2. 非系统风险

非系统风险，是指个别事件和因素只对某个行业或个别公司的证券产生影响的风险。基本上其只同某个具体的股票、债券相关联，而与其他有价证券无关，也就同整个市场无关，一般可通过分散投资来抵消，故又称可分散风险。这种风险来自于企业内部的微观因素，因而也称为"微观风险"。

非系统风险主要有：信用风险、经营风险、财务风险和个股投机风险。

（五）证券投资收益率的计算

企业进行证券投资的主要目的是获得投资收益。证券收益包括证券交易现价与原价的价差以及定期的股利或利息收益。收益的高低是影响证券投资的主要因素。证券投资的收益有绝对数和相对数两种表示方法，在财务管理中通常用相对数，即收益率来表示。

（六）短期证券收益率

一般不用考虑时间价格因素，只需考虑证券价差及利息，将其与投资额相比较，即可求出证券收益率。其基本的计算公式为：

$$K = \frac{S_1 - S_0 + P}{S_0} \times 100\%$$

（七）长期证券收益率

长期证券收益率一般是指购进证券后一直持有至出售日可获得的收益率。

$$差价收益率 = \frac{平均卖出净收入 - 平均买入成本}{平均买入成本} \times 100\%$$

(八)债券估价的基本模型(分期付息、到期还本的债券内在价值的计算)

典型的债券是固定利率、每年计算并支付利息即分期付息、到期归还本金。在此情况下,按复利方式计算。

债券价值的基本模型是:

$$P = \sum_{t=1}^{n} \frac{iF}{(1+K)t} + \frac{F}{(1+K)n}$$
$$= FI(P/A, k, n) + F(P/F, k, n)$$

(九)股票估价的基本模型

在一般情况下,投资者投资于股票,不仅希望得到股利收入,还希望在未来出售股票时从股票价格的上涨中获得好处。此时的股票估价模型为:

$$V = \left[\sum dt \div (1+i)^t \right] + \left[Vn \div (1+i)^t \right]$$

(十)证券投资组合

证券投资组合又叫证券组合,是指在进行证券投资时,不是将所有的资金都投向单一的某种证券,而是有选择地投向一组证券。

三、内容提要

(一)证券投资的基本概念

1. 证券投资的基本概念
2. 证券投资的分类
3. 证券投资的目的
4. 证券投资的一般程序

(二)证券投资的风险与收益率

1. 证券投资的风险
2. 证券投资收益率的计算
3. 证券风险与收益的确认

(三)证券投资决策

1. 影响证券投资决策的因素分析
2. 企业债券投资决策
3. 企业股票投资
4. 投资基金

5. 短期投资决策

(四)证券投资组合

1. 证券投资组合的概念
2. 证券投资组合的风险与收益率

第二部分　习　　题

一、名词解释

1. 证券投资

2. 证券投资基金

3. 系统性风险

4. 信用风险

5. 流动性风险

6. 债券持有期收益率

二、单项选择题

1. 当投资期望收益率等于无风险收益率时,风险系数应(　　)。
   A. 大于1　　　　　　　　　　　　B. 等于1
   C. 小于1　　　　　　　　　　　　D. 等于0
2. 一张面额为100元的长期股票,每年可获利10元,如果折现率为8%,则其估价为(　　)元。
   A. 100　　　　　　　　　　　　　B. 125
   C. 110　　　　　　　　　　　　　D. 80
3. 假定某项投资的风险系数为5,无风险收益率为10%,市场平均收益率为20%,

其期望收益率为( )。

  A. 15%   B. 25%

  C. 30%   D. 20%

4. 非系统风险( )。

  A. 归因于广泛的价格趋势和事件   B. 归因于某一投资企业特有的价格或事件

  C. 不能通过投资组合得以分散   D. 通常是以 β 系数进行衡量的

5. 当两种证券完全正相关时，由此所形成的证券组合( )。

  A. 能适当地分散风险

  B. 不能分散风险

  C. 证券组合风险小于单项证券风险的加权平均

  D. 可分散掉全部风险

6. 在债券投资中，通货膨胀带来的风险是( )。

  A. 违约风险   B. 利息率风险

  C. 社会经济衰退   D. 流动性风险

7. 债券投资中，债券发行人无法按期支付利息或本金的风险称为( )。

  A. 利率风险   B. 违约风险

  C. 购买风险   D. 流动性风险

8. 已知某证券的 β 系数等于1，则表明该证券( )。

  A. 无风险   B. 有非常低的风险

  C. 与金融市场所有证券平均风险一样 D. 比金融市场所有证券平均风险高一倍

9. β 系数可以衡量( )。

  A. 个别公司股票的市场风险   B. 个别公司股票的特有风险

  C. 所有公司股票的市场风险   D. 所有公司股票的特有风险

10. 不会获得太高收益，也不会承担巨大风险的证券投资组合方法是( )。

  A. 选择足够数量的证券进行组合

  B. 把风险大、中等、小的证券放在一起组合

  C. 把投资收益呈负相关的证券放在一起进行组合

  D. 把投资收益呈正相关的证券放在一起进行组合

11. 茂华公司购入一种准备永久性持有的股票，预计每年股利为3元，购入此种股票应获得报酬率为10%，则其价格为( )元。

  A. 20   B. 30

  C. 35   D. 40

12. 股票收入稳定，持有时间非常长情况下的股票估价模型是( )。

  A. $V=d_1/(K-g)$ B. $V=d/K$

  C. $V=K/d$ D. $V=dt/(1+K)t+Vn/(1+K)n$

13. 下列因素引起的风险，企业可以通过多元化投资予以分散的是( )。

  A. 通货膨胀   B. 技术革新

  C. 社会经济衰退   D. 市场利率上升

14. 两种股票完全负相关时，把这两种股票合理地组合在一起( )。
    A. 能分散掉全部风险
    B. 不能分散风险
    C. 能分散掉一部分风险
    D. 分散的风险视两种股票的组合比例而定

15. 某公司购买某种股票，面值 14 元，市价 35 元，持有期间每股获现金股利 5.60 元，一个月后售出，售价为 42 元，则投资收益率为( )。
    A. 16%
    B. 20%
    C. 40%
    D. 36%

16. 企业财务部门进行短期证券投资时，应投资于( )的股票和债券。
    A. 风险低、流动性强
    B. 风险低、流动性弱
    C. 风险高、流动性强
    D. 风险高、流动性弱

17. 两种股票的相关系数等于-1 时，则( )。
    A. 两种股票收益变化完全相同
    B. 两种股票收益变化刚好相反
    C. 若把两种股票组合成证券组合，可分散掉一部分系统性风险
    D. 若把此两种股票组合成证券组合，系统性风险将被完全分散掉

18. 假定无风险投资收益率为4%，市场平均收益率为8%，某项资产的投资风险系数为1.5，则该项资产的期望收益率为( )。
    A. 10%
    B. 6%
    C. 18%
    D. 16%

19. 两种股票完全正相关时，则把这两种股票组合在一起时( )。
    A. 能适当地分散风险
    B. 能分散掉全部风险
    C. 只能分散非系统风险
    D. 不能分散风险

20. 减少债券利率风险的方法是( )。
    A. 持有单一债券
    B. 持有多种债券
    C. 集中债券的到期日
    D. 分散债券的到期日

21. 关于 β 系数，下列叙述错误的是( )。
    A. 某股票 β 值大于 1，则其风险大于平均市场风险
    B. 某股票 β 值等于 1，则其风险等于市场平均风险
    C. 某股票 β 值小于 1，则其风险小于市场平均风险
    D. β 值越小，该股票收益率越高

三、多项选择题

1. 对外证券投资的风险主要有( )。
    A. 违约风险
    B. 利息率风险
    C. 购买力风险
    D. 流动性风险

2. β 系数是衡量风险大小的重要指标，下列表述正确的有( )。
    A. β 越大，说明此证券无风险
    B. 某股票 $\beta=0$，说明此证券无风险

C. 某股票 $\beta = 1$，说明其风险等于市场的平均风险

D. 某股票 $\beta > 1$，说明其风险大于市场的平均风险

3. 由影响所有的因素引起的风险，可以称为（　　）。

    A. 可分散风险　　　　　　　　　　B. 市场风险

    C. 不可分散风险　　　　　　　　　D. 系统性风险

4. 按照投资的风险分散理论，以等量资金投资于 A、B 两项目（　　）。

    A. 若 A、B 项目完全负相关，组合后的风险完全抵消

    B. 若 A、B 项目完全负相关，组合后的风险不扩大也不减少

    C. 若 A、B 项目完全正相关，组合后的风险完全抵消

    D. 若 A、B 项目完全正相关，组合后的风险不扩大也不减少

5. 按照资本资产定价模式，影响特定股票预期收益率的因素有（　　）。

    A. 无风险的收益率　　　　　　　　B. 平均风险股票的必要收益率

    C. 特定股票的 β 系数　　　　　　　D. 财务杠杆系数

6. 证券投资的收益包括（　　）。

    A. 现价与原价的价差　　　　　　　B. 股利收益

    C. 债券利息收益　　　　　　　　　D. 出售收入

7. 债券投资的优点主要有（　　）。

    A. 本金安全性高　　　　　　　　　B. 收入稳定性强

    C. 投资收益较高　　　　　　　　　D. 市场流动性好

8. 股票投资的缺点有（　　）。

    A. 购买力风险高　　　　　　　　　B. 求偿权居后

    C. 价格不稳定　　　　　　　　　　D. 收入稳定性强

9. 债券投资风险包括（　　）。

    A. 违约风险　　　　　　　　　　　B. 利率风险

    C. 购买力风险　　　　　　　　　　D. 变现力风险

10. 影响股票的价格因素有（　　）。

    A. 预期股利　　　　　　　　　　　B. 市场利率

    C. 社会经济环境　　　　　　　　　D. 违约风险

11. 评价债券收益水平的指标是（　　）。

    A. 债券票面利率　　　　　　　　　B. 债券价值

    C. 债券到期前年数　　　　　　　　D. 到期收益率

12. 下述有关系统风险和非系统风险的说法正确的是（　　）。

    A. 系统性风险又叫市场风险、不可分散风险

    B. 系统性风险不能用多元化投资来分散，只能靠更高的报酬率来补偿

    C. 非系统风险是每个公司特有的风险，可通过多元化投资分散

    D. 非系统风险源于公司自身的商业活动和财务活动，表现为个股报酬率变动脱离整个股市平均报酬率变动

13. 按照资本资产定价模型，影响特定股票预期收益率的因素有（　　）。

    A. 无风险的收益率   B. 平均风险股票的必要收益率

    C. 特定股票的 β 系数   D. 经营杠杆系数

14. 证券投资组合常见的方法有( )。

    A. 把投资收益呈正相关的证券放在一起组合

    B. 把投资收益呈负相关的证券放在一起组合

    C. 把风险大、中等、小的证券放在一起组合

    D. 选择成长股和绩优股

四、判断题

1. 当风险系数等于 0 时，表明投资无风险，期望收益率等于市场平均收益率。( )

2. 投资者可以根据投资经济价值与当前证券市场价格的比较决定是否进行证券投资。( )

3. 一般来说，长期投资的风险要大于短期投资。( )

4. 证券组合风险的大小，等于组合中各个证券风险的加权平均。( )

5. 就风险而言，从大到小的排列顺序为：公司证券、金融证券、政府证券。( )

6. 一般而言，银行利率下降，证券价格下降；银行利率上升，证券价格上升。( )

7. 在计算长期证券收益率时，应该考虑资金时间价值因素。( )

8. 任何证券都可能存在违约风险。( )

9. 投资者选择证券的标准包括价值标准和收益率标准。( )

10. 企业进行公司债券投资既面临商品市场风险，也面临金融市场风险。( )

11. 避免债券违约风险的方法是分散债券到期日。( )

12. 如果两种股票的相关系数等于 1，则这两种股票即使经过合理组合，也不能达到分散风险的目的。( )

13. 股票的市盈率越高，表明投资者对公司未来越有信心，其风险越小。( )

14. 在通货膨胀期间，购买力风险对于投资者相当重要，一般说来，预期报酬率会上升的资产其购买力风险会低于报酬率固定的资产。( )

15. 股票价格会随经济形势和公司的经营状况而升降，总的趋势一般是上升的。( )

16. β 系数反映个别股票相对于平均风险股票的变动程序，它可以衡量个别股票的市场风险，即某公司的特有风险。( )

17. 某种证券的 β 系数为 0，说明该证券无风险。( )

18. 证券组合投资所需要补偿的风险只是系统性风险。( )

五、简答题

1. 证券投资的目的有哪些？

2. 简述系统性风险的主要来源。

3. 购买力风险的传播方式有哪些？

4. 什么是财务风险？形成财务风险的因素主要包括哪些方面？

六、计算及分析题

1. 无风险证券的报酬率为 7%，市场证券组合的报酬率为 13%。

要求：

（1）计算市场风险报酬率；

（2）如果某一投资计划的 β 系数为 0.8，其短期的报酬率为 12%，判断是否应该投资；

（3）如果某证券的必要报酬率是 16%，计算其 β 系数。

2. 广深公司准备对一种股利固定增长的普通股股票进行长期投资，基年股利为 8 元，估计年股利增长率为 4%，该公司期望的收益率为 12%。

要求：计算该股票的价值。

3. 某公司的普通股基年股利为 6 元，估计年股利增长率为 6%，期望的收益率为 15%，打算 2 年以后转让出去，估计转让价格为 30 元。

要求：计算普通股的价值。

4. 某企业于 2007 年 3 月 8 日投资 850 元购进一张面值 1 000 元，票面利率 8%，每年付息一次的债券，并于 2008 年 3 月 8 日以 900 元的价格出售。

要求：计算该债券的投资收益率。

5. 万恒公司在 2005 年 5 月 1 日投资 600 万元购买 A 种股票 200 万股，在 2006 年、2007 年和 2008 年的 4 月 30 日每股各分得现金股利 0.3 元、0.5 元和 0.6 元，并于 2008 年

5月1日以每股4元的价格将股票全部售出。

要求：计算该项投资的投资收益率。

6. 兴达公司持有A、B、C三种股票构成的证券组合，其 β 系数分别是1.8、1.5和0.7，在证券组合中所占的比重分别为50%、30%和20%，股票的市场收益率为15%，无风险收益率为12%。

要求：计算该证券组合的风险收益率。

7. 某企业欲将部分闲置资金对外投资，可供选择的A、B两公司股票的报酬率及其概率分布情况如下表所示：

A、B公司股票报酬率及概率分布

经济概况	概率分布(P_i)	报酬率(k_i)	
		A公司	B公司
繁　荣	0.20	40%	70%
一　般	0.60	20%	20%
衰　退	0.20	0	−30%

要求：

(1)分别计算A、B公司的期望报酬率；

(2)分别计算A、B公司的标准离差；

(3)若想投资于风险较小的公司，作出你的合理选择。

8. 某股票为固定成长股，其成长率为2%，预期第一年后的股利为4元，假定目前国库券收益率为8%，平均风险股票的必要收益率为16%，该股票的 β 系数为1.2，那么该股票的价值等于多少？

9. 某公司在2004年1月1日平价发行新债券，每张面值1 500元，票面利率为10%，5年到期，每年12月31日付息，问：

（1）假定 2008 年 5 月 3 日的市场利率下降到 7%，那么此时该债券的价值是多少？

（2）假定 2008 年 1 月 1 日的市价为 1 375 元，此时购买该债券的到期收益率是多少？

（3）假定 2006 年 1 月 1 日的市场利率为 12%，债券市价为 1 425 元，你是否购买该债券？

（4）该债券 2009 年 1 月 1 日的到期收益率为多少？

10. 某公司持有某种股票，其投资最低报酬率为 12%，预期该股票未来 4 年股利将以 18% 的增长率增长，此后年增长率为 10%，该种股票最近支付股利为 4 元。

要求：计算该股票内在价值。

11. 某公司持有甲债券还有 4 年到期，其面值为 1 000 元，票面利率为 8%，每年付息一次。

要求：

（1）若该债券当前市价为 825 元，请计算出债券到期的收益率。

（2）若当前你以为的期望报酬率应为 10%，回答你是否会以 825 元价格购入该债券，并说明理由。

12. 某公司投资组合中有 5 种股票，所占比例分别为 30%、20%、20%、15%、15%；其 β 系数分别为 0.8、1、1.4、1.5、1.7；平均风险股票的必要收益率为 16%，无风险收益率为 10%。

试求：

（1）各种股票的预期收益率。

（2）该投资组合的预期收益率。

（3）投资组合的综合 β 系数。

13. 嘉华公司于 2005 年 3 月购入某股票 1 000 股，每股市价 28 元，持有期间每股获现金股利 2 元，2006 年 3 月将其出售，售价 27 元，试计算该短期投资的收益率。

第三部分　参 考 答 案

一、名词解释

1. 证券投资，是指企业为获取投资收益或特定经营目的而买卖有价证券的一种投资行为。

2. 证券投资基金(以下简称基金)，是指通过发行基金单位，集中投资者的资金，由基金托管人托管，由基金管理人管理和运用资金，按照利益共享、风险共担的原则专门投资于股票、债券等金融工具的基金。

3. 系统性风险，是指某些因素给市场上所有的证券都带来影响的风险，是与市场的整体运动相关联的。

4. 信用风险又称违约风险，指证券发行人在证券到期时无法按期支付利息或偿还本金而使投资者遭受损失的风险。

5. 在投资人想出售有价证券获取现金时，证券不能立即出售的风险，叫流动性风险。

6. 债券持有期收益率，是指投资者买入债券后持有一段时间，在债券到期之前将债券出售所得到的收益率。

二、单项选择题

1. D	2. B	3. B	4. B	5. B	6. C
7. B	8. C	9. A	10. B	11. B	12. B
13. B	14. A	15. D	16. A	17. B	18. A
19. D	20. D	21. D			

三、多项选择题

1. ABCD	2. ACD	3. BCD	4. AD	5. ABC	6. ABC
7. ABD	8. BC	9. ABCD	10. ABC	11. BD	12. ABCD
13. ABC	14. BC				

四、判断题

1. ×	2. √	3. √	4. ×	5. √	6. ×
7. √	8. √	9. √	10. √	11. ×	12. √
13. ×	14. √	15. √	16. ×	17. ×	18. √

五、简答题

1. 企业、特别是生产经营型企业一般不应把追求最大化利润作为自己进行证券投资的主要目的(当然，这并不是说进行证券投资不要追求尽可能多的利润)，而应把证券投资作为实现企业整体目标的手段之一，围绕企业的整体目标规划自身的证券投资行为。一般来讲，常见的企业证券投资的目的主要有如下几种：

（1）为盈利而进行证券投资

为了充分利用这些资金，企业也可以将其投资于证券市场，持有一定量的有价证券，以替代较大量的非盈利的现金余额，并在现金流出超过现金流入时，将有价证券售出，以增加现金，争取获得较高的收益。

（2）与筹集长期资金相配合

暂时不用的资金可投资于有价证券，以获取一定收益，而当企业进行投资需要资金时，则可卖出有价证券，以获得现金。

（3）为保证未来的资金支付进行证券投资

为保证企业生产经营活动中未来的资金需要（如为了保证某些不可延展的债务的按时偿还），企业可以事先将一部分资金投资于债券等到收益稳定的证券，只要经过适当的投资组合，这种证券投资可以保证投资者在未来某一时期或某一期间内得到稳定的现金收入，从而保证届时企业的资金支付。

（4）满足季节性经营对现金的需求

（5）进行多样化投资，分散投资风险

为减少投资风险，企业需要进行适度的多样化投资。在某些情况下，直接进行实业方面的多样化投资有一定的困难，而利用证券市场，则可以较方便地达到投资于其他行业、使投资对象多样化的目的。

（6）为影响或控制某一企业而进行证券投资

企业为扩大自己的经营范围、市场份额或影响力，需要控制某些特定的其他企业。

2. 系统性风险主要来源：

（1）宏观经济风险。宏观经济风险是指一个国家的宏观经济发展状况对证券市场的影响。由于人们对前景看好，进入股票市场的资金会不断增多，这些因素会推动股票市场价格上扬。反之，则会出现股票市场价格上涨乏力、投资于股市的资金相对减少等情况。

（2）政策风险。政策风险是指因政府有关证券市场的政策发生重大变化、有重要的举措或法规出台引起证券市场的波动而给投资者带来的风险。

（3）市场风险。这是金融投资中最普遍、最常见的风险，这种风险来自于市场买卖双方供求不平衡。

（4）购买力风险。购买力风险也就是通货膨胀风险，是指通货膨胀、货币贬值给投资者带来实际收益水平下降的风险。通货膨胀会使证券到期或出售时所获得的货币资金的购买力降低，通货膨胀的存在使投资者的财富在货币收入增加的情况下并不一定能增值。

（5）利率风险。利率风险也称为货币风险，是指由于货币市场利率的变动引起证券市场价格的波动，从而影响证券投资收益率的变动而带来的风险。股票的收益率同货币市场利息率密切相关。

3. 购买力风险的传播方式有四条：

一是实际投资收益被直接抵消。

二是实际生活水平下降。

三是证券价格下跌，投资者在通货膨胀的预期下，会将证券抛售，抢购实物商品，从而引起证券市场的资金供应减少，证券价格下跌，使持有证券的投资者遭受损失。

四是通货膨胀导致一些上市公司的原材料采购成本和工资费、管理费等增加，当增加幅度超过产品销售价格增长幅度时，公司的盈利水平下降，其发行的证券价格下跌，使投资者受损。

4. 财务风险，是指企业财务结构不合理所形成的风险。形成财务风险的因素主要包括以下几个方面：

（1）资本负债比例。负债经营是现代企业所必需的，这样可以用借贷资金来实现盈利，它可弥补自有资本的不足；但是如果借贷资金与自有资本超过一定比例，则财务风险增大，一旦借贷资金来源受到影响，则使整个财务发生危机。

（2）资产与负债的期限。如果一个企业用短期负债采用以短接长的方法投资于长期项目，此时风险甚大。一旦遇到收紧银根，则会使项目处于停顿甚至失败状态。

（3）债务结构。债务结构应做到债务与所需资金相一致，如果债务大于所需资金则造成成本支出增加，因此，要注意长短债务应与资金所需用期限相一致。此外还应注意债务的币种结构，并且根据实际支付币种与汇率变动随时调整币种，以减少汇率风险。

六、计算及分析题

1. （1）市场风险报酬率 = 13% − 7% = 6%

（2）必要收益率 = 7% + 0.8 × (13% − 7%) = 11.8%

　　　　由于预计报酬率大于 11.8%，可以进行投资。

（3）16% = 7% + β × (13% − 7%)

　　　则　　β = 1.5

2. 股票的价值 = $\dfrac{8 \times (1 + 4\%)}{12\% - 4\%}$ = 104（元）

3. $P = \dfrac{6 \times (1 + 6\%)}{1 + 15\%} + \dfrac{6 \times (1 + 6\%)^2}{(1 + 15\%)^2} + \dfrac{30}{(1 + 15\%)^2} = 33.32$（元）

4. 投资收益率 = $\dfrac{(900 - 850) + 1\,000 \times 8\%}{850} \times 100\% = 15.29\%$

5. 计算公式：

$$V = \sum_{i=1}^{n} \frac{D_i}{(1 + i)^j} + \frac{F}{(1 + i)^n}$$

$$600 = \frac{0.3 \times 200}{(1 + i)} + \frac{0.5 \times 200}{(1 + i)^2} + \frac{0.6 \times 200}{(1 + i)^3} + \frac{4 \times 200}{(1 + i)^3}$$

求得 $i = 23.70\%$

6. （1）β = 1.8 × 50% + 1.5 × 30% + 0.7 × 20% = 1.49

（2）RF = 1.49 × (15% − 12%) = 4.47%

7. （1）A、B 公司的期望报酬率分别为：

　　A 公司：

$$K_A = 40\% \times 0.20 + 20\% \times 0.60 + 0 \times 0.20 = 20\%$$

B 公司：

$$K_B = 70\% \times 0.20 + 20\% \times 0.60 + (-30\%) \times 0.20 = 20\%$$

（2）A、B 公司的标准离差分别为：

A 公司：

$$\sqrt{(40\% - 20\%)^2 \times 0.2 + (20\% - 20\%)^2 \times 0.6 + (0 - 20\%)^2 \times 0.2} = 12.56\%$$

B 公司：

$$\sqrt{(70\% - 20\%)^2 \times 0.2 + (20\% - 20\%)^2 \times 0.6 + (-30\% - 20\%)^2 \times 0.2} = 31.62\%$$

（3）由上可知：A 公司标准离差小于 B 公司，而标准离差越小，说明风险越小，因而，应选 A 公司。

8. 该股票的必要报酬率为：

$$K_i = R_F + \beta_P (K_m - R_F) = 8\% + 1.2 \times (16\% - 8\%) = 17.6\%$$

股票价值 $V = d_i / (K - g) = 4 / (17.6\% - 2\%) = 25.64$（元）

9.（1）债券价值 $= \dfrac{1\ 500 \times 10\%}{1 + 7\%} + \dfrac{1\ 500}{1 + 7\%} = 1\ 542$（元）

（2）$1\ 375 = \dfrac{1\ 500 \times 10\%}{1 + i} + \dfrac{1\ 500}{1 + i} \Rightarrow i = 20\%$

（3）债券价值 $P = I \times (P/A,\ i,\ n) + F \times (P/F,\ i,\ n)$

$$= 150 \times (P/A,\ 12\%,\ 3) + 1\ 500(P/F,\ 12\%,\ 3)$$

$$= 150 \times 2.401\ 8 + 1\ 500 \times 0.711\ 8$$

$$= 1\ 428\ (\text{元})$$

因为债券价值大于市价 1 425 元，故应购买。

（4）平价购入且每期付息，其到期收益率与票面利率相等，也为 10%。

10.（1）计算公司前 4 年的股利现值：

年份	股利（dt）	现值系数（12%）	现值（PV_t）
1	$4 \times (1 + 18\%) = 4.72$	0.892 9	4.21
2	$4 \times (1 + 18\%)^2 = 5.57$	0.797 2	4.44
3	$4 \times (1 + 18\%)^3 = 6.57$	0.711 8	4.68
4	$4 \times (1 + 18\%)^4 = 7.75$	0.635 5	4.92
合计			18.25

（2）计算第四年底的普通股内在价值：

$$V_4 = \frac{d_5}{K - g} = \frac{d_4 \times (1 + g)}{K - g} = \frac{7.75 \times (1 + 10\%)}{12\% - 10\%} = 426.25\ (\text{元})$$

计算其现值 $PV_4 = \dfrac{426.25}{(1 + 12\%)^4} = 270.89$（元）

（3）计算股票目前的内在价值：
$$V_0 = 270.89 + 18.25 = 289.14(元)$$

11.（1）$825 = \sum_{t=1}^{4} \dfrac{I}{(1+i)^t} + \dfrac{F}{(1+i)^4}$，可用试求法求解 i。

用简便法计算 $i = \dfrac{I+(F-P)/N}{(F+P)/2} = \dfrac{80+(1\,000-825)/4}{(1\,000+825)/2} = 13.56\%$

（2）由于债券到期收益率大于期望的报酬率（10%），故会购买该债券。理由略。

12.（1）计算各种股票的预期收益率：
$$R_1 = 10\% + 0.8 \times (16\% - 10\%) = 14.8\%$$
$$R_2 = 10\% + 1 \times (16\% - 10\%) = 16\%$$
$$R_3 = 10\% + 1.4 \times (16\% - 10\%) = 18.4\%$$
$$R_4 = 10\% + 1.5 \times (16\% - 10\%) = 19\%$$
$$R_5 = 10\% + 1.7 \times (16\% - 10\%) = 20.2\%$$

（2）计算投资组合的预计收益率：
$$R = 30\% \times R_1 + 20\% \times R_2 + 20\% \times R_3 + 15\% \times R_4 + 15\% \times R_5 = 17.2\%$$

（3）$\beta = 30\% \times 0.8 + 20\% \times 1 + 20\% \times 1.4 + 15\% \times 1.5 + 15\% \times 1.7 = 1.2$

13. 收益率 $= \dfrac{27-28+2}{28} \times 100\% = 3.6\%$

学习情境十 | # 财 务 预 算

第一部分 学习指导

一、学习目的与要求

本学习情境主要涉及财务预算的相关概念及财务预算的构成。学习本学习情境要求能够掌握财务预算的构成内容，了解弹性预算、零基预算和滚动预算的特征和编制方法。掌握预计利润表、预计资产负债表的编制方法。能够运用财务预算管理的原理与方法，结合企业实际经营活动的特点，选用合适的编制方法。

二、重难点解析

(一)财务预算的概念

预算是将资源分配给特定活动的数字性计划，是一种详细的收支安排。财务预算是指运用科学的技术手段和数量方法，对未来财务活动的内容及指标所进行的具体规划，是专门反映企业未来一定期限内预计财务状况和经营成果以及现金收支等价值指标的各种预算的总称。

(二)财务预算的作用和体系

1. 财务预算的作用

财务预算是企业全面预算体系中的组成部分，它在全面预算体系中有以下重要作用：

第一，财务预算使决策目标具体化、系统化和定量化。

在现代企业财务管理中，财务预算全面、综合地协调、规划企业内部各部门、各层次的经济关系与职能，使之统一服从于未来经营总体目标的要求；同时，财务预算又能使决策目标具体化、系统化和定量化，能够明确规定企业有关生产经营人员各自的职责及相应的奋斗目标，做到人人事先心中有数。

财务预算作为全面预算体系中的最后环节，可以从价值方面总括地反映经营期特种决策预算与业务预算的结果，使预算执行情况一目了然。

第二，财务预算有助于财务目标的顺利实现。

通过财务预算，可以建立评价企业财务状况的标准。将实际数与预算数对比，可及时发现问题和调整偏差，使企业的经济活动按预定的目标进行，从而实现企业的财务目标。

2. 全面预算的体系

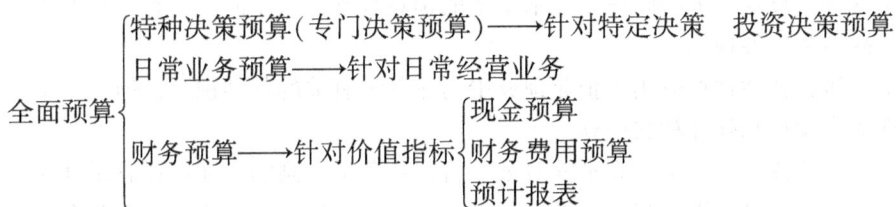

$$
\text{全面预算}\begin{cases}
\text{特种决策预算(专门决策预算)} \longrightarrow \text{针对特定决策} \quad \text{投资决策预算} \\
\text{日常业务预算} \longrightarrow \text{针对日常经营业务} \\
\text{财务预算} \longrightarrow \text{针对价值指标}\begin{cases}
\text{现金预算} \\
\text{财务费用预算} \\
\text{预计报表}
\end{cases}
\end{cases}
$$

全面预算体系是由一系列预算组成，按其经营内容和各预算前后衔接的关系，有序排列形成的一个完整体系，主要包括特种决策预算、日常业务预算和财务预算三个部分。

1. 特种决策预算

特种决策预算是指企业不经常发生的、一次性业务的预算。这类预算主要涉及长期建设项目的投资决策，故又称资本支出预算。如企业固定资产的购置、改扩建、更新等，其预算的编制必须建立在投资项目可行性研究的基础之上，以反映投资的时间、规模、收益以及资金的筹措方式。

2. 日常业务预算

日常业务预算是指与企业日常业务直接相关的、实质性的基本活动的预算。这类预算通常与企业利润表的计算有关，包括销售预算、生产预算、直接材料消耗与采购预算、直接人工预算、制造费用预算、产品成本预算、期末存货预算以及销售与管理费用预算等。

3. 财务预算

财务预算包括反映现金收支活动的现金预算、反映企业财务状况的预计资产负债表、反映企业财务成果的预计损益表和预计现金流量表等内容。这类预算通常以价值量指标综合反映企业日常业务预算和特种决策预算的结果。

企业全面预算中的各项预算之间相互联系、相互衔接，构成了一个完整的预算体系。财务预算作为全面预算体系中的最后环节，可以从价值方面总括地反映经营期决策预算与业务预算的结果。

(三)财务预算的编制方法

1. 固定预算与弹性预算

(1)固定预算

固定预算又称静态预算，是把企业预算期的业务量固定在某一预计水平上，以此为基础来确定其他项目预计数的预算方法。也就是说，不论企业预算期内业务量水平发生怎样的变动，编制财务预算所依据的成本费用和利润信息都只是在一个预定的业务量水平的基础上确定的。但是这种预算方法的最大缺点是当实际的业务量与编制预算所根据的业务量发生较大差异时，各项费用的实际数与预算数就缺少了可比的基础。于是，利用固定预算就很难正确地考核和评价企业预算的实际执行情况。所以，这种预算只能适用于业务量水平较为稳定的企业、非盈利组织、固定费用或数额比较稳定的预算项目。

（2）弹性预算

弹性预算是固定预算的对称，是在成本习性分析的基础上，以业务量、成本和利润之间的依存关系为依据，根据预算期可预见的不同业务量水平编制的能适应多种业务量的预算。由于这种预算规定了不同业务量水平下的预算收支，适用面宽，有很强的机动性，具有弹性，故称为弹性预算。

理论上讲，弹性预算适用于企业预算中与业务量有关的各种预算，但实务中主要用于编制弹性成本预算和弹性利润预算。

弹性预算的优点：固定预算是针对某一特定业务量编制的，弹性预算是针对一系列可能达到的预计业务量水平编制的。弹性预算与固定预算相比，其优点在于两个方面：其一是预算范围宽，它能够适应不同经营活动情况的变化，扩大了预算的适用范围，使预算能真正为企业经营活动服务；其二是可比性强，它能够对预算的实际执行情况进行评价与考核，便于更好地发挥预算的控制作用。

2. 增量预算和零基预算

（1）增量预算

增量预算是指在基期成本费用水平的基础上，结合预算期业务量水平及有关降低成本的措施，通过调整原有关成本费用项目而编制预算的方法。这种方法的基本假定是：第一，企业现有的每项业务活动都是企业不断发展所必需的；第二，部门的费用开支水平是全面而必需的；第三，增加费用预算是值得的。

增量预算的优点是比较简单，缺点是它以过去的水平为基础，实际上就是承认过去是合理的，无需改进，因循沿袭下去。因此往往不加分析地保留或接受原有成本项目，或按主观臆断平均削减，或只增不减，这样容易造成预算的不足，或安于现状，造成不合理的开支。为了弥补这些不足，便产生了零基预算的方法。

（2）零基预算

零基预算，或称零底预算，是指在编制预算时，对于所有的预算支出以零为基础，不考虑其以往情况如何，从实际需要与可能出发，研究分析各项预算费用开支是否必要、合理，进行综合平衡，从而确定预算费用。可见这种预算不以历史为基础进行修修补补，而是以零为出发点，一切推倒重来，零基预算因此而得名。

零基预算的优点与缺点：零基预算能对环境变化做出较快反应，能够紧密地复核成本状况，不受现有条条框框的限制，对一切费用都以零为出发点，这样不仅能压缩开支，而且能切实做到把有限的资金，用在最需要的地方，从而调动各部门人员的积极性和创造性，合理使用资金，提高效益。但不足之处在于一切支出均以零为起点，耗时巨大。为了弥补零基预算这一缺点,企业不是每年都按零基预算来编制预算的,而是每隔若干年进行一次零基预算,以后几年内略作调整,这样既减轻了预算编制的工作量,又能适当控制费用。

3. 定期预算和滚动预算

(1)定期预算

定期预算就是以会计年度为单位编制的各类预算。其优点在于能够使预算期间与会计年度相配合,便于考核和评价预算的执行结果;但这种预算的缺点也是显而易见的,主要体现在三大方面:第一,盲目性。因为定期预算多在其执行年度开始前两三个月进行,难以预测预算期后期情况,特别是在多变的市场环境下,许多数据资料只能估计,具有盲目性。第二,滞后性。由于定期预算在实施过程中不能随情况的变化而及时进行调整,当预算中所规划的各种经营活动在预算期内发生重大变化时,如预算期临时中途转产,就会造成预算的滞后性,使之成为虚假的或过时的预算。第三,间断性。定期预算只考虑一个会计年度的经营活动,即使年中修订的预算也只是针对剩余的预算期,对下一个会计年度很少考虑,形成人为的预算间断。因此,用定期预算方法编制的预算,不利于企业的长远发展。

(2)滚动预算

滚动预算又称永续预算,是指在编制预算时,将预算期与会计年度脱离,随着预算的执行不断延伸补充预算,逐期(一个月或一个季度)向后滚动,使预算期始终保持一个固定期间(十二个月或四个季度)的一种预算编制方法。其主要特点在于:不将预算期与会计年度挂钩,而是始终保持十二个月,每过去一个月,就根据新的情况进行调整和修订后几个月的预算,并在原预算基础上增补下一个月预算,从而逐期向后滚动,连续不断地以预算形式规划未来经营活动。

滚动预算的优点与缺点:与传统的定期预算方法相比,滚动预算方法的优点在于:第一,透明度高。滚动预算的编制与企业日常管理紧密衔接,能使管理人员始终掌握企业近期的动态规划目标以及远期的战略变化。第二,灵活性强。滚动预算是根据前期预算的执行情况,结合各种因素的变动及时进行调整和修订,能使预算更加切合实际。第三,连续性好。滚动预算因脱离了会计年度而不受其限制,所以它能够连续不断地规划企业未来的生产经营活动,不会造成预算的人为间断。除此以外,它还具有完整性和稳定性突出等优点。企业的生产经营活动不仅仅是连续不断的,而且是复杂的,而滚动预算能够随时修订预算,确保企业经营管理工作秩序的稳定性,充分发挥预算的指导与控制作用。不言而喻,滚动预算能克服传统定期预算的盲目性、不变性和间断性,使编制预算的工作变成了与日常管理密切结合的一项措施,但是滚动预算编制工作比较繁重,这是它的缺点。

(四)现金预算的编制

现金预算也称现金收支预算,它是以日常业务预算和专门决策预算为基础所编制的反映企业预算期间现金收支情况的预算。这里的现金是指货币资金,广义的现金预算主要反映现金收入、现金支出、现金收支差额(现金余缺)、现金筹措使用情况及期初期末现金余额。现金收入主要指经营业务活动的现金收入;现金支出除了包括直接材料、直接人工、制造费用、经营费用及管理费用方面的经营性现金支出外，还包括用于缴纳税金、股利分配方面的支出以及购买设备等资本性支出；现金收支差额与期末余额均要通过协调资金筹措及运用来调整，应在保证各项支出所需资金供应的前提下，注意保持期末现金余额在合理的上下限度内波动。

现金预算实际上是日常业务预算和专门决策预算有关现金收支部分的汇总以及收支差额平衡措施的具体计划。它的编制要以其他各项预算为基础，或者说其他预算在编制时要为现金预算做好数据准备。

（1）销售预算

销售预算是指为规划一定预算期内因组织销售活动而引起的预计销售收入而编制的一种日常业务预算。其主要内容是销售量、单价和销售收入。其中销售量是根据市场预测或销售合同并结合企业生产能力确定的，单价是通过价格决策确定的，销售收入是两者的乘积。销售预算是整个预算的出发点，也是编制其他预算的基础。

销售预算中通常还包括预计现金收入的计算，以便为编制现金预算提供必要的信息。计算公式为：

预算期经营现金收入=该期现销收入+该期回收前期的应收账款

（2）生产预算

生产预算是指为规划一定预算期内预计生产量水平而编制的一种日常业务预算。它是在销售预算的基础上分品种编制的，通常以实物量计量。生产预算的主要内容有销售量、期初存货量、期末存货量和生产量。其中销售量根据销售预算确定的，期初存货量等于上季度末存货量，因此，编制生产预算的关键在于合理预计各季度期末存货量。

预计生产量的计算公式为：

预计生产量=预计销售量+预计期末存货量−预计期初存货量

（3）直接材料预算

直接材料预算是指为规划一定预算期内直接材料消耗情况和材料采购活动而编制的，用于反映预算期直接材料的单位产品用量、生产需用量、期初和期末存量等信息的一种经营预算。该预算以生产预算、材料消耗定额和预计材料采购单价等信息为基础，并考虑期初、期末材料存货水平。

主要计算公式为：

预计采购量=生产需用量+预计期末库存量−预计期初库存量

生产需用量=预计生产量×单位产品该材料用量

公式中"单位产品该材料用量"可以根据标准单位耗用量或定额耗用量来确定；"预计期末库存量"可根据下季度生产需要量的一定比例加以确定。

此外，在编制直接材料预算后，通常要预计材料采购的现金支出，以便为编制现金预算提供信息。计算公式为：

预算期采购现金支出=该期现购材料现金支出+该期支付以前期的应付账款

（4）直接人工预算

直接人工预算是指为规划一定预算期内人工工时的消耗水平和人工成本水平而编制的一种经营预算。其主要内容有预计生产量、单位产品工时、人工总工时、每小时人工成本和人工总成本。其中预计生产量来自生产预算,单位产品工时和每小时人工成本数据来自标准成本资料,人工总工时和人工总成本可通过前几项计算得到。

其计算公式为:

$$预计人工总工时 = 预计生产量 \times 单位产品工时$$

$$预计人工总成本 = 预计人工总工时 \times 每小时人工成本$$

(5)制造费用预算

制造费用预算是指为规划一定预算期内除直接材料和直接人工预算以外预计发生的其他生产费用水平而编制的一种日常业务预算。制造费用可按变动制造费用和固定制造费用两部分内容分别编制。

变动制造费用以生产预算为基础来编制,如果有完善的标准成本资料,用单位产品的标准成本与产量相乘,即可得到相应的预算金额。如果没有标准成本资料,就需要逐项进行预计。主要计算公式为:

变动性制造费用分配率 = 预计变动性制造费用总额 ÷ 相关分配标准的预算数

某期变动性制造费用现金支出 = 该期产品预计直接人工总工时 × 变动性制造费用分配率

固定制造费用因其通常与本期产量无关,需要逐项进行预计。

(6)产品成本预算

产品成本预算是指为规划一定预算期内每种产品的成本水平而编制的一种日常业务预算。它是生产预算、直接材料预算、直接人工预算、制造费用预算的汇总。其主要内容是产品的单位成本和总成本。

单位成本的有关数据来自前三个预算,生产量、期末存货量来自生产预算,销货量来自销售预算,生产成本、期末存货成本和销售成本根据单位成本和有关数量计算得出。

(7)销售及管理费用预算

销售及管理费用预算是以销售预算为基础,在对以往费用支出的必要性、合理性以及效益性进行充分分析后,按照成本的形态分为变动性销售及管理费用和固定性销售及管理费用分别编制。其编制方法与制造费用预算类似。

(8)现金预算的编制

现金预算是指用于规划预算期现金收入、现金支出和资本融通的一种财务预算。这里的现金是指企业的库存现金和银行存款等货币资金。

编制现金预算的主要依据包括:涉及现金收入和支出的销售预算、直接材料预算、直接人工预算、制造费用预算、销售及管理费用预算及有关的专门决策预算等资料。

编制现金预算的目的在于合理地处理现金收支业务,正确地调度资金,保证企业资金的正常流转。

(9)预计利润表的编制

预计利润表是指以货币形式综合反映预算期内企业经营活动成果(包括利润总额、净利润)计划水平的一种财务预算。该预算需要在销售预算、产品成本预算、制造费用预算、销售及管理费用预算等日常业务预算以及特种决策预算的基础上编制。

(10)预计资产负债表

预计资产负债表是以货币单位反映预算期末财务状况的一种总括性预算;编制时,主要依据销售预算、生产预算、现金预算等有关数据，在预算期初数上加以分析、调整填制。其目的在于判断预算反映的财务状况的稳定性和流动性，必要时可采取相应措施。

三、内容提要

(一)财务预算的概念
(二)财务预算的作用和体系
(三)财务预算的编制方法
(四)财务预算的编制

第二部分　习　　题

一、名词解释

1. 财务预算

2. 固定预算

3. 弹性预算

4. 增量预算

5. 零基预算

6. 滚动预算

二、判断题

1. 从三大类预算的关系看，财务预算是其他预算的基础。　　　　　　　( )
2. 财务预算具有资源分配的功能。　　　　　　　　　　　　　　　　( )
3. 生产预算是编制全面预算的关键和起点。　　　　　　　　　　　　( )
4. 滚动预算又称滑动预算，是指在编制预算时，将预算期与会计年度脱离，随着预算的执行不断延伸补充预算，逐期向后滚动，使预算期永远保持为一个固定期间的一种预

算编制方法。　　　　　　　　　　　　　　　　　　　　　　　　　　　（　）

5. 弹性预算只是一种用于特殊的编制费用预算的方法。　　　　　　　　（　）

6. 编制现金预算的目的在于了解企业计划期末的银行存款余额。　　　　（　）

7. 预计资产负债表是以货币形式综合反映预算期内企业经营活动成果计划水平的一种财务预算。　　　　　　　　　　　　　　　　　　　　　　　　　（　）

8. 零基预算特别适用于产生较难辨认的服务性部门预算的编制与控制。　（　）

9. 预计资产负债表和预计利润表构成了整个财务预算。　　　　　　　　（　）

10. 弹性利润预算编制的百分比法适用于单一品种经营或采用分算法处理固定成本的多品种经营的企业。　　　　　　　　　　　　　　　　　　　　　　（　）

三、单项选择题

1. 关于预算的编制方法下列各项中正确的是（　　）。

　　A. 零基预算编制方法适用于非营利组织编制预算

　　B. 固定预算编制方法适用于产出较难辨认的服务性部门费用预算的编制

　　C. 固定预算编制方法适用于业务量水平较为稳定的企业预算的编制

　　D. 零基预算编制方法适用于业务量水平较为稳定的企业预算的编制

2. 下列项目中，能够克服定期预算缺点的是（　　）。

　　A. 固定预算　　　　　　　　　　　B. 弹性预算

　　C. 滚动预算　　　　　　　　　　　D. 零基预算

3. 随着业务量的变动作机动调整的预算是（　　）。

　　A. 滚动预算　　　　　　　　　　　B. 弹性预算

　　C. 增量预算　　　　　　　　　　　D. 零基预算

4. 固定预算编制方法的致命缺点是（　　）。

　　A. 过于机械、呆板　　　　　　　　B. 可比性差

　　C. 计算量大　　　　　　　　　　　D. 可能导致保护落后

5. 定期预算的优点是（　　）。

　　A. 远期指导性强　　　　　　　　　B. 连续性好

　　C. 便于考核预算执行结果　　　　　D. 灵活性强

6. 在下列各预算中，首先编制是的（　　）。

　　A. 生产预算　　　　　　　　　　　B. 销售预算

　　C. 直接材料预算　　　　　　　　　D. 直接人工预算

7. 编制弹性成本预算的关键在于（　　）。

　　A. 分解制造费用

　　B. 确定材料标准耗用量

　　C. 选择业务量计量单位

　　D. 将所有成本划分为固定成本与变动成本两大类

8. 编制零基预算的出发点是（　　）。

　　A. 基期的费用水平　　　　　　　　B. 历史上费用的最好水平

    C. 国内外同行业费用水平   D. 零

9. 下列各项中，只涉及实物计量单位而不涉及价值计量单位的预算是( )。

    A. 销售预算   B. 生产预算

    C. 专门决策预算   D. 财务预算

10. 在编制制造费用预算时，计算现金支出应予剔除的项目是( )。

    A. 间接材料   B. 间接人工

    C. 管理人员工资   D. 折旧费

四、多项选择题

1. 弹性预算编制方法的优点是( )。

    A. 预算范围宽   B. 可比性强

    C. 及时性强   D. 透明度高

2. 弹性成本预算的编制方法包括( )。

    A. 公式法   B. 因素法

    C. 列表法   D. 百分比法

3. 现金预算的编制基础包括( )。

    A. 销售预算   B. 投资决策预算

    C. 销售费用预算   D. 预计利润表

4. ( )是在生产预算的基础上编制的。

    A. 直接材料预算   B. 直接人工预算

    C. 产品成本预算   D. 管理费用预算

5. 滚动预算的优点包括( )。

    A. 透明度高   B. 及时性强

    C. 连续性好   D. 完整性突出

五、简答题

1. 简述增量预算与零基预算的优缺点。

2. 全面预算包括哪些内容？它们的关系如何？

六、计算题

某公司 2001 年现金预算部分数据如下表所示。假定该企业各季末的现金余额不得低于 6 000 元。

单位：元

项目	第一季度	第二季度	第三季度	第四季度	合计
期初现金余额	9 000	G	N	W	F_1
加：现金收入	A	94 000	120 000	X	406 500
可动用现金合计	89 000	H	P	119 500	G_1
减：现金支出					
直接材料	B	55 000	60 000	45 000	H_1
制造费用	34 000	30 000	Q	Y	130 000
销售费用	2 000	3 000	R	4 500	13 500
购置设备	10 000	12 000	10 000	Z	45 000
支付股利	3 000	3 000	3 000	3 000	J_1
现金支出合计	C	I	S	A_1	K_1
现金余缺	(6 000)	J	13 000	B_1	L_1
现金筹集与运用银行借款（期初）	D	K	—	—	M_1
归还本息（期末）	—	—	T	C_1	N_1
现金筹集与运用合计	E	L	U	D_1	P_1
期末现金余额	F	M	V	E_1	Q_1

要求：计算填列现金预算表中所需的项目数据。

第三部分　参考答案

一、名词解释

1. 财务预算是指运用科学的技术手段和数量方法，对未来财务活动的内容及指标所进行的具体规划，是专门反映企业未来一定期限内预计财务状况和经营成果以及现金收支等价值指标的各种预算的总称。

2. 固定预算，又称静态预算，是把企业预算期的业务量固定在某一预计水平上，以此为基础来确定其他项目预计数的预算方法。也就是说，不论企业预算期内业务量水平发生怎样的变动，编制财务预算所依据的成本费用和利润信息都只是在一个预定的业务量水平的基础上确定的。

3. 弹性预算是在成本习性分析的基础上，以业务量、成本和利润之间的依存关系为依据，根据预算期可预见的不同业务量水平编制的、能适应多种业务量的预算。

4. 增量预算是指在基期成本费用水平的基础上，结合预算期业务量水平及有关降低成本的措施，通过调整原有成本费用项目而编制预算的方法。

5. 零基预算，又称零底预算，是指在编制预算时，对于所有的预算支出以零为基础，不考虑其以往情况如何，从实际需要与可能出发，研究分析各项预算费用开支是否必要合理，进行综合平衡，从而确定预算费用。

6. 滚动预算又称永续预算，是指在编制预算时，将预算期与会计年度脱离，随着预算的执行不断延伸补充预算，逐期(一个月或一个季度)向后滚动，使预算期始终保持一个固定期间(十二个月或四个季度)的一种预算编制方法。

二、判断题

| 1. × | 2. ✓ | 3. × | 4. × | 5. × |
| 6. × | 7. × | 8. ✓ | 9. × | 10. × |

三、单项选择题

| 1. C | 2. C | 3. B | 4. B | 5. C |
| 6. B | 7. D | 8. D | 9. B | 10. D |

四、多项选择题

| 1. AB | 2. AC | 3. ABC | 4. ABC | 5. ABCD |

五、简答题

1. 增量预算的优点包括：(1)预算是稳定的，并且变化是循序渐进的；(2)经理能够在一个稳定的基础上经营他们的部门；(3)系统相对容易操作和理解；(4)遇到类似威胁的部门能够避免冲突；(5)容易实现协调预算。

增量预算的缺点在于：(1)它假设经营活动以及工作方式都以相同的方式继续下去；(2)不能拥有启发新观点的动力；(3)没有降低成本的动力；(4)它鼓励将预算全部用光以便明年可以保持相同的预算；(5)它可能过期，并且不再和经营活动的层次或者执行工作的类型有关。

零基预算的优点包括：(1)能够识别和去除不充分或者过时的行动；(2)能够促进更为有效的资源分配；(3)需要广泛的参与；(4)能够应对环境的变化；(5)鼓励管理层寻找替代方法。

零基预算的缺点在于：(1)它是一个复杂的耗费时间的过程；(2)它可能强调短期利益而忽视长期目标；(3)管理团队可能缺乏必要的技能。

2. 全面预算体系是由一系列预算组成，按其经营内容和各预算前后衔接的关系，有序排列形成的一个完整体系，主要包括特种决策预算、日常业务预算和财务预算三部分。

（1）特种决策预算

特种决策预算是指企业不经常发生的、一次性业务的预算。这类预算主要涉及长期建设项目的投资决策，故又称资本支出预算。如企业固定资产的购置、改扩建、更新等，其预算的编制必须建立在投资项目可行研究的基础之上，以反映投资的时间、规模、收益以及资金的筹措方式。

（2）日常业务预算

日常业务预算是指与企业日常业务直接相关的、具有实质性的基本活动的预算。这类预算通常与企业利润表的计算有关，包括销售预算、生产预算、直接材料消耗与采购预算、直接人工预算、制造费用预算、产品成本预算、期末存货预算以及销售与管理费用预算等。

（3）财务预算

财务预算包括反映现金收支活动的现金预算、反映企业财务状况的预计资产负债表、反映企业财务成果的预计损益表和预计现金流量表等内容。这类预算通常以价值量指标综合反映企业日常业务预算和特种决策预算的结果。

企业全面预算中的各项预算之间相互联系、相互衔接，构成了一个完整的预算体系。财务预算作为全面预算体系中的最后环节，可以从价值方面总括地反映经营期决策预算与业务预算的结果。

六、计算题

解：

$A = 8\ 000$；$B = 46\ 000$；$C = 95\ 000$；$D = 12\ 000$；$E = 12\ 000$；$F = 6\ 000$；$G = 6\ 000$；

$H = 100\ 000$；$I = 103\ 000$；$J = -3\ 000$；$K = 9\ 000$；$L = 9\ 000$；$M = 6\ 000$；$N = 6\ 000$；

$P = 126\ 000$；$Q = 36\ 000$；$R = 4\ 000$；$S = 113\ 000$；$T = 6\ 000$；$U = -6\ 000$；$V = 7\ 000$；

$W = 7\ 000$；$X = 112\ 500$；$Y = 30\ 000$；$Z = 13\ 000$；$A_1 = 95\ 500$；$B_1 = 24\ 000$；

$C_1 = 16\ 000$；$D_1 = -16\ 000$；$E_1 = 8\ 000$；$F_1 = 9\ 000$；$G_1 = 415\ 500$；$H_1 = 206\ 000$；

$J_1 = 12\ 000$；$K_1 = 406\ 500$；$L_1 = 9\ 000$；$E = 12\ 000$；$M_1 = 21\ 000$；$N_1 = 22\ 000$；

$P_1 = -1\ 000$；$Q_1 = 8\ 000$

学习情境十一 | 财 务 控 制

第一部分 学 习 指 导

一、学习目的与要求

本学习情境主要内容包括财务控制的概念、性质、作用、财务控制具体措施，重点业务活动控制中的资金运动控制以及全面预算管理控制、资产安全控制。

财务控制具体措施包括不相容职务分离控制、授权审批控制、会计系统控制、财产保护控制、预算控制、运营分析控制、绩效考评控制、重大风险预警机制。重点业务活动控制包括资金运动控制、全面预算管理控制、资产安全控制。通过本学习情境的学习，要求学生能够领会财务控制的含义、企业意义和社会意义；掌握企业财务控制的主要具体措施；能够描述、分析企业重点业务活动的主要风险点及控制措施。同时具备能根据学习情境设计的需要查阅有关资料；能够结合企业个案，科学地查找和分析其重点业务活动的主要风险点并采取相应措施进行控制的社会能力。

二、重难点解析

(一)财务控制基本概念

财务控制是指按照一定的程序和方法，确保企业及其内部机构和人员全面落实及实现财务预算的过程。财务控制是保证实现财务管理目标的关键，如果没有了财务控制，其他财务管理环节(财务预测、财务决策、财务预算)都将失去意义。

财务控制具有以下显著特点：

1. 以价值控制为手段。财务控制以实现财务预算为目标，而财务预算都是以价值形式予以反映的。

2. 以综合经济业务为控制对象。财务控制以价值为手段，可以将不同部门、不同层次和不同岗位的各种业务活动综合起来，实行目标控制。

3. 以日常现金流量控制为主要内容。因日常的财务活动过程表现为组织现金流量的过程，故控制现金流量成为日常财务控制的主要内容。

(二)财务控制具体措施

1. 不相容职务分离控制

不相容职务分离控制要求企业全面系统地分析、梳理业务流程中所涉及的不相容职务，实施相应的分离措施，形成各司其职、各负其责、相互制约的工作机制。

2. 授权审批控制

授权是指上级委派给下属一定的权力，使下属在一定的监督之下，有相当的自主权和行使权。授权实质上是将权力分派给其他人以完成特定活动的过程，它允许下属作出决策。授权控制是指各项业务的办理，必须由被批准和被授权人去执行，即单位各级人员必须获得批准或授权，才能执行正常的或特殊的业务。

授权审批控制要求企业根据常规授权和特别授权的规定，明确各岗位办理业务和事项的权限范围、审批程序和相应责任。企业应当编制常规授权的权限指引，规范特别授权的范围、权限、程序和责任，严格控制特别授权。

3. 会计系统控制

会计系统是为确认、汇总、分析、分类、记录、报告企业发生的经济业务，并操持相关资产、负债的受托责任而建立起来的各种会计记录手段、会计政策、会计核算程序、会计报告制度和会计档案管理制度的总称。

会计系统控制要求企业严格执行国家统一的会计准则制度，加强会计基础工作，明确会计凭证、会计账簿和财务会计报告的处理程序，保证会计资料真实完整。

4. 财产保护控制

财产保护控制是指为了确保企业财产物资安全、完整所采取的各种方法和措施。财产保护控制主要是针对企业的流动资产、固定资产和其他资产的控制。

5. 预算控制

预算控制是财务控制中使用较为广泛的一种控制措施。通过预算控制，使得企业经营目标转化为各部门、各个岗位以至个人的具体行为目标，作为各责任单位的约束条件，能够从根本上保证企业经营目标的实现。全面预算体系包括经营预算、资本预算和财务预算。预算控制要求企业实施全面预算管理制度，明确各责任单位在预算管理中的职责权限，规范预算的编制、审定、下达和执行程序，强化预算约束。

6. 运营分析控制

运营活动分析是综合运用企业生产、购销、投资、筹资、财务等方面的信息资料，采用不同的运营分析方法，通过因素分析、对比分析、趋势分析等，定期开展运营情况分析，全面评价一个企业的运营活动情况，揭示企业运营活动中存在的问题、矛盾，总结经验教训，为改善企业经营管理提供方向或线索。

运营分析的内容包括：财务分析及经营分析、预算分析、专项分析、综合分析。运营分析的流程为：确定分析目标、制订分析方案、搜集数据信息、分析现状、撰写分析报告。

7. 绩效考评控制

绩效考评控制要求企业科学设置业绩考核指标体系和实施绩效考评制度，对照预算指标、盈利水平、投资回报率、安全生产目标等方面的业绩指标，对企业内部各责任单位和全体员工当期业绩进行定期考核和客观评价，兑现奖惩，将考评结果作为确定员工薪酬以及职务晋升、评优、降级、调岗、辞退等的依据，强化对各部门和员工的激励与约束。

8. 重大风险预警机制

企业应当根据内部控制目标，结合风险应对策略，综合运用控制措施，对各种业务和事项实施有效控制。建立重大风险预警机制的措施包括：建立重大风险预警机构，培养危机管理人才；建立风险预警指标体系；建立重大风险预警流程。

（三）重点业务活动控制

1. 资金运动控制

资金活动是指企业筹资、投资和资金营运等活动的总称。

（1）资金活动应至少关注的主要风险

①筹资决策不当，引发资本结构不合理或无效融资，可能导致企业筹资成本过高或债务危机。

②投资决策失误，引发盲目扩张或丧失发展机遇，可能导致资金链断裂或资金使用效益低下。

③资金调度不合理、营运不畅，可能导致企业陷入财务困境或资金冗余。

④资金活动管控不严，可能导致资金被挪用、侵占、抽逃或遭受欺诈。

（2）筹资业务的会计控制

对于筹资业务，企业还应设置记录筹资业务的会计凭证和账簿，按照国家统一会计准则和制度，正确核算和监督资金筹集、本息偿还、股利支付等相关情况，妥善保管筹资合同或协议、收款凭证、入库凭证等资料，定期与资金提供方进行账务核对，确保筹资活动符合筹资方案的要求。

一是对筹资业务进行准确的账务处理。企业应按照国家统一的会计准则，对筹资业务进行准确的会计核算与账务处理，应通过相应的账户准确进行筹集资金核算、本息偿付、股利支付等工作。

二是对筹资合同、收款凭证、入库凭证等，应妥善保管。与筹资活动相关的重要文件，如合同、协议、凭证等，企业的会计部门需登记造册、妥善保管，以备查用。

三是企业会计部门应做好具体的资金管理工作，随时掌握资金情况。财会部门应编制贷款申请表、内部资金调拨审批表等，严格管理筹资程序；财会部门应通过编制借款存量表、借款计划表、还款计划表等，掌握贷款资金的动向；财会部门还应与资金提供者定期进行账务核对，以保证资金及时到位与资金安全。

四是财务部门还应协调好企业筹资的利率结构、期限结构等，力争最大限度地降低企业的资金成本。

(3)投资业务的会计控制

企业应当按照会计准则的规定,准确进行投资的会计处理。具体包括:

一是对投资项目进行准确的会计核算、记录与报告,确定合理的会计政策,准确反映企业投资的真实状况。

二是企业应当妥善保管投资合同、协议、备忘录、出资证明等重要的法律文书。

三是企业应当建立投资管理台账,详细记录投资对象、金额、期限等情况,作为企业重要的档案资料以备查用。

四是企业应当密切关注投资项目的营运情况,一旦出现财务状况恶化、市价大幅下跌等情形,必须按会计准则的要求,合理计提减值准备。企业必须准确、合理地对减值情况进行估计,而不应滥用会计估计,把减值准备作为调节利润的手段。

(4)资金营运控制的关键控制点及控制措施

资金营运内部控制的关键控制点主要包括:

一是审批控制点。审批活动关键点包括:制定资金的限制接近措施,经办人员进行业务活动时应该得到授权审批,任务未经授权的人员不得办理资金收支业务;使用资金的部门应提出用款申请,记载用途、金额、时间等事项;经办人员在原始凭证上签章;经办部门负责人、主管总经理和财务部门负责人审批并签章。

二是复核控制点。复核真实性与合法性,会计对相关凭证横向复核和纵向复核收支点,收入入账完整,支出手续完备。出纳根据审核后的相关收付款原始凭证收款和付款,并加盖戳记。

复核关键点包括:资金营运活动会计主管审查原始凭证反映的收支业务是否真实合法,经审核通过并签字盖章后才能填制原始凭证;凭证上的主管、审核、出纳和制单等印章是否齐全。

三是收付控制点。收入入账完整,支出手续完备。该控制点包括:出纳人员按照审核后的原始凭证收付款,并对已完成收付的凭证加盖戳记,并登记日记账;主管会计人员及时准确地记录在相关账簿中,定期与出纳人员的日记账核对。

四是记账控制点。资金的凭证和账簿是反映企业资金流入流出的信息源,如果记账环节出现管理漏洞,很容易导致整个会计信息处理结果失真。

记账控制点包括:记账要具有真实性,出纳人员根据资金收付凭证登记日记账,会计人员根据相关凭证登记有关明细分类账;主管会计登记总分类账。

五是对账控制点。对账是账簿记录系统的最后一个环节,也是报表生成的前一个环节,对保证会计信息的真实性起到重要作用。

对账控制点包括:账证核对、账账核对、账表核对、账实核对等。

六是银行账户管理控制点。严格按规定开立账户,办理存款、取款和结算。银行账户管理的关键控制点包括银行账户的开立、使用和撤销是否有授权,下属企业或单位是否有账外账。

七是票据与印章管理控制点。印章的保管要贯彻不相容职务分离的原则,严禁将办理资金支付业务的相关印章和票据集中由一人保管,印章要与空白票据分管,财务专用章要与企业法人章分管。

八是保管控制点。财产安全与完整，授权专人保管资金；定期、不定期盘点。

2. 全面预算管理控制

全面预算是指企业对一定期间的经营活动、投资活动、财务活动等作出的预算安排。全面预算作为一种全方位、全过程、全员参与编制与实施的预算管理模式，凭借其计划、协调、控制、激励、评价等综合管理功能，整合和优化配置企业资源，在提升企业运行效率中发挥了重要作用。

各预算执行单位的主要职责一般是：(1)提供编制预算的各项基础资料；(2)负责本单位全面预算的编制和上报工作；(3)将本单位预算指标层层分解，落实到各部门、各环节和各岗位；(4)严格执行经批准的预算，监督检查本单位预算执行情况；(5)及时分析、报告本单位的预算执行情况，解决预算执行中的问题；(6)根据内外部环境变化及企业预算管理制度，提出预算调整申请；(7)组织实施本单位内部的预算考核和奖惩工作；(8)配合预算管理部门做好企业总预算的综合平衡、执行监控、考核奖惩等工作；(9)执行预算管理部门下达的其他预算管理任务。

预算管理工作各环节的不相容岗位一般包括：预算编制与预算审批、预算审批与预算执行、预算执行与预算考核。各预算执行单位负责人应当对本单位预算的执行结果负责。在全面预算管理各个环节中，预算管理部门主要起决策、组织、领导、协调、平衡的作用。企业可以根据自身的组织结构、业务特点和管理需要，责成内部生产、市场、投资、技术、人力资源等各预算归口管理部门负责所归口管理预算的编制、执行监控、分析等工作，并配合预算管理部门做好企业总预算综合平衡、执行监控、分析、考核等工作。

3. 资产安全控制

(1)存货控制

存货控制分为取得控制、验收入库控制、仓储保管控制、领用发出控制、盘点清查控制、销售处置控制等环节。

(2)固定资产控制

固定资产控制，按其业务流程通常可以分为取得控制、验收移交控制、日常维护控制、更新改造和淘汰处置控制五个环节。

三、内容提要

(一)财务控制基本概念

(二)财务控制具体措施

(三)重点业务活动控制

1. 资金运动控制

(1)筹资业务的会计控制

(2)投资业务的会计控制

(3)资金营运控制

2. 全面预算管理控制

3. 资产安全控制

(1)存货控制

(2)固定资产控制

第二部分 习 题

一、名词解释

1. 财务控制

2. 不相容职务分离控制

3. 授权控制

4. 财产保护控制

5. 全面预算执行单位

6. 会计系统控制

二、判断题

1. 出资者财务控制是资本所有者对经营者财务收支活动进行的控制。 ( )

2. 不相容职务分离的核心是"内部牵制",它要求每项经济业务都要一个人或一个部门处理。 ( )

3. 收支控制是对企业和各责任中心的资产活动所进行的控制。 ( )

4. 不相容职务分离控制要求会计与出纳职务分离;出纳不得兼任稽核,但可以兼任会计档案保管和收入、支出、债权、债务账目登记工作。 ( )

5. 支票保管职务与印章保管职务分离;支票签发与支票审核职务分离,支票签发由出纳担任,其他会计人员不得兼任。 ( )

6. 财务部门的财务控制是财务部门对企业日常财务活动的控制,其目的是保证企业现金的供给。 ( )

7. 授权审批控制要求企业根据常规授权和特别授权的规定,明确各岗位办理业务和

事项的权限范围、审批程序和相应责任。　　　　　　　　　　　　（　　）

8. 审批程序一般实行先审核、后审批的程序。　　　　　　　　　（　　）

9. 设置总会计师的企业，可以设置与其职权重叠的副职。　　　　（　　）

10. 财产保护控制是为了确保企业财产物资安全但不包括财产物资完整所采取的各种方法和措施。　　　　　　　　　　　　　　　　　　　　　　（　　）

11. 风险等于危机，在风险防范不善，造成危害较大时，危机才会发生。（　　）

12. 企业投资活动应该以企业发展战略为导向，正确选择投资项目，合理确定投资规模，恰当权衡收益与风险，不一定突出主业。　　　　　　　　　　（　　）

三、单项选择题

1. 企业所有人员不经合法授权，不能行使相应权力；不经合法授权，任何人不能审批；有权授权的人，则应在规定的权限范围内行事，（　　）。
   A. 不能行使相应权力　　　　　　　B. 不能审批
   C. 可以越权授权　　　　　　　　　D. 不得越权授权

2. 全面控制不包括（　　）。
   A. 授权控制　　　　　　　　　　　B. 全过程控制
   C. 全员控制　　　　　　　　　　　D. 全要素控制

3. 对风险进行有效评估和预警，（　　）降低危机的发生。
   A. 根本杜绝　　　　　　　　　　　B. 不能杜绝
   C. 可以　　　　　　　　　　　　　D. 不可以

4. 资金管理（　　）被视为企业财务管理的核心内容，构成企业经营管理的重要部分。
   A. 一直　　　　　　　　　　　　　B. 并非一直
   C. 可能　　　　　　　　　　　　　D. 也许

5. 加强企业资金管控有利于企业可持续发展，（　　）企业防范资金活动风险，维护资金安全。
   A. 有利于　　　　　　　　　　　　B. 不利于
   C. 可能使　　　　　　　　　　　　D. 不可能使

6. 规范企业的资金活动，实际上是从（　　）的角度对生产经营过程进行控制，有利于促使企业规范地开展业务活动。
   A. 资产流转　　　　　　　　　　　B. 资金流转
   C. 实物流转　　　　　　　　　　　D. 信息流转

7. 通过不相容岗位分离制度，形成有力的（　　）关系。
   A. 相互合作　　　　　　　　　　　B. 相互帮助
   C. 相互牵制　　　　　　　　　　　D. 相互协调

8. 筹资活动是企业资金活动的（　　），也是企业整个经营活动的基础。
   A. 终点　　　　　　　　　　　　　B. 起点
   C. 关键点　　　　　　　　　　　　D. 中心点

9. 财务部门应协调好企业筹资的利率结构、期限结构等，力争最大限度地降低企业的( )。

  A. 信用标准   B. 资金结构

  C. 资金成本   D. 信用条件

10. 对资金活动实施控制,本质上是对( )的控制。

  A. 经济业务   B. 资金业务

  C. 现金业务   D. 往来业务

11. 不同的筹资方式,可能筹集资金的数量、偿还期限、筹资成本( ),这就要求投资应量力而为。

  A. 不一样   B. 一样

  C. 很低   D. 很高

12. 对投资项目进行准确的会计核算、记录与报告,确定合理的会计政策,准确反映企业投资的( )。

  A. 大致   B. 粗略

  C. 不真实状况   D. 真实状况

四、多项选择题

1. 按照财务控制的时序可将财务控制分为( )。

  A. 事先控制   B. 事中控制

  C. 事后控制   D. 应用控制

2. 不相容职务分离控制要求企业全面系统地分析、梳理业务流程中所涉及的不相容职务,实施相应的分离措施,形成( )的工作机制。

  A. 各司其职   B. 灵活多样性

  C. 各负其责   D. 相互制约

3. 不相容职务分离控制的应用要求( )。

  A. 会计与出纳职务分离   B. 会计与审计职务分离

  C. 合同谈判与合同定价职务分离   D. 支票签发与支票审核职务分离

4. 按照财务控制的主体可分为( )。

  A. 一般控制   B. 出资者财务控制

  C. 经营者财务控制   D. 财务部门的财务控制

5. 企业领导的直系亲属不得担任本企业的( )。

  A. 会计机构负责人   B. 会计主管职务

  C. 出纳职务   D. 会计

6. 授权控制的范围包括( )。

  A. 会计之权   B. 做事之权

  C. 用钱之权   D. 用人之权

7. 会计控制体系包括( )。

  A. 会计机构设置   B. 会计政策管理

  C. 会计档案管理   D. 会计工作交接

8. 通过预算控制，使得企业经营目标转化为( )的具体行为目标，作为各责任单位的约束条件，能够从根本上保证企业经营目标的实现。

    A. 各部门   B. 各个岗位

    C. 个人   D. 各供应商

9. 资金的( )和( )是反映企业资金流入流出的信息源，如果记账环节出现管理漏洞，很容易导致整个会计信息处理结果失真。

    A. 凭证   B. 使用人

    C. 账簿   D. 管理人

10. 对账控制点包括( )等。

    A. 账证核对   B. 账账核对

    C. 账表核对   D. 账实核对

11. 印章的保管要贯彻不相容职务分离的原则，严禁将办理资金支付业务的相关印章和票据集中一人保管，印章要与空白票据分管，( )要与( )分管。

    A. 凭证   B. 财务专用章

    C. 企业法人章   D. 账簿

12. 全面预算是为数不多的能够将企业的( )、人力流等相整合的管理控制方法之一。

    A. 资金流   B. 实物流

    C. 业务流   D. 信息流

五、简答题

1. 财务控制具有哪些显著特点？

2. 资金活动应至少关注哪些主要风险？

3. 怎样对筹资业务进行会计控制？

4. 投资业务的会计控制点有哪些？

5. 资金营运内部控制的关键控制点主要有哪些？

6. 存货在取得环节有哪些主要风险？怎样实施控制？

第三部分 参考答案

一、名词解释

1. 财务控制是指按照一定的程序和方法，确保企业及其内部机构和人员全面落实及实现财务预算的过程。

2. 不相容职务分离控制要求企业全面、系统地分析、梳理业务流程中所涉及的不相容职务，实施相应的分离措施，形成各司其职、各负其责、相互制约的工作机制。

3. 授权控制是指各项业务的办理，必须由被批准和被授权人去执行，即单位各级人员必须获得批准或授权，才能执行正常的或特殊的业务。

4. 财产保护控制是指为了确保企业财产物资安全、完整所采取的各种方法和措施。

5. 全面预算执行单位是指根据其在企业预算总目标实现过程中的作用和职责划分的，承担一定经济责任，并享有相应权力和利益的企业内部单位，包括企业内部各职能部门、所属分(子)企业等。

6. 会计系统控制要求企业严格执行国家统一的会计准则制度，加强会计基础工作，明确会计凭证、会计账簿和财务会计报告的处理程序，保证会计资料真实完整。

二、判断题

1. √	2. ×	3. ×	4. ×	5. √	6. √
7. √	8. √	9. ×	10. ×	11. ×	12. ×

三、单项选择题

1. D	2. A	3. C	4. A	5. A	6. B
7. C	8. B	9. C	10. B	11. A	12. D

四、多项选择题

1. ABC	2. ACD	3. ABCD	4. BCD	5. AB	6. BCD
7. ABCD	8. ABC	9. AC	10. ABCD	11. BC	12. ABCD

五、简答题

1. 财务控制具有以下显著特点：

(1)以价值控制为手段。财务控制以实现财务预算为目标，而财务预算都是以价值形式予以反映的。

(2)以综合经济业务为控制对象。财务控制以价值为手段，可以将不同部门、不同层次和不同岗位的各种业务活动综合起来，实行目标控制。

(3)以日常现金流量控制为主要内容。因日常的财务活动过程表现为组织现金流量的过程，故控制现金流量成为日常财务控制的主要内容。

2. 资金活动应至少关注的主要风险：

(1)筹资决策不当，引发资本结构不合理或无效融资，可能导致企业筹资成本过高或债务危机。

(2)投资决策失误，引发盲目扩张或丧失发展机遇，可能导致资金链断裂或资金使用效益低下。

(3)资金调度不合理、营运不畅，可能导致企业陷入财务困境或资金冗余。

(4)资金活动管控不严，可能导致资金被挪用、侵占、抽逃或遭受欺诈。

3. 筹资业务的会计控制：

对于筹资业务，企业还应设置记录筹资业务的会计凭证和账簿，按照国家统一会计准则和制度，正确核算和监督资金筹集、本息偿还、股利支付等相关情况，妥善保管筹资合同或协议、收款凭证、入库凭证等资料，定期与资金提供方进行账务核对，确保筹资活动符合筹资方案的要求。

一是对筹资业务进行准确的账务处理。企业应按照国家统一的会计准则，对筹资业务进行准确的会计核算与账务处理，应通过相应的账户准确进行筹集资金核算、本息偿付、股利支付等工作。

二是对筹资合同、收款凭证、入库凭证等，应妥善保管。与筹资活动相关的重要文件，如合同、协议、凭证等，企业的会计部门需登记造册、妥善保管，以备查用。

三是企业会计部门应做好具体资金管理工作，随时掌握资金情况。财会部门应编制贷款申请表、内部资金调拨审批表等，严格管理筹资程序；财会部门应通过编制借款存量表、借款计划表、还款计划表等，掌握贷款资金的动向；财会部门还应与资金提供者定期进行账务核对，以保证资金及时到位与资金安全。

四是财务部门还应协调好企业筹资的利率结构、期限结构等，力争最大限度地降低企业的资金成本。

4. 投资业务的会计控制：

企业应当按照会计准则的规定，准确进行投资的会计处理。具体包括：

一是对投资项目进行准确的会计核算、记录与报告，确定合理的会计政策，准确反映企业投资的真实状况。

二是企业应当妥善保管投资合同、协议、备忘录、出资证明等重要的法律文书。

三是企业应当建立投资管理台账，详细记录投资对象、金额、期限等情况，作为企业重要的档案资料以备查用。

四是企业应当密切关注投资项目的营运情况，一旦出现财务状况恶化、市价大幅下跌等情形，必须按会计准则的要求，合理计提减值准备。企业必须准确合理地对减值情况进行估计，而不应滥用会计估计，把减值准备作为调节利润的手段。

5. 资金营运内部控制的关键控制点主要包括：

一是审批控制点。审批活动关键点包括：制定资金的限制接近措施，经办人员进行业务活动时应该得到授权审批，任务未经授权的人员不得办理资金收支业务；使用资金的部门应提出用款申请，记载用途、金额、时间等事项；经办人员在原始凭证上签章；经办部门负责人、主管总经理和财务部门负责人审批并签章。

二是复核控制点。复核真实性与合法性,会计对相关凭证进行横向复核和纵向复核收支点,收入入账完整,支出手续完备。出纳根据审核后的相关收付款原始凭证收款和付款,并加盖戳记。

复核关键点包括:资金营运活动会计主管审查原始凭证反映的收支业务是否真实合法,经审核通过并签字盖章后才能填制原始凭证;凭证上的主管、审核、出纳和制单等印章是否齐全。

三是收付控制点。收入入账完整,支出手续完备。该控制点包括:出纳人员按照审核后的原始凭证收付款,对已完成收付的凭证加盖戳记,并登记日记账;主管会计人员及时、准确地记录在相关账簿中,定期与出纳人员的日记账核对。

四是记账控制点。资金的凭证和账簿是反映企业资金流入流出的信息源,如果记账环节出现管理漏洞,很容易导致整个会计信息处理结果失真。

记账控制点包括:记账要具有真实性,出纳人员根据资金收付凭证登记日记账,会计人员根据相关凭证登记有关明细分类账;主管会计登记总分类账。

五是对账控制点。对账是账簿记录系统的最后一个环节,也是报表生成前一个环节,对保证会计信息的真实性起到重要作用。

对账控制点包括:账证核对、账账核对、账表核对、账实核对等。

六是银行账户管理控制点。严格按规定开立账户,办理存款、取款和结算。银行账户管理的关键控制点包括银行账户的开立、使用和撤销是否有授权,下属企业或单位是否有账外账。

七是票据与印章管理控制点。印章的保管要贯彻不相容职务分离的原则,严禁将办理资金支付业务的相关印章和票据集中一人保管,印章要与空白票据分管,财务专用章要与企业法人章分管。

八是保管控制点。财产安全与完整,授权专人保管资金;定期、不定期盘点。

6. 该环节的主要风险是:存货预算编制不科学、采购计划不合理,可能导致存货积压或短缺。

主要管控措施:企业存货管理实务中,应当根据各种存货采购间隔期和当前库存,综合考虑企业生产经营计划、市场供求等因素,充分利用信息系统,合理确定存货采购日期和数量,确保存货处于最佳库存状态。考虑到存货取得的风险管控措施主要体现在预算编制和采购环节,将由相关的预算和采购内部控制应用指引加以规范。

学习情境十二 | 收益分配管理

第一部分 学习指导

一、学习目的与要求

收益分配是企业财务的一项重要内容，它既关系到投资者的经济利益，又涉及企业未来的发展机遇，在一定程度上是企业的一个再融资过程。本章主要讲述利润分配的原则及利润分配的程序，并着重讲解股利政策理论；常见的股利政策类型、股利支付方式及影响股利政策的因素；特殊利润分配方式股票股利、配股、股票分割及购回的含义和特点。

通过对本学习情境的学习，使学生重点掌握目标利润规划、目标销售与目标成本规划、利润分配与股利政策管理，识记利润概念、利润分配原则、项目与程序，理解利润质量、目标利润确定应考虑的因素、股利政策。

二、重难点解析

（一）利润分配管理的概述

1. 利润分配基本原则

①依法分配原则。为规范企业的利润分配行为，国家制定和颁布了若干法规，这些法规规定了企业利润分配的基本要求、一般程序和重大比例。

②兼顾职工利益原则。企业的利润是由全体职工的劳动创造的，企业应该以适当的方式参与净利润的分配。

③分配与积累并重的原则。企业的利润分配，要正确处理长期利益和近期利

益这两者的关系，坚持分配与积累并重。

④投资与收益对等原则。企业利润分配应当体现"谁投资谁收益"、收益大小与投资比例相适应。

2. 利润分配的一般程序

①弥补以前年度的亏损。这是指企业连续 5 年未弥补完的经营亏损部分。

②提取法定盈余公积金。法定公积金按本年实现净利润的 10% 的比例提取。企业提取的法定公积金累计额为其注册资本的 50% 以上的，可以不再提取。企业提取的法定盈余公积主要用于弥补亏损，转增资本。一般情况下不得用于向投资者分配利润（或股利）。

③提取任意盈余公积金。

④向投资者分配利润。分配时，一般按照转资者投入资本的比例分配。

可供投资者分配的利润＝本年实现的净利润−弥补以前年度的亏损−提取的法定盈余公积金＋期初未分配利润＋公积金转入数

（二）股利分配政策

1. 股利政策理论

股利政策是股份公司关于是否发放股利、发放多少以及何时发放的方针和政策。一方面可以为企业提供廉价的资金来源，另一方面可以为企业树立良好的财务形象，以吸引潜在的投资者和债权人。所以，股利政策是企业理财的核心问题，股利决策是企业重要的决策之一，应予以特别重视。

（1）"一鸟在手"理论

"一鸟在手"理论源于谚语"双鸟在林不如一鸟在手"。该理论最具有代表性的著作是 M. Gordon 1959 年在《经济与统计评论》上发表的《股利、盈利和股票的价格》，他认为企业的留存收益再投资时会有很大的不确定性，并且投资风险随着时间的推移将不断扩大，因此投资者倾向于获得当期的而非未来的收入，即当期的现金股利。因为投资者一般为风险厌恶型，更倾向于当期较少的股利收入，而不是具有较大风险的未来较多的股利。

（2）MM 理论

1961 年，股利政策的理论先驱米勒（Miller，MH）和弗兰克·莫迪格利安尼（Modieliani，F）在其论文《股利政策、增长和公司价值》中提出了著名的"MM 股利无关论"，即认为在一个无税收的完美市场上，股利政策和公司股价是无关的，公司的投资决策与股利决策彼此独立，公司价值仅仅依赖于公司资产的经营效率，股利分配政策的改变仅意味着公司的盈余如何在现金股利与资本利得之间进行分配。理性的投资者不会因为分配的比例或者形式而改变其对公司评价，因此公司的股价不会受到股利政策的影响。

（3）税差理论

Farrar 和 Selwyn 1967 年首次对股利政策影响企业价值的问题作出了回答。他们采用局部均衡分析法，并假设投资者都希望达到税后收益最大化。他们认为，只要股息收入的个人所得税高于资本利得的个人所得税，股东将情愿公司不支付股息。他们认为资金留在公司里或用于回购股票时股东的收益更高，或者说，这种情况下股价将比股息支付时高；

如果股息未支付，股东若需要现金，可随时出售其部分股票。从税赋角度考虑，公司不需要分配股利。如果要向股东支付现金，也应通过股票回购来解决。

（4）信号传递理论

信号传递理论从放松 MM 理论的投资者和管理者拥有相同的信息假定出发，认为管理当局与企业外部投资者之间存在信息不对称。管理者占有更多关于企业前景方面的内部信息，股利是管理者向外界传递其掌握的内部信息的一种手段。如果他们预计到公司的发展前景良好，未来业绩将大幅度增长时就会通过增加股利的方式将这一信息及时告诉股东和潜在的投资者；相反，如果预计到公司的发展前景不太好，未来盈利将持续性不理想时，那么他们往往会维持甚至降低现有股利水平，这等于向股东和潜在投资者发出了不利的信号。因此，股利能够传递公司未来盈利能力的信息，这样导致股利对股票价格有一定的影响。当公司支付的股利水平上升时，公司的股价会上升；当公司支付的股利水平下降时，公司的股价也会下降。

（5）代理成本理论

股利代理成本理论是由 Jensen 和 Meckling（1976）提出的，是在放松了 MM 理论的某些假设条件的基础上发展出来的，是现代股利理论研究中的主流观点，能较好地解释股利存在和不同的股利支付模式。Jensen 和 Meckling 指出："管理者和所有者之间的代理关系是一种契约关系，代理人追求自己的效用最大化。如果代理人与委托人具有不同的效用函数，就有理由相信他不会以委托人利益最大化为标准行事。委托人为了限制代理人的这类行为，可以设立适当的激励机制或者对其进行监督，而这两方面都要付出成本。"Jensen 和 Meckling 称之为代理成本（agencycost），并定义代理成本为激励成本、监督成本和剩余损失三者之和。

（6）行为股利政策理论

到了 20 世纪 90 年代，财务理论学者们发现美国上市公司中支付现金股利的公司比例呈现下降趋势，这一现象被称做"正在消失的股利"，随后时期在加拿大、英国、法国、德国、日本等国也相继出现了类似的现象，蔓延范围之广，堪称具有国际普遍性。在这种背景情况下美国哈佛大学的 Baker 和纽约大学的 Wurgler 提出了股利迎合理论来解释这种现象。

2. 股利分配政策的影响因素

在现实生活中，影响股利分配的因素有法律因素、股东因素、公司因素以及投资机会。

3. 股利分配政策类型

股利决策也是内部融资决策，由于支付给股东的盈余与留在企业的保留盈余存在此消彼长的关系，所以股利分配既决定给股东分配多少红利，也决定有多少净利留在企业。减少股利分配，会增加保留盈余，减少外部融资需求。

（1）剩余股利政策

企业未来有良好的投资机会时，根据企业设定的最佳资本结构，确定未来投资所需的权益资金，先最大限度地使用留用利润来满足投资方案所需的权益资本，然后将剩余部分作为股利发放给股东。

（2）固定或持续增长的股利政策

将每年发放的股利固定在一定的水平上并在较长的时期内不变，只有当公司认为未来盈余将会显著地、不可逆转地增长时，才提高年度的股利发放额。

（3）固定股利支付率政策

固定股利政策表现为每股股利支付额固定的形式。该政策的基本特征是不论经济情况如何，也不论企业经营好坏，不降低股利的发放额，将企业每年的每股股利支付额，稳定在某一特定水平上保持不变，只有企业管理当局认为企业的盈利确已增加，而且未来的盈利足以支付更多的股利时，企业才会提高每股股利支付额。

股利分配方案的选择

企业发展阶段	特　　点	适应的股利政策
初创阶段	经营风险高，融资能力差	剩余股利政策
高速成长阶段	产品销量急速上升，投资规模大幅度增长	低正常股利加额外股利政策
稳定增长阶段	收入稳定增长，市场竞争力增强，净现金流入稳步增长，每股收益上升态势良好	固定股利支付比率政策
平稳阶段	盈利趋平稳，市场饱和，资金及盈利丰厚	固定股利政策
衰退阶段	产品销售锐减，利润快速下滑，支付能力弱	剩余股利政策

4. 股利支付的形式及政策

（1）股利支付方式

①现金股利。现金股利是以现金支付的股利，它是股利支付的主要方式。

②股票股利。股票股利是公司以增发的股票作为股利的支付方式，一般为派发股票股利。

③财产股利。财产股利是以现金以外的资产支付的股利，主要是以公司所拥有的其他企业的有价证券，如债券、股票，作为股利支付给股东。

④负债股利。负债股利是公司以负债支付的股利，通常以公司的应付票据支付给股东，不得已的情况下也有发行公司债券抵付股利的。

（2）股利支付程序

①股利宣告日。股利宣告日即公司董事会将股利支付情况予以公告，该日期为股利宣告日。公告中将宣布每股支付的股利、股权登记期限、除去股息的日期和股利支付日期。

②股权登记日。股权登记日是指有权领取股利的股东资格登记截止日期。只有在股权登记日前在公司股东名册上有名的股东，才有权分享当期股利，在股权登记日以后列入名单的股东无权领取股利。

③除息日是指领取股利的权利与股票相互分离的日期。在除息前，股利权从属于股票，持有股票者即享有领取股利的权利；除息日开始，股利权与股票相分离，新购入股票的人不能分享股息和红利。

④股利支付日即向股东发放股利的日期。

（三）股票分割

股票的分割是指将面额较高的股票交换成面额较低的股票行为。股票的分割会使发行在外的股数增加，使得每股面额降低，每股盈余下降；但公司价值不变，股东权益总额、权益各项目及其相互之间的比例不会改变。

（四）股票回购

股票回购是上市公司在公开(二级)市场上或通过自我认购回购本公司发行在外的股票的行为。其实质是公司以现金购回股东，所持股份来降低企业注册资本的规模的一种方式。由于企业在回购时是以现金支付给股东来收回在外的股份的，因此，股票回购也可以认为是现金股利的一种替代方式。股票回购之后，使发行在外的流通股减少，从而使每股股利增加，股价上升，也使股东获得相应的资本利得。

三、内容提要

（一）利润分配管理的概述

1. 利润分配的基本原则
2. 利润分配的一般程序

（二）股利分配政策

1. 股利政策理论
2. 股利分配政策的影响因素
3. 股利分配政策类型
4. 股利支付的形式及政策

（三）股票分割

（四）股票回购

第二部分　习　　题

一、名词解释

1. 股利政策

2. 股票股利

3. 股票分割

4. 股票回购

5. 股利宣告日

二、判断题

1. 法定盈余公积金可用于弥补亏损、扩大公司生产经营或转增资本。　　　（　　）
2. 可以用资本发放股利，但不能在没有累计盈余的情况下提取公积金。　（　　）
3. 依靠股利维持生活的股东，往往要求公司支付较高的股利。　　　　　（　　）
4. 从理论上说，债权人不得干预企业的资金投向和股利分配方案。　　　（　　）
5. 企业发放股票股利将使企业的利润下降。　　　　　　　　　　　　　（　　）
6. 采用固定或稳定增长股利政策公司财务压力较小，有利于股票价格的稳定与上涨。
　　　　　　　　　　　　　　　　　　　　　　　　　　　　　　　　（　　）
7. 剩余股利政策能保持理想的资本结构，使企业价值长期最大化。　　　（　　）
8. 以公司所拥有的其他企业的债券作为股利支付给股东属于负债股利支付方式。
　　　　　　　　　　　　　　　　　　　　　　　　　　　　　　　　（　　）
9. 股权登记日在除息日之前。　　　　　　　　　　　　　　　　　　　（　　）
10. 协议回购，是指公司以协议价格直接向一个或几个主要股东回购股票。协议价格一般高于当前的股票市场价格。　　　　　　　　　　　　　　　　　　　（　　）
11. 股票分割属于某种股利，其产生的效果与发放股票股利十分相近。　（　　）
12. 为了减少税负，高收入阶层的股东，通常愿意公司少支付股利而将较多的盈余保留下来以作为再投资用。　　　　　　　　　　　　　　　　　　　　　　　（　　）

三、单选题

1. 收益分配的基本原则中，（　　）是正确处理投资者利益关系的关键。
　　A. 依法分配原则　　　　　　　　　　B. 兼顾各方面利益原则
　　C. 分配与积累并重原则　　　　　　　D. 投资与收益对等原则
2. 下列关于剩余股利政策的说法不正确的是（　　）。
　　A. 剩余股利政策，是指公司生产经营所获得的净收益首先应满足公司的全部资金
　　　　需求，如果还有剩余，则派发股利；如果没有剩余，则不派发股利
　　B. 剩余股利政策有助于保持最佳的资本结构，实现企业价值的长期最大化
　　C. 剩余股利政策不利于投资者安排收入与支出
　　D. 剩余股利政策一般适用于公司初创阶段

3. 在确定企业的收益分配政策时，应当考虑相关因素的影响，其中"资本保全约束"属于(　　)。

    A. 股东因素   B. 公司因素

    C. 法律因素   D. 债务契约因素

4. 下列关于股票股利的说法不正确的是(　　)。

    A. 不会导致公司的财产减少

    B. 会增加流通在外的股票数量

    C. 不会改变公司股东权益总额，但会改变股东权益的构成

    D. 会提高股票的每股价值

5. 以下关于企业公司收益分配的说法中正确的有(　　)。

    A. 公司持有的本公司股份也可以分配利润

    B. 企业在提取公积金前向股东分配利润

    C. 公司的初创阶段和衰退阶段都适合采用剩余股利政策

    D. 只要有盈余就要提取法定盈余公积金

6. 适用于盈利水平随着经济周期而波动较大的公司或行业的股利分配政策是(　　)。

    A. 剩余股利政策   B. 固定股利政策

    C. 固定股利支付率政策   D. 低正常股利加额外股利政策

7. 关于股利分配政策，下列说法不正确的是(　　)。

    A. 剩余股利分配政策能充分利用筹资成本最低的资金资源，保持理想的资本结构

    B. 固定或持续增长的股利政策有利于公司股票价格的稳定

    C. 固定股利支付率政策体现了风险投资与风险收益的对等

    D. 低正常股利加额外股利政策不利于股价的稳定和上涨

8. 下列关于股票股利对股东的意义的叙述不正确的是(　　)。

    A. 如果发放股票股利后股价不立即发生变化，会使股东得到股票价值相对上升的好处

    B. 发放股票股利会使投资者认为公司将会有较大发展，有利于稳定股价甚至略有上升

    C. 股东可因此享受税收上的好处

    D. 降低每股价值，吸引更多的投资者

9. 股票分割又称股票拆细，即将一股股票拆分成多股股票的行为。下列说法不正确的是(　　)。

    A. 股票分割对公司的资本结构不会产生任何影响

    B. 股东权益的总额不变

    C. 股东权益内部结构会发生变化

    D. 会使发行在外的股票总数增加

10. 股票回购对上市公司的影响不包括(　　)。

    A. 容易导致资产流动性降低，影响公司的后续发展

    B. 在一定程度上巩固了对债权人利益的保障

C. 损害公司的根本利益

D. 容易加剧公司行为的非规范化，使投资者蒙受损失

11. 法定公积金达到注册资本的多少时，可不再提取（ ）。

    A. 20%
                 B. 40%

    C. 50%
                 D. 80%

12. 制定股利分配政策时，公司应当考虑的政策不包括（ ）。

    A. 未来的投资机会
          B. 盈余稳定现状

    C. 规避风险
             D. 筹资成本

四、多选题

1. 公司在制定股利分配政策时应考虑的因素有（ ）。

    A. 通货膨胀因素
          B. 股东因素

    C. 法律因素
            D. 公司因素

2. 按照资本保全约束的要求，企业发放股利所需资金的来源包括（ ）。

    A. 当期利润
           B. 留存收益

    C. 原始投资
           D. 股本

3. 上市公司发放股利可能导致的结果是（ ）。

    A. 公司股东权益内部结构发生变化
    B. 公司股东权益总额发生变化

    C. 公司每股利润下降
          D. 公司股份总额发生变化

4. 企业进行股利分配时应遵循的原则有（ ）。

    A. 依法分配
          B. 兼顾各方利益

    C. 分配与积累并重
          D. 投资与收益对等

5. 下列利润分配方式中，不改变股东权益总额的有（ ）。

    A. 股票股利
          B. 现金股利

    C. 股票分割
          D. 股票回购

6. 现金股利和股票回购具有相似之处，表现为（ ）。

    A. 公司需支付一定数量的现金
    B. 公司需支付一定数量的股票

    C. 公司增加了资产
          D. 公司减少了资产

    E. 需支付较高的所得税款

7. 可以采用的股利支付方式有（ ）。

    A. 现金股利
          B. 财产股利

    C. 负债股利
          D. 股票股利

    E. 信用股利

8. 可以选择的股利政策有（ ）。

    A. 剩余股利政策
          B. 固定股利或稳定增长股利政策

    C. 固定股利支付率政策
          D. 低正常股利加额外股利政策

    E. 低股利支付率政策

9. 如果公司认为目前公司的股票市价较高，要想降低公司的股票价格，可以采用的

方式有( )。

  A. 发放股票股利   B. 发放现金股利

  C. 进行股票分割   D. 进行股票反分割

10. 我国有关法规对公司股利的分配进行了一定的限制，这些法律主要是指( )。

  A. 公司法   B. 宪法

  C. 经济合同法   D. 证券法

  E. 商标法

11. 股票回购对公司所产生的影响有( )。

  A. 每股盈余不变   B. 股价不变

  C. 流通在外的股数减少   D. 公司库藏股份增加

  E. 公司负债减少

12. 公司进行股票分割所产生的影响有( )。

  A. 每股市价上升   B. 每股市价不变

  C. 每股市价降低   D. 股东权益减少

  E. 股东权益总额不变

五、简答题

1. 影响股利政策的因素有哪些？

2. 股利政策主要有哪几种类别？

3. 我国企业进行利润分配的顺序如何？

4. 我国企业利润构成有哪些？

5. 股利支付的形式有哪几种？

6. 收益分配的原则是什么？

六、计算题

1. 某公司 2006 年度的税后利润为 1 200 万元，该年分配股利 600 万元，2008 年拟投资1 000万元引进一条生产线以扩大生产能力，该公司目标资本结构为自有资金占80%，借入资金占20%。该公司2007年度的税后利润为1 300万元。

要求：

(1)如果该公司执行的是固定股利支付率政策，并保持资本结构不变，则2008年度该公司为引进生产线需要从外部筹集多少自有资金？

(2)如果该公司执行的是固定股利政策，并保持资本结构不变，则2008年度该公司为引进生产线需要从外部筹集多少自有资金？

(3)如果该公司执行的是剩余股利政策，本年不需要计提盈余公积金，则2007年度公司可以发放多少现金股利？

2. S公司股票的每股现行市价为31元，计划发放10%的股票股利并按发放股票股利后的股数派发每股现金股利0.5元。

该公司年终分配股利前(已提取盈余公积)的股东权益项目资料如下：

股东权益项目	金额(万元)
普通股(每股面值2元，400万股)	800
资本公积	600
盈余公积	260
未分配利润	540
股东权益合计	6 200

要求：

(1)如果股票股利的金额按股票面值计算，计算完成这一方案后的资本公积和留存收益数额。

(2)如果发放股利前，A投资者的持股比例为1%，计算完成这一方案后该投资者的持有股数。

(3)如果发放股利之后"每股市价/每股股东权益"的数值不变，计算发放股利之后的每股市价。

3. A公司本年实现税后净利润8 000万元，按照10%的比例提取法定盈余公积金，按照5%的比例提取任意盈余公积金，年初未分配利润为200万元，公司发行在外的普通股为1 000万股(每股面值4元)，利润分配之前的股东权益为16 000万元，每股现行市价为

32元。

要求：

（1）计算提取的法定盈余公积金和任意盈余公积金数额。

（2）假设按照1股换2股的比例进行股票分割，股票分割前从本年净利润中发放的现金股利为1 200万元，计算股票分割之后的普通股股数、每股面值、股本和股东权益，假设"每股市价/每股股东权益"不变，计算股票分割之后的每股市价。

（3）假设按照目前的市价回购200万股，尚未进行利润分配，计算股票回购之后的每股股东权益。

4. 盛元公司本年实现税后净利润2 000万元，年初未分配利润为250万元，下年需增加投资资本1 000万元。目标资本结构为权益与负债之比为5：5，公司发行在外的普通股为1 000万股，采用剩余股利政策进行股利分配，按10%的比例提取法定公积金，现在每股市价20元。

要求：

（1）计算可供分配利润以及提取法定公积金的数额。

（2）计算本年应发股利、每股股利、每股收益和年末未分配利润。

（3）假设发放股票股利后盈利总额不变，市盈率不变，欲通过发放股票股利将股价维持在16~18元/股的理想范围之内，则股票股利发放率应为多少？

第三部分　参考答案

一、名词解释

1. 股利政策指公司对其收益进行分配或留存以用于再投资的策略，通常用股利支付率（每股股利/每股收益）表示。股利支付率的高低会影响公司留存收益和内部筹资数额，股利支付率越低，公司的留存收益就越多，通过外部筹资的数额就越少；反之亦同。

2. 股票股利是指公司将应分给投资者的股利以股票的形式发放。从会计的角度看，股票股利只是资本在股东权益账户之间的转移，而不是资本的运用。即它只不过是将资本从留存收益（或资本公积）账户转移到其他股东权益账户。它并未改变每位股东的股权比例，也不增加公司资产。

3. 股票分割是指将一面额较高的股票交换成数股面额较低的股票的行为。股票分割不属于某种股利，但其所产生的效果与发放股票股利十分相近。就会计而言，股票分割对公司的财务结构不会产生任何影响，一般只会使发行在外的股数增加、每股面值降低，并由此使每股市价下跌，而资产负债表中股东权益各账户的余额都保持不变，股东权益合计数也维持不变。

4. 股票回购是指公司出资购回其本身发行的流通在外的股票。股票回购实际上是现金股利的一种替代形式，股票回购后，公司资产总额与权益总额同时减少。

5. 股利宣告日，即公司董事会将股利支付情况予以公告，该日期为股利宣告日。公告中将宣布每股支付的股利、股权登记期限、除去股息的日期和股利支付日期。

二、判断题

1. ✓ 2. ✗ 3. ✗ 4. ✗ 5. ✗ 6. ✗
7. ✓ 8. ✗ 9. ✓ 10. ✗ 11. ✗ 12. ✓

三、单选题

1. D 2. A 3. C 4. D 5. C 6. D
7. D 8. D 9. C 10. B 11. C 12. B

四、多选题

1. ABCD 2. AB 3. ACD 4. ABCD 5. AC 6. AD
7. ABCD 8. ABCD 9. AC 10. AD 11. CD 12. CE

五、简答题

1. 公司在制定股利政策时，必须充分考虑股利政策的各种影响因素，从保护股东、公司本身和债权人的利益出发，才能使公司的收益分配合理化。

(1)各种限制条件

一是法律法规限制。为维护有关各方的利益，各国的法律法规对公司的利润分配顺序、留存盈利、资本的充足性、债务偿付、现金积累等方面都有规范，股利政策必须符合这些法律规范。二是契约限制。公司在借入长期债务时，债务合同对公司发放现金股利通常都有一定的限制，股利政策必须满足这类契约的限制。三是现金充裕性限制。公司发放现金股利必须有足够的现金，能满足公司正常的经营活动对现金的需求。否则，则其发放现金股利的数额必然受到限制。

(2)宏观经济环境

经济的发展具有周期性，公司在制定股利政策时同样受到宏观经济环境的影响。比如，我国上市公司在形式上表现为由前几年的大比例送配股，转变为近年来的现金股利逐年增加。

(3)通货膨胀

当发生通货膨胀时，折旧储备的资金往往不能满足重置资产的需要，公司为了维持其原有生产能力，需要从留存利润中予以补足，这可能导致股利支付水平的下降。

(4)市场的成熟程度

实证研究结果显示，在比较成熟的资本市场中，现金股利是最重要的一种股利形式，股票股利则呈下降趋势。我国因尚系新兴的资本市场，和成熟的市场相比，股票股利成为一种重要的股利形式。

（5）投资机会

公司股利政策在较大程度上要受到投资机会的制约。一般来说若公司的投资机会多，对资金的需求量大，往往会采取低股利、高留存利润的政策；反之，若投资机会少，资金需求量小，就可能采取高股利政策。另外，受公司投资项目加快或延缓的可能性大小影响，如果这种可能性较大，股利政策就有较大的灵活性。比如有的企业有意多派发股利来影响股价的上涨，使已经发行的可转换债券尽早实现转换，达到调整资本结构的目的。

（6）偿债能力

大量的现金股利的支出必然影响公司的偿债能力。公司在确定股利分配数量时，一定要考虑现金股利分配对公司偿债能力的影响，保证在现金股利分配后，公司仍能保持较强的偿债能力，以维护公司的信誉和借贷能力。

（7）变现能力

如果一个公司的资产有较强的变现能力，现金的来源较充裕，其支付现金股利的能力就强。而高速成长中的、盈利性较好的企业，如其大部资金投在固定资产和永久性营运资金上，它们通常不愿意支付较多的现金股利而影响公司的长期发展战略。

（8）资本成本

公司在确定股利政策时，应全面考虑各条筹资渠道资金来源的数量大小和成本高低，使股利政策与公司合理的资本结构、资本成本相适应。

（9）投资者结构或股东对股利分配的态度

公司每个投资者投资目的和对公司股利分配的态度不完全一致，有的是公司的永久性股东，关注公司长期稳定发展，不大注重现期收益，他们希望公司暂时少分股利以进一步增强公司长期发展能力；有的股东投资目的在于获取高额股利，十分偏爱定期支付高股息的政策；而另一部分投资者偏爱投机，投资目的在于短期持股期间股价大幅度波动，通过炒股获取价差。股利政策必须兼顾这三类投资者对股利的不同态度，以平衡公司和各类股东的关系。如偏重现期收益的股东比重较大，公司就需用多发放股利的方法缓解股东和管理当局的矛盾。另外，各因素起作用的程度对不同的投资者是不同的，公司在确定自己的股利政策时，还应考虑股东的特点。

公司确定股利政策要考虑许多因素，由于这些因素不可能完全用定量方法来测定，因此决定股利政策主要依靠定性判断。

2. 管理当局在制定股利政策时，通常是在综合考虑了上述各种影响因素的基础上，对各种不同的股利政策进行比较，最终选择符合本公司特点与需要的股利政策。

（1）剩余股利政策

公司将税后利润首先用于再投资，剩余部分再用于派发股利，有利于降低再投资的资金成本，实现企业价值的长期性和最大化。但是，执行剩余股利政策将使股利的发放额每年随投资机会和盈利水平的波动而波动，比较适合于新成立的或处于高速成长的企业。

（2）固定股利支付率政策

公司按每年盈利的某一固定百分比作为股利分配给股东，真正体现多盈多分、少盈少分、不盈不分的原则。股利随盈利的波动而波动，向市场传递的公司未来收益前景的信息显得不够稳定。此外，不论公司财务状况如何均要派发股利，财务压力较大；确定多少的固定股利支付率才算合理，难度也较大，实际应用起来缺乏财务弹性。

（3）正常股利加额外股利政策

一般情况下公司每年只支付数额较低的正常股利，只有在经营非常好时或投资需要资金较少的年份，才在原有数额基础上再发放额外股利。公司支付股利有较大的灵活性。通过支付额外股利，公司主要向投资者表明这并不是原有股利支付率的提高。额外股利的运用，既可以使企业保持固定股利的稳定记录，又可以使股东分享企业业绩增长的好处，能够向市场传递公司目前与未来经营业绩的积极信息。该政策尤其适合于盈利经常波动的企业。

（4）稳定增长股利政策

公司在支付某一规定金额股利的基础上，制定一个目标股利成长率，依据盈利水平按目标股利成长率逐步提高企业的股利支付水平。该政策往往被投资者认为是企业稳定增长的表现，能满足他们稳定取得收入的愿望。当盈利下降而公司并未减少股利时，向投资者传递公司的未来状况要比下降的盈利所反映的状况要好，市场会对该股票充满信心，有利于稳定公司股价，树立良好的市场形象。但是，这种只升不降的股利政策会给公司的财务运作带来压力。尤其是在公司出现短暂的困难时，如派发的股利金额大于公司实现的盈利，必将侵蚀公司的留存收益或资本，影响公司的发展和正常经营。成熟的、盈利比较好的公司通常采用该政策。

3. 按照规定，股份有限公司在缴纳了企业所得税之后，其税后利润应按下列顺序分配：

（1）弥补企业以前年度的亏损；

（2）提取法定盈余公积；

（3）提取公益金；

（4）支付优先股股利；

（5）提取任意盈余公积；

（6）支付普通股股利。

4. 企业的利润来源于收入，没有收入就无法形成利润，当企业有了收入以后扣除为取得收入发生的成本、费用后就形成了税前利润，然后再交完企业所得税后就形成了企业的净利润。净利润就是企业可以支配的利润，按规定企业还得计提净利润10%的盈余公积金，然后根据企业实际需要可以再计提任意公积金，最后剩余利润用来在股东之间进行分配。

5. 股息、红利合称为股利。股份公司通常在年终结算后，将盈利的一部分作为股息按股额分配给股东。股利的主要发放形式有现金股利、股票股利、财产股利和建业股利。

现金股利也称派现，是股份公司以货币形式发放给股东的股利；股票股利也称为送红股，是指股份公司以增发本公司股票的方式来代替现金向股东派息，通常是按股票的比例分发给股东。股东得到的股票股利，实际上是向公司增加投资；新建或正在扩展中的公司，往往会借助于分派股票股利而少发现金股利。财产股利是股份公司以实物或有价证券的形式向股东发放的股利。建业股利是以公司筹集到的资金作为投资盈利分发给股东的股利。这种情况多发生在那些建设周期长、资金周转缓慢、风险大的公司。因为建设时间长，一时不能赢利，但又要保证股利的发放吸引投资者。

6.（1）遵章守纪、依法分配原则（着眼于处理各方面利益关系）。遵循国家的财经法规，按程序、按比例进行利润分配。

（2）积累与分配并重原则（着眼于处理企业长远利益和近期利益的关系）。正确处理积累与分配关系，累积优先，增强企业发展后劲。

（3）利益兼顾、合理分配原则（着眼于处理各方面利益关系）。兼顾投资者、经营者、生产者（职工）利益，保全投资者资本，保障劳动者权益，保证经营者积极性。

（4）投资与收益对等原则（着眼于处理投资者利益关系）。根据投资主体的投资份额进行收益的分配。

六、计算题

1. （1）2006 年股利支付率 = 600/1 200 = 50%

2007 年公司留存利润　　= 1 300×（1−50%）= 650（万元）

2008 年自有资金需要量　　= 1 000×80% = 800（万元）

2008 年外部自有资金筹集数额　　= 800−650 = 150（万元）

（2）2007 年度公司留存利润　　= 1 300−600 = 700（万元）

2008 年自有资金需要量　　= 1 000×80% = 800（万元）

2008 年外部自有资金筹集数额　　= 800−700 = 100（万元）

（3）2008 年自有资金需要量　　= 1 000×80% = 800（万元）

2007 年发放的现金股利　　= 1 300−800 = 500（万元）

2. （1）发放股票股利增加的普通股股数 = 400×10% = 40（万股）

发放股票股利减少的未分配利润 = 40×2 = 80（万元）

发放股票股利增加的股本 = 40×2 = 80（万元）

发放股票股利增加的资本公积 = 80−80 = 0（万元）

发放现金股利减少的未分配利润 = （400+40）×0.5 = 220（万元）

发放股利之后的资本公积 = 4 600+0 = 4 600（万元）

发放股利之后的盈余公积 = 260（万元）

发放股利之后的未分配利润 = 540−80−220 = 240（万元）

发放股利之后的留存收益 = 260+240 = 500（万元）

（2）发放股利之后 A 投资者的持股比例不变，仍然是 1%，

因此，A 投资者的持有股数为（400+40）×1% = 4.4（万股）

（3）发放股票股利不会导致股东权益总额发生变化，发放现金股利会导致股东权益减少，发放股利之后的股东权益 = 6 200−220 = 5 980万元，每股股东权益 = 5 980/440 = 13.59 元。

发放股利之前的每股股东权益 = 6 200/400 = 15.5（元），每股市价/每股股东权益 = 31/15.5 = 2

由于发放股利之后"每股市价/每股股东权益"的数值不变，所以，每股市价 = 2×13.59 = 27.18(元)

3. (1) 提取的法定盈余公积金 = 8 000×10% = 800(万元)

提取的任意盈余公积金 = 8 000×5% = 400(万元)

(2) 股票分割之后的股数 = 分割前的股数×2 = 1 000×2 = 2 000(万股)

每股面值 = 4/2 = 2(元)

股本 = 2 000×2 = 4 000(万元)

股票分割之后股东权益不变，仍然是16 000-1 200 = 14 800(万元)

每股股东权益 = 14 800/2 000 = 7.4(元)

每股市价 = 7.4×32/(16 000/1 000) = 14.8(元)

(3) 回购之后的普通股股数 = 1 000-200 = 800(万股)

回购之后的股东权益 = 16 000-200×32 = 9 600(万元)

每股股东权益 = 9 600/800 = 12(元)

4. (1) 可供分配利润 = 2 000+250 = 2 250(万元)

提取法定公积金的数额 = 2 000×10% = 200(万元)

(2) 投资所需权益资金 = 1 000×5÷(5+5) = 500(万元)

本年应发股利 = 2 000-500 = 1 500(万元)

每股股利 = 1 500÷1 000 = 1.5(元)

每股收益 = 2 000÷1 000 = 2(元)

年末未分配利润 = 250+(2 000-200-1 500) = 550(万元)

(3) 发放股票股利后，如果盈利总额不变，则：

发放股票股利后每股收益 = 发放股票股利前的每股收益/(1+股票股利发放率)

在"市盈率不变"的条件下，"每股市价/每股收益"的比值不变，所以：

发放股票股利后每股市价 = 发放股票股利前的每股市价/(1+股票股利发放率)

本题中：发放股票股利后每股市价 = 20/(1+股票股利发放率)

由 $20÷(1+X_1) = 16$，得 $X_1 = 25\%$；

由 $20÷(1+X_2) = 18$，得 $X_2 = 11.11\%$；

所以，股票股利发放率范围为 11.11%~25%。

财 务 分 析

第一部分 学习指导

一、学习目的与要求

财务分析是以企业公布的各种报表为基础而进行的分析，随着市场经济体制的建立和完善，企业资金多元化渠道的形成，企业相关利益的人员需要通过对财务报表的分析来理解企业的经营情况，分析投资经济效益，以便做出正确的决策。

财务报表分析的起点是财务报表，分析使用的数据大部分来源于公开发布的财务报表。因此，财务分析的前提是正确理解财务报表。财务报表分析的结果是对企业的偿债能力、盈利能力和抵抗风险能力作出评价，或找出存在的问题。通过本学习情境的学习，要求学生能够掌握财务分析的概念和作用，财务分析的方法，了解偿债能力、营运能力、盈利能力分析的内容，了解杜邦财务分析体系。

二、重难点解析

(一)财务分析概述

财务分析是指以财务报告和其他相关的资料为依据和起点，采用专门方法，系统分析和评价企业的过去和现在的经营成果、财务状况及其变动的一种方法，财务分析最基本的功能是将大量的报表数据转换成对特定决策有用的信息，减少决策的不确定性。

1. 财务分析的意义与内容

财务报表分析的起点是财务报表，分析使用的数据大部分来源于公开发布的财务报表。因此，财务分析的前提是正确理解财务报表。财务报表分析的结果是对企业的偿债能力、盈利能力和抵抗风险能力作出评价，或找出存在的问题。

2. 财务分析的依据

财务报表是反映企业一定时期财务状况、经营成果和现金流动状况的总结性书面文件，包括财务报表、财务报表附注和财务情况说明书。财务报表体系主要由资产负债表、利润表、现金流量表三张主要报表构成。

(1)资产负债表

资产负债表是企业财务结构的"快照"，它总括反映企业在一定日期的全部资产、负债和所有者权益的会计报表，是关于一个企业资产结构与资本结构的记录。

一般来说，企业过去的经营、投资和筹资等活动的结果都会反映在资产负债表上。可以说，资产负债表在一定程度总括地反映了企业全部交易、事项与情况的影响。

(2)利润表

利润表是企业一定时期经营成果的计量，它总括反映企业在某一会计期间内(年度、季度、月份等)经营成果的一种财务报表。

(3)现金流量表

现金流量表是以现金为基础编制的反映企业在一定期间内由于经营、投资、筹资活动所形成的现金流量情况的会计报表。

(4)财务报表之间的关系

资产负债表、利润表和现金流量表存在密切的关系。图13-1简要列示了资产负债表、利润表和现金流量表的关系。

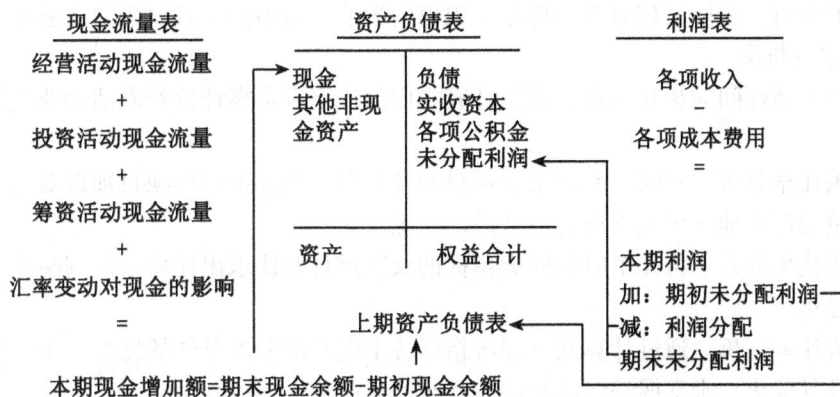

图 13-1 资产负债表、利润表和现金流量表之间的关系

3. 财务分析的程序

财务分析的程序与步骤可以归纳为四个阶段：

(1)财务分析信息搜集整理阶段。

(2)战略分析与会计分析阶段。

(3)财务分析的实施阶段。

(4)财务分析综合评价阶段。

(二)财务分析的基本方法

财务分析的方法一般分为定量分析方法和定性分析方法。财务分析的基本方法主要有以下几种。

1. 比较分析法

比较分析,是对两个或几个有关的可比数据进行对比,揭示差异和矛盾。比较是分析的最基本方法,没有比较,分析就无法开始。比较分析的具体方法种类繁多。

(1)按比较对象分类:

①与本企业历史比,即不同时期(2～10年)指标相比,也称"趋势分析"。

②与同类企业比,即与行业平均数或竞争对手比较,也称"横向比较"。

③与计划预算比,即实际执行结果与计划指标比较,也称"差异分析"。

(2)按比较内容分类:

①比较会计要素的总量。总量是指报表项目的总金额,例如总资产、净资产、净利润等。总量比较主要用于时间序列分析,如研究利润的逐年变化趋势,看其增长潜力。有时也用于同业对比,看企业的相对规模和竞争地位。

②比较结构百分比。把损益表、资产负债表、现金流量表转换成结构百分比报表。例如以收入为100%,看损益表各项目的比重。结构百分比报表用于发现有显著问题的项目,揭示进一步分析的方向。

③比较财务比率。财务比率是各会计要素的相互关系,反映其内在联系。比率的比较是最重要的分析。它们是相对数,排除了规模的影响,对不同比较对象建立起可比性。

2. 比率分析法

利用两个指标间的相互关系,通过计算它们的比率来考察评价经营活动业绩优劣的分析方法。

①相关比率分析。对同一时期某个项目和其他有关但又不同的项目加以对比,求出比率,以便更加深入地认识某方面的经济活动状况。

②趋势比率分析。将几个时期同类指标的数字进行对比求出比率,以判断企业在某方面业务的趋势。

③构成比率分析。通过计算某一经济指标各个组成部分占总体的比率,用以观察它的构成内容及其变化,来掌握经济活动的特点和变化趋势。

3. 因素分析法

因素分析,是依据分析指标和影响因素的关系,从数量上确定各因素对指标的影响程度。

因素分析的方法具体又分为:

①差额分析法。例如固定资产净值变化的原因分析,可分解为原值变化和折旧变化两部分。

②指标分解法。例如资产利润率,可分解为资产周转率和销售利润率的乘积。

③连环替代法。依次用分析值替代标准值,测定各因素对财务指标的影响,例如影响成本降低的因素分析。

④定基替代法。分别用分析值替代标准值,测定各因素对财务指标的影响,例如标准

成本的差异分析。

4. 趋势分析法

趋势分析法又称动态分析法，它是对不同时期的发展趋势做出分析。

(三) 财务指标分析

1. 财务指标分析

财务报表中有大量的数据，可以根据需要计算出很多有意义的比率，这些比率涉及企业经营管理的各个方面。通过财务比率分析，可以对企业的营运能力、偿债能力、盈利能力和发展能力进行分析。

(1) 营运能力分析

企业负债和所有者权益的增加都是为了形成足够的营运能力。营运能力是指企业对其有限资源的配置和利用能力，从价值的角度看就是企业资金利用效果。

①流动资产周转率。流动资产周转率是指企业流动资产在一定时期内所完成的周转额与流动资产平均占用额之间的比率关系。在其他条件不变的情况下，如果流动资产周转速度快，说明企业经营管理水平高，资源利用效率越高，流动资产所带来的经济效益就越高。该指标通常用流动资产周转次数或周转天数表示，其计算公式为：

$$流动资产周转次数 = \frac{营业收入}{流动资产平均占用额}$$

$$流动资产周转天数 = \frac{360}{流动资产周转次数}$$

$$流动资产平均占用额 = (期初流动资产 + 期末流动资产) \div 2$$

②存货周转率。存货周转率是指企业一定时期内的销售成本与同期的存货平均余额之间的比率。其计算公式为：

$$存货周转次数 = \frac{销售成本}{平均存货}$$

$$存货周转天数 = \frac{360}{存货周转次数}$$

$$平均存货 = (期初存货 + 期末存货) \div 2$$

存货周转率是从存货变现速度的角度来评价企业的销售能力及存货适量程度的。存货周转次数越多，反映存货变现速度越快，说明企业销售能力越强，营运资金占压在存货上的量小；反之，存货周转次数越少，反映企业存货变现速度慢，说明企业销售能力弱，存货积压，营运资金沉淀于存货的量大。

③应收账款周转率。应收账款周转率是指企业在一定时期的赊销净额与应收账款平均余额之间的比率。其计算公式是：

$$应收账款周转率 = 营业收入 / 平均应收账款$$

$$应收账款周转天数 = \frac{360}{应收账款周转次数}$$

$$平均应收账款 = (期初应收账款 + 期末应收账款) \div 2$$

应收账款周转率是评价企业应收账款的变现能力和管理效率的财务比率。应收账款周转次数多，说明企业组织收回应收账款的速度快，造成坏账损失的风险小，流动资产流动性好，短期偿债能力强。反之，应收账款周转次数少，说明企业组织收回应收账款的速度慢，坏账损失风险大，流动资产流动性差，短期偿债能力弱。

④总资产周转率。总资产周转率是企业一定时期的销售收入对总资产的比率。其计算公式是：

$$总资产周转次数 = 营业收入/平均资产总额$$

$$总资产周转天数 = \frac{360}{总资产周转次数}$$

$$平均资产总额 = (期初资产总额 + 期末资产总额) \div 2$$

该指标反映资产总额的周转速度。周转越快，反映销售能力越强。企业可以通过薄利多销的办法，加速资产的周转，带来利润绝对额的增加。

(2)偿债能力分析

①短期偿债能力的分析。短期偿债能力是指企业以其流动资产支付在一年内即将到期的流动负债的能力。企业有无偿还短期债务的能力对企业的生存、发展至关重要。

企业短期偿债能力的大小主要取决于企业营运资金的多少、流动资产变现能力、流动资产结构状况和流动负债的多少等因素的影响。衡量和评价企业短期偿债能力的指标主要有流动比率、速动比率和现金比率等。

a. 流动比率。流动比率是指企业流动资产与流动负债之间的比率关系，反映每1元流动负债有多少流动资产可以作为支付保证。其计算公式是：

$$流动比率 = \frac{流动资产}{流动负债}$$

一般情况下，流动比率越高，反映企业短期偿债能力越强，债权人的权益越有保证。

b. 速动比率。速动比率又称为酸性测试比率，是指企业速动资产与流动负债的比例关系，说明企业在一定时期内每1元流动负债有多少速动资产作为支付保证。

其计算公式是：

$$速动比率 = \frac{速动资产}{流动负债}$$

$$速动资产 = 流动资产 - 存货 - 待摊费用$$

c. 现金比率。现金比率又称即付比率，是指企业现金类资产(货币资金和交易性金融资产)与流动负债之间的比率关系。

$$现金比率 = \frac{现金类资产}{流动负债}$$

$$现金类资产 = 货币资金 + 交易性金融资产$$

②长期偿债能力的分析。长期偿债能力是企业偿还长期债务的现金保障程度。企业的长期债务是指偿还期在1年或者超过1年的一个营业周期以上的负债，包括长期借款、应付债券、长期应付款等。分析一个企业长期偿债能力，主要是为了确定该企业偿还债务本金和支付债务利息的能力。

a. 资产负债率。资产负债率是全部负债总额除以全部资产总额的百分比，也就是负债总额与资产总额的比例关系，也称为债务比率。资产负债率的计算公式如下：

$$资产负债率 = (负债总额 \div 资产总额) \times 100\%$$

公式中的负债总额指企业的全部负债，不仅包括长期负债，而且包括流动负债。公式中的资产总额指企业的全部资产总额，包括流动资产、固定资产、长期投资、无形资产和递延资产等。

b. 利息偿付倍数。利息偿付倍数是指企业经营业务收益与利息费用的比率，也称为已获利息倍数或利息偿付倍数。它表明企业经营业务收益相当于利息费用的多少倍，其数额越大企业的偿债能力越强。其计算公式如下：

$$利息偿付倍数 = 息税前利润 \div 利息费用$$

$$或 = (税前利润 + 利息费用) \div 利息费用$$

公式中的分子"息税前利润"是指利润表中未扣除利息费用和企业所得税之前的利润。它可以用"利润总额加利息费用"来测算，也可以用"净利润加企业所得税、利息费用"来测算。

③盈利能力分析。盈利能力是指企业获取利润的能力，反映着企业的财务结构状况和经营绩效，是企业偿债能力和营运能力的综合体现。企业在资源的配置上是否高效，直接从资产结构状况、资产运用效率、资产周转速度以及偿债能力等方面表现出来，从而决定着企业的盈利水平。

a. 总资产报酬率。总资产报酬率是一定时期企业利润总额与平均资产总额之间的比率。其计算公式为：

$$总资产报酬率 = \frac{利润总额}{平均资产总额} \times 100\%$$

$$平均资产总额 = (期初资产总额 + 期末资产总额) \div 2$$

在市场经济中各行业间竞争比较激烈的情况下，企业的资产利润率越高说明总资产利用效果越好；反之越差。

b. 净资产收益率。净资产收益率又称为权益报酬率，是企业一定时期净利润与平均净资产的比率。计算公式为：

$$净资产收益率 = \frac{净利润}{平均净资产} \times 100\%$$

$$平均资产总额 = (期初所有者权益 + 期末所有者权益) \div 2$$

一般认为，企业净资产收益率越高，企业自有资本获取收益的能力越强，运营效益越好，对企业投资人和债权人的保证程度越高。

c. 销售获利率。销售获利率的实质是反映企业实现的商品价值中获利的多少。从不同角度反映销售盈利水平的财务指标有销售毛利率、销售净利率等。

销售毛利率。销售毛利率，也称毛利率，是企业的销售毛利与销售收入净额的比率。其计算公式为：

$$销售毛利率 = \frac{销售毛利}{销售收入净额} \times 100\%$$

$$\frac{销售收入净额 - 销售成本}{销售收入净额} \times 100\%$$

公式中，销售毛利是企业销售收入净额与销售成本的差额，销售收入净额是指产品销售收入扣除销售退回、销售折扣与折让后的净额。销售毛利率反映了企业的销售成本与销售收入净额的比例关系，毛利率越大，说明在销售收入净额中销售成本所占比重越小，企业通过销售获取利润的能力越强。

销售净利率。销售净利率是企业净利润与销售收入净额的比率。其计算公式为：

$$销售净利率 = \frac{净利润}{销售收入净额} \times 100\%$$

销售净利率说明了企业净利润占销售收入的比例，它可以评价企业通过销售赚取利润的能力。该比率越高，企业通过扩大销售获取收益的能力越强。

d. 成本费用利润率。成本费用利润率是企业净利润与成本费用总额的比率。它反映企业生产经营过程中发生的耗费与获得的收益之间的关系。其计算公式为：

$$成本费用净利率 = \frac{净利润}{成本费用总额} \times 100\%$$

④企业发展能力分析。发展能力是企业在生存的基础上，扩大规模，壮大实力的潜在能力。在分析企业发展能力时，主要考察以下指标：

a. 销售（营业）增长率。销售（营业）增长率是指企业本年销售（营业）收入增长额同上年销售（营业）收入总额的比率。其计算公式为：

销售增长率 = 本年营业收入增长额 ÷ 上年营业收入总额

本年营业收入增长额 = 本年营业收入总额 - 上年营业收入总额

该指标是衡量企业经营状况和市场占有能力、预测企业经营业务拓展趋势的重要标志，也是企业扩张增量和存量资本的重要前提。

b. 资本积累率。资本积累率是指企业本年所有者权益增长额同年初所有者权益的比率，它可以表示企业当年资本的积累能力，是评价企业发展潜力的重要指标。其计算公式为：

资本积累率 = 本年所有者权益的增长额 ÷ 年初所有者权益

该指标是企业当年所有者权益总的增长率，反映了企业所有者权益在当年的变动水平。资本积累率反映了投资者投入企业资本的保全性和增长性，该指标越高，表明企业的资本积累越多，企业资本保全性越强，持续发展的能力越大。该指标如为负值，表明企业资本受到侵蚀，所有者利益受到损害，应予充分重视。

c. 总资产增长率。总资产增长率是企业本年总资产增长额同年初资产总额的比率，它可以衡量企业本期资产规模的增长情况，评价企业经营规模总量上的扩张程度。其计算公式为：

总资产增长率 = 本年总资产增长额 ÷ 年初资产总额

本年总资产增长额 = 年末资产总额 - 年初资产总额

该指标越高，表明企业一个经营周期内资产经营规模扩张的速度越快。

d. 三年利润平均增长率。三年利润平均增长率表明企业利润的连续三年增长情况，体现企业的发展潜力。其计算公式为：

$$三年利润平均增长率 = \left[\frac{（年末利润总额 / 三年前年末利润总额）}{3} - 1 \right] \times 100\%$$

三年前年末利润总额指企业三年前的利润总额数。

利润是企业积累和发展的基础，该指标越高，表明企业积累越多，可持续发展能力越强，发展的潜力越大。

e. 三年资本平均增长率。三年资本平均增长率表示企业资本连续三年的积累情况，体现企业的发展水平和发展趋势。其计算公式为：

$$三年资本平均增长率 = \left(\sqrt[3]{\frac{年末所有者权益总额}{三年前年末所有者权益总额}} - 1 \right) \times 100\%$$

三年前年末所有者权益指企业三年前的所有者权益年末数。该指标越高，表明企业所有者权益得到的保障程度越大，企业可以长期使用的资金越充足，抗风险和保持连续发展的能力越强。

2. 财务综合分析

(1)财务综合分析的含义及特点

财务综合分析是将有关财务指标按其内在联系结合起来，系统、全面、综合地对企业的财务状况和经营成果进行剖析、解释和评价，说明企业整体财务状况和经营成果的优劣。

(2)财务综合分析方法

每一个财务分析指标都是从某一特定的角度对企业财务状况以及经营成果进行分析，它们都不足以全面评价企业的总体财务状况及经营成果，而杜邦分析法可弥补这一不足。

杜邦财务分析体系(简称杜邦体系)也叫杜邦财务分析系统(见图 13-2)，它是利用几种主要的财务比率之间的内在联系，来综合分析企业财务状况的一种方法。它揭示了各项主要财务比率指标之间的关系及其变动的原因。

杜邦分析图包含了以下几种主要的指标关系：

净资产收益率(权益利润率) = 总资产净利率×权益总资产率(权益乘数)

总资产净利率 = 营业净利率×总资产周转率

权益总资产率 = 资产总额/所有者权益

营业净利率 = 净利润/主营业务收入净额

总资产周转率 = 主营业务收入净额/资产平均总额

三、内容提要

(一)财务分析概述

(二)财务分析的基本方法

1. 比较分析法

2. 比率分析法

3. 因素分析法

4. 趋势分析法

(三)财务指标分析

1. 财务指标分析

2. 财务综合分析

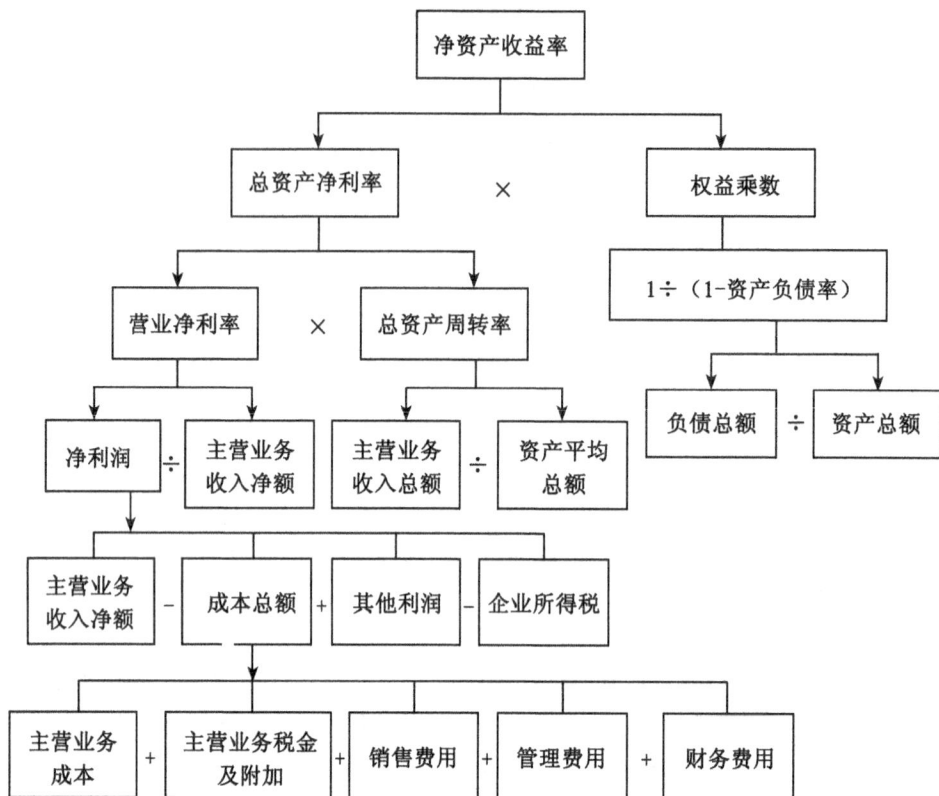

图 13-2　杜邦财务分析体系图

第二部分　习　　题

一、名词解释

1. 财务指标

2. 财务比率

3. 流动比率

4. 速动比率

5. 现金比率

6. 资产负债率

二、判断题

1. 分析一个企业的长期偿债能力，主要是为了确定该企业偿还债务本金的能力。（　）

2. 流动比率较高时说明企业有足够的现金或存款用来偿债。（　）

3. 流动资产周转率反映流动资产的周转速度，周转速度快，会相对节约流动资产，等于相对减少资产投入，增强企业盈利能力。（　）

4. 市盈率是评价上市公司盈利能力的指标，它反映投资者愿意对公司每股净利润支付的价格。（　）。

5. 现金流动负债比率等于现金比流动负债。（　）

6. 营业周期是指从取得存货开始到销售存货为止的这段时间。（　）

7. 盈余现金保障倍数从动态的角度对企业的收益质量进行评价，真实地反映了企业盈余的质量，是反映企业盈利状况的主要指标。（　）

8. 减弱企业流动资产变现能力的因素中，未在财务报表中反映的主要是未作记录的预计负债。（　）

9. 一般情况下，营业周期、流动资产中的应收账款和存货的周转速度是影响流动比率的主要因素。（　）

10. 如果速动比率低于1，则意味着短期偿债能力偏低。（　）

11. 速动比率用于分析企业的短期偿债能力，所以，速动比率越大越好。（　）

12. 尽管流动比率可以反映企业的短期偿债能力，但有的企业流动比率较高，却有可能出现无力支付到期的应付账款的情况。（　）

三、单选题

1. 下列不属于财务报表分析一般目的是（　）。
   A. 评价过去的经营业绩　　　　　　B. 衡量现在的财务状况
   C. 预测未来的发展趋势　　　　　　D. 分析财务风险

2. 下列各项中属于效率比率的是（　）。
   A. 资产负债率　　　　　　　　　　B. 速动比率
   C. 成本利润率　　　　　　　　　　D. 流动资产占总资产的比率

3. 影响速动比率可信性的重要因素是（　）。
   A. 货币资金的多少　　　　　　　　B. 存货的多少
   C. 应收账款的多少　　　　　　　　D. 应收账款的变现能力

4. 关于因素分析法下列说法不正确的是( )。

    A. 在使用因素分析法时要注意因素替代的顺序性

    B. 使用因素分析法分析某一因素对分析指标的影响时，假定其他因素都不变

    C. 因素分析法包括连环替代法和差额分析法

    D. 因素分析法的计算结果都是准确的

5. 各项资产的周转指标用于衡量企业运用资产赚取收入的能力，经常和反映( )的指标结合在一起使用，可全面评价企业的盈利能力。

    A. 偿债能力   B. 盈利能力

    C. 运营效率   D. 变现能力

6. 关于已获利息倍数的说法错误的是( )。

    A. 已获利息倍数不仅反映了获利能力而且反映了获利能力对偿还到期债务的保证程度

    B. 已获利息倍数等于税前利润与利息支出的比率

    C. 已获利息倍数是衡量企业长期偿债能力的指标

    D. 在进行已获利息倍数指标的同行业比较分析时，从稳健的角度出发应以本企业该指标最低的年度数据作为分析依据

7. 下列说法不正确的是( )。

    A. 股东资本大于借入资本较好

    B. 从股东角度来看，在通货膨胀加剧时期，企业多借债可以把损失和风险转嫁给债权人

    C. 在经济繁荣时期，多借债可以获得额外的利润

    D. 在经济萎缩时期，少借债可以减少利息负担和财务风险

8. 下列说法正确的是( )。

    A. 有形净值债务率一定大于产权比率

    B. 有形净值债务率指标实质上是产权比率指标的延伸

    C. 已获利息倍数属于反映短期偿债能力的指标

    D. 已获利息倍数是指企业税前利润与利息费用的比率

9. 下列关于市盈率的说法不正确的是( )。

    A. 该比率反映投资人对每元净利润所愿支付的价格，可以用来估计股票的投资报酬和风险

    B. 高市盈率说明公司能够获得社会信赖，具有良好的前景

    C. 市盈率越高，表明市场对公司的未来越看好

    D. 在市价确定的情况下，每股收益越高，市盈率越低，投资风险越小

10. 某企业 2005 年年末的所有者权益总额为 8 000 万元，2003 年年末的所有者权益总额为 5 000 万元，2002 年年末的所有者权益总额为 4 500 万元，则 2005 年该企业的三年资本平均增长率为( )。

    A. 16.96%   B. 18.69%

    C. 21.14%   D. 23.34%

11. 不影响净资产收益率的指标包括(　　)。
　　A. 总资产周转率　　　　　　　　B. 主营业务净利率
　　C. 资产负债率　　　　　　　　　D. 流动比率

12. 下列说法不正确的是(　　)。
　　A. 每股净资产也称为每股账面价值或每股权益
　　B. 投资者认为市价高于账面价值时,企业资产的质量好
　　C. 一般来说,市净率达到 3 可以树立较好的公司形象
　　D. 市价低于每股净资产的股票,没有购买价值

四、多选题

1. 下列各项中属于财务报表数据局限性的是(　　)。
　　A. 缺乏可比性　　　　　　　　　B. 缺乏可靠性
　　C. 存在滞后性　　　　　　　　　D. 缺乏具体性

2. 下列各项中属于效率比率的有(　　)。
　　A. 资产周转率　　　　　　　　　B. 销售毛利率
　　C. 总资产报酬率　　　　　　　　D. 流动比率

3. 某公司当年经营利润很多,却不能偿还当年债务,为查清原因,应检查的财务比率有(　　)。
　　A. 已获利息倍数　　　　　　　　B. 流动比率
　　C. 存货周转率　　　　　　　　　D. 应收账款周转率

4. 在计算速动资产时需要在流动资产中减掉(　　)。
　　A. 存货　　　　　　　　　　　　B. 应付账款
　　C. 预付账款　　　　　　　　　　D. 一年内到期的非流动资产

5. 关于产权比率与资产负债率,下列说法正确的是(　　)。
　　A. 两个比率对评价偿债能力的作用基本相同
　　B. 资产负债率侧重于揭示财务结构的稳健程度
　　C. 产权比率侧重于分析债务偿付安全性的物资保障程度
　　D. 产权比率侧重于揭示自有资金对偿债风险的承受能力

6. 提高营业净利率的途径主要包括(　　)。
　　A. 扩大营业收入　　　　　　　　B. 提高负债比率
　　C. 降低成本费用　　　　　　　　D. 提高成本费用

7. 计算成本利润率时,分母中"成本费用总额"包括(　　)。
　　A. 营业成本　　　　　　　　　　B. 管理费用
　　C. 营业税金及附加　　　　　　　D. 所得税

8. 下列各项中属于企业发展能力分析指标的是(　　)。
　　A. 资本积累率　　　　　　　　　B. 营业收入增长率
　　C. 资本保值增值率　　　　　　　D. 技术投入比率

9. 净资产收益率可以综合反映企业的(　　)。

    A. 盈利能力   B. 短期偿债能力

    C. 长期偿债能力   D. 营运能力

10. 一个健全有效的企业综合财务指标体系必须具备的基本要素包括( )。

    A. 指标数量多   B. 指标要素齐全适当

    C. 主辅指标功能匹配   D. 满足多方信息需要

11. 企业计算稀释每股收益时，应当考虑的稀释性潜在的普通股包括( )。

    A. 股票期权   B. 认股权证

    C. 可转换公司债券   D. 不可转换公司债券

12. 下列公式中正确的是( )。

    A. 营业利润率=营业利润/营业收入   B. 权益乘数=1/(1-产权比率)

    C. 营业净利率=净利润/营业收入   D. 营业利润率=利润总额/营业收入

五、简答题

1. 简述财务分析的作用。

2. 如何分析公司的偿债能力？

3. 简述财务分析的程序。

4. 如何评价资产负债率？

5. 如何正确理解流动资产周转率指标？

6. 怎样对企业盈利能力进行分析？

六、计算题

1. A公司2008年年初的负债总额为400万元，股东权益是负债总额的3倍，年资本积累率为50%，2008年年末的资产负债率为40%。2008年该公司的固定成本总额为170万元，实现净利润300万元，企业所得税税率为33%。2008年年末的股份总数为600万股，假设普通股股数在2008年和2009年年度内未发生变化，企业没有优先股，2008年年末的普通股市价为 5 元/股。

要求：

(1)计算 2008 年年初的股东权益总额、资产总额、年初的资产负债率。

(2)计算 2008 年年末的股东权益总额、负债总额、资产总额、产权比率。

(3)计算 2008 年的总资产净利率、权益乘数(使用平均数计算)、平均每股净资产、每股收益、市盈率。

(4)假设 2009 年实现净利润 400 万元，2009 年年末保持 2006 年年末的资金结构和 2006 年的资本积累率，计算 2009 年的每股收益，并结合连环替代法分析总资产净利率、权益乘数以及平均每股净资产对于每股收益的影响数额。

2. 某公司 2007 年的有关资料如表 13-1 所示。

表 13-1   单位：万元

项目	年初数	年末数
存货	7 200	9 600
流动负债	6 000	8 000
总资产	15 000	17 000

流动比率：150%

速动比率：80%

权益乘数：1.5

流动资产周转次数：4

净利润：2 880万元

要求：

(1)计算 2007 年该公司流动资产的年初余额、年末余额和平均余额(假定流动资产由速动资产和存货组成)。

(2)计算 2007 年的主营业务收入和总资产周转率。

(3)计算主营业务净利率和净资产收益率。

(4)假定该公司 2007 年投资计划需要资金 2 100 万元，维持权益乘数 1.5 的资金结构，规定按照 10%的比例提取盈余公积金，按照 5%的比例提取公益金。计算按照剩余股利政策 2006 年向投资者分配股利的数额。

3. 某公司 2005 年的有关资料如表 13-2 所示。

表 13-2 单位：万元

项目	年初数	年末数	本年数或平均数
存货	7 200	9 600	
流动负债	6 000	8 000	
总资产	15 000	17 000	

流动比率：150%
速动比率：80%
权益乘数：1.5
流动资产周转次数：4
要求：

(1)计算 2005 年该公司流动资产的年初余额、年末余额和平均余额(假定流动资产由速动资产和存货组成)。

(2)计算 2005 年的主营业务收入和总资产周转率。

(3)计算主营业务净利率和净资产收益率。

(4)假定该公司 2006 年投资计划需要资金 2 100 万元，维持权益乘数 1.5 的资金结构，规定按照 10%的比例提取盈余公积金，按照 5%的比例提取公益金。计算按照剩余股利政策 2005 年向投资者分配股利的数额。

4. 某企业 2005 年 12 月 31 日的资产负债表(简表)如表 13-3 所示。

表 13-3　　　　　　　　　　　　资产负债表(简表)
2005 年 12 月 31 日　　　　　　　　　　单位：万元

资产	期末数	负债及所有者权益	期末数
货币资金	400	应付账款	400
应收账款净额	1 000	应付票据	800
存货	1 800	长期借款	2 700
固定资产净值	2 200	实收资本	1 200
无形资产	300	留存收益	600
资产总计	5 700	负债及所有者权益总计	5 700

该企业 2005 年的主营业务收入净额为 8 000 万元，主营业务净利率为 10%，净利润的 40%分配给投资者。预计 2 006 年主营业务收入净额比上年增长 20%，为此需要增加固定资产 200 万元，增加无形资产 100 万元，根据有关情况分析，企业流动资产项目和流动负债项目将随主营业务收入同比例增减。

假定该企业 2006 年的主营业务净利率和利润分配政策与上年保持一致，该年度长期借款不发生变化；2006 年年末固定资产净值和无形资产合计为 2 700 万元。2006 年企业需要增加对外筹集的资金由投资者增加投入解决。

要求：

（1）计算 2006 年需要增加的营运资金额。

（2）预测 2006 年需要增加对外筹集的资金额。

（3）预测 2006 年年末的流动资产额、流动负债额、资产总额、负债总额和所有者权益总额。

（4）预测 2006 年的速动比率和产权比率。

（5）预测 2006 年的流动资产周转次数和总资产周转次数。

（6）预测 2006 年的净资产收益率。

（7）预测 2006 年的资本积累率和总资产增长率。

第三部分　参考答案

一、名词解释

1. 财务指标，是指收集传达财务信息，说明资金活动，反映企业生产经营过程和成果的经济指标。

2. 财务比率，主要是以财务报表资料为依据，将两个相关的数据进行相除而得到的比率。

3. 流动比率，是流动资产与流动负债的比率。

4. 速动比率，是速动资产与流动负债的比率。

5. 现金比率，是现金和现金等价物与流动负债的比率。

6. 资产负债率，又称负债比率，是指企业负债总额对资产总额的比率。它用来衡量企业利用债权人提供资金进行经营活动的能力，也反映债权人发放贷款的安全程度。

二、判断题

| 1. × | 2. × | 3. × | 4. × | 5. × | 6. × |
| 7. × | 8. × | 9. √ | 10. × | 11. × | 12. √ |

三、单选题

| 1. D | 2. C | 3. D | 4. D | 5. B | 6. B |
| 7. A | 8. B | 9. B | 10. C | 11. D | 12. D |

四、多选题

| 1. ABC | 2. BC | 3. BCD | 4. ACD | 5. AD | 6. AC |
| 7. ABC | 8. ABCD | 9. ACD | 10. BCD | 11. ABC | 12. AC |

五、简答题

1. 财务分析是财务管理的重要组成部分，是利用已有的账务数据对企业过去的财务状况、经营成果及未来前景的一种评价。编制财务报表的目的，就是向报表的使用者提供有关的财务信息，从而为他们的决策提供依据。但是财务报表是通过一系列的数据资料来全面、概括地反映企业的财务状况、经营成果和现金流量情况。对报表的使用者来说，这些数据是原始的、初步的，还不能直接为决策服务。因此，报表的使用者应根据自己的需要，使用专门的方法，对财务报表提供的数据资料进一步加工、整理，从中取得必要的有用的信息，从而为决策提供正确的依据。

2. 偿债能力是指上市公司偿还各种到期债务的能力。偿债能力分析包括短期偿债能力分析、长期偿债能力分析以及偿债能力保障程度分析。短期偿债能力是指公司以流动资产偿还流动负债的能力，反映公司短期偿债能力的财务比率主要有流动比率、速动比率和现金比率。长期偿债可以从公司资本结构中反映出来。对于公司的投资者及长期债权人而言，他们不仅关心公司的短期偿债能力，而且更关心公司的长期偿债能力。反映公司长期偿债能力的财务比率有资产负债率、产权比率、有形净值债务率。偿债能力保障程度主要衡量公司对固定利息费用所提供的保障程度。反映偿债能力保障程度的财务比率有已获利息倍数等。

3. (1)确定分析内容。财务分析的内容包括分析资金结构、风险程度、营利能力、经营成果等。报表的不同使用者，对财务分析内容的要求不完全相同。公司的债权人关注公司的偿债能力，通过流动性分析，可以了解公司清偿短期债务的能力；投资人更加关注公司的发展趋势，更侧重公司营利能力及资本结构的分析；而公司经营者对公司经营活动的各个方面都必须了解。此外，作为经营者还必须了解本行业其他竞争者的经营情况，以便今后更好地为本公司销售产品定价。

(2)搜集有关资料。一旦确定了分析内容，需尽快着手搜集有关经济资料，这是进行财务分析的基础。分析者要掌握尽量多的资料，包括公司的财务报表以及统计核算、业务核算等方面的资料。

(3)运用特定方法进行分析比较。在占有充分的财务资料之后，即可运用特定分析方法来比较分析，以反映公司经营中存在的问题，分析问题产生的原因。财务分析的最终目的是进行财务决策，因而，只有分析问题产生的原因并及时将信息反馈给有关部门，方能做出决策或帮助有关部门进行决策。

4. 资产负债率是企业负债总额与资产总额的比率，也称为负债比率或举债经营比率，它反映企业的资产总额中有多少是通过举债而得到的。资产负债率反映企业偿还债务地综合能力，这个比率越高，企业偿还债务的能力越差。对于资产负债率，企业的债权人、股东和企业经营者往往从不同的角度来评价。

(1) 从债权人角度看，他们最关心的是贷给企业资金的安全性。如果这个比率过高，说明在企业的全部资产中，股东提供的资本所占比重太低，这样，企业的财务风险就主要是由债权人负担，其贷款的安全也缺乏可靠的保障，所以，债权人总是希望企业的负债比率低一些。

(2) 从企业股东的角度看，关心的主要是投资收益的高低，企业借入的资金与股东投入的资金在生产经营中可以发挥同样的作用，如果企业负债所支付的利息率低于资产报酬率，股东就可以利用举债经营取得更多的投资收益。因此，股东关心的往往是全部资产报酬率是否超过了借款的利息率。企业股东可以通过举债经营的方式，以有限的资本，付出有限的代价而取得对企业的控制权，并且可以得到举债经营的杠杆利益。

(3) 站在企业经营者的立场，他们既要考虑企业的盈利，也要顾及企业所承担的财务风险。资产负债率作为财务杠杆不仅反映了企业长期财务状况，也反映了企业管理当局的进取精神，如果企业不利用举债经营或者负债比率很小，则说明企业比较保守，对前途信心不足，利用债权人资本进行经营活动的能力较差。但是，负债也必须有一定限度，负债比率过高，企业的财务风险将增大，一旦资产负债率超过 1，则说明企业资不抵债，有面临倒闭的危险。

5. 流动资产周转率反映了企业流动资产的周转速度，是从企业全部资产中流动性最强的流动资产角度对企业资产的利用效率进行分析，以进一步揭示影响企业资产质量的主要因素。要实现该指标的良性变动，应以主营业务收入增幅高于流动资产增幅做保证。通过该指标的对比分析，可以促进企业加强内部管理，充分有效地利用流动资产，如降低成本、调动暂时闲置的货币资金用于短期投资创造收益等，还可以促进企业采取措施扩大销售，提高流动资产的综合使用效率。一般情况下，该指标越高，表明企业流动资产周转速度越快，利用越好。在较快的周转速度下，流动资产会相对节约，相当于流动资产投入的增加，在一定程度上增强了企业的盈利能力；而周转速度慢，则需要补充流动资金参加周转，会形成资金浪费，降低企业盈利能力。

6. 盈利能力的分析是企业财务分析的重点，财务结构分析、偿债能力分析等，其根本目的是通过分析及时发现问题，改善企业财务结构，提高企业偿债能力、经营能力，最终提高企业的盈利能力，促进企业持续稳定地发展。对企业盈利能力的分析主要指对利润率的分析。因为尽管利润额的分析可以说明企业财务成果的增减变动状况及其原因，为改善企业经营管理指明了方向，但是，由于利润额受企业规模或投入总量的影响较大，一方面使不同规模的企业之间不便于对比；另一方面它也不能准确地反映企业的盈利能力和盈利水平。因此，仅进行利润额分析一般不能满足各方面对财务信息的要求，还必须对利润率进行分析。

利润率指标从不同角度或从不同的分析目的看，可有多种形式。在不同的所有制企业中，反映企业盈利能力的指标形式也不同。在这里，我们对企业盈利能力的分析将从以下几方面进行：

（1）与投资有关的盈利能力分析。与投资有关的盈利能力分析主要对总资产报酬率、净资产收益率指标进行分析与评价。

（2）与销售有关盈利能力分析。与销售有关盈利能力分析即利用损益表资料进行利润率分析，包括收入利润率分析和成本利润率分析两方面的内容。而为了搞好利润率因素分析，有必要对销售利润进行因素分析。

（3）上市公司盈利能力分析。上市公司盈利能力分析即对每股收益指标、普通股权益报酬率指标、股利发放率指标以及价格与收益比率指标进行分析。

六、计算题

1.（1）2008年年初的股东权益总额=400×3=1 200（万元）

2008年年初的资产总额=1 200+400=1 600（万元）

2008年年初的资产负债率=400/（400+1 200）×100%=25%

（2）2008年年末的股东权益总额=1 200+1 200×50%=1 800（万元）

2008年年末的负债总额=1 800/（1−40%）×40%=1 200（万元）

2008年年末的资产总额=1 800+1 200=3 000（万元）

2008年年末的产权比率=1 200/1 800×100%=66.67%

（3）总资产净利率=300/［（1 600+3 000）/2］×100%=13.04%

使用平均数计算的权益乘数=［（1 600+3 000）/2］/［（1 200+1 800）/2］=1.53

平均每股净资产=［（1 200+1 800）/2］/普通股总数=1 500/600=2.5（元）

每股收益=净利润/普通股股数=300/600=0.5（元）

2008年年末的市盈率=普通股每股市价/普通股每股收益=5/0.5=10

（4）2009年的每股收益=净利润/普通股总数=400/600=0.67（元）

因为2009年年末企业保持2006年年末的资金结构和2008年的资本积累率，

所以2009年年末的股东权益=1 800×（1+50%）=2 700（万元）

因为资产负债率=40%，

所以2009年年末的资产总额=2 700/（1−40%）=4 500（万元）

2009年的总资产平均额=（3 000+4 500）/2=3 750（万元）

2009年的总资产净利率=净利润/平均总资产=400/3 750×100%=10.67%

2009年使用平均数计算的权益乘数=［（3 000+4 500）/2］/［（1 800+2 700）/2］

=1.67

2009年的平均每股净资产=［（1 800+2 700）/2］/600=3.75（元）

每股收益变动额=0.67−0.5=0.17

2008年的每股收益=13.04%×1.53×2.5=0.5

替代总资产净利率：10.67%×1.53×2.5=0.41

替代权益乘数：10.67%×1.67×2.5=0.45

替代平均每股净资产：10.67%×1.67×3.75=0.67

所以：总资产净利率变动的影响额＝0.41－0.5＝－0.09

权益乘数变动的影响额＝0.45－0.41＝0.04

平均每股净资产变动的影响额＝0.67－0.45＝0.22

2.(1)年初流动资产总额＝6 000×80%＋7 200＝12 000(万元)

年末流动资产总额＝8 000×150%＝12 000(万元)

流动资产平均余额＝(12 000＋12 000)/2＝12 000(万元)

(2)主营业务收入净额＝4×12 000＝48 000(万元)

总资产周转率＝48 000/〔(15 000＋17 000)/2〕＝3(次)

(3)主营业务净利率＝2 880/48 000×100%＝6%

净资产收益率＝6%×3×1.5＝27%

(4)2007 年公司投资所需的自有资金＝2 100×1/1.5＝1 400(万元)

向投资者分配股利的数额＝2 880－1 400＝1 480(万元)

3.(1)年初流动资产总额＝6 000×80%＋7 200＝12 000(万元)

年末流动资产总额＝8 000×150%＝12 000(万元)

流动资产平均余额＝(12 000＋12 000)/2＝12 000(万元)

(2)主营业务收入净额＝4×12 000＝48 000(万元)

总资产周转率＝48 000/〔(15 000＋17 000)/2〕＝3(次)

(3)主营业务净利率＝2 880/48 000×100%＝6%

净资产收益率＝6%×3×1.5＝27%

(4)2006 年公司投资所需的自有资金为：2 100×1/1.5＝1 400(万元)

向投资者分配股利的数额＝2 880－1 400＝1 480(万元)

4.(1)变动资产销售百分比＝(400＋1 000＋1 800)/8 000＝40%

变动负债销售百分比＝(400＋800)/8 000＝15%

2006 年需要增加的流动资产额＝(400＋1 000＋1 800)×20%＝640(万元)

2006 年需要增加的流动负债额＝(400＋800)×20%＝240(万元)

2006 年需要增加的营运资金额＝640－240＝400(万元)

(2)2006 年需要增加对外筹集的资金额＝400＋200＋100－8 000×(1＋20%)×10%×(1－40%)＝124(万元)

(3)2006 年年末的流动资产＝(400＋1 000＋1 800)×(1＋20%)＝3 840(万元)

2006 年年末的流动负债＝(400＋800)×(1＋20%)＝1 440(万元)

2006 年年末的资产总额＝5 700＋200＋100＋(400＋1 000＋1 800)×20%＝6 640(万元)

因为题目中说明企业需要增加对外筹集的资金由投资者增加投入解决，所以长期负债不变，即 2006 年年末的负债总额＝2 700＋1 440＝4 140(万元)

2006 年年末的所有者权益总额＝资产总额－负债总额＝6 640－4 140＝2 500(万元)

(4)2006 年的速动比率＝速动资产/流动负债×100%

＝(400＋1 000)×(1＋20%)/〔(400＋800)×(1＋20%)〕×100%

≈116.67%

2006 年的产权比率＝负债总额/所有者权益总额×100%

＝4 140/2 500×100%＝165.6%

(5)2006 年初的流动资产=400+1 000+1 800=3 200(万元)

2006 年的流动资产周转次数=8 000×(1+20%)/[(3 200+3 840)/2]≈2.73(次)

2006 年的总资产周转次数=8 000×(1+20%)/[(5 700+6 640)/2]≈1.56(次)

(6)2006 年的净资产收益率=8 000×(1+20%)×10%/[(1 200+600+2 500)/2]×100%

≈44.65%

(7)2006 年的资本积累率=(2 500-1 800)/1 800×100%≈38.89%

2006 年的总资产增长率=(6 640-5 700)/5 700×100%≈16.49%

第四部分 案 例 分 析

案例一 AA 股份有限公司财务分析报告(2XX6—2XX8)

目录

公司基本情况

行业基本情况

财务分析说明

主要财务数据分析

会计报表结构分析

公司经营状况评述

公司存在问题及改进意见

一、公司基本情况

(一)公司简介

公司法定中文名称：AA 股份有限公司

公司法定英文名称：AA GROUP CO.，LTD

公司法定代表人：×××

公司董事会秘书：×××

联系地址：××省××市××路×× 号

电话：×××-××××××

电子信箱：AA.com.cn

证券事务代表：××

联系地址：××省××市××路×× 号

电话：××××××××

电子信箱：AA.com.cn

传真：×××-×××××

公司注册地址：×××国家高新技术产业开发区

公司办公地址：××市×××路×× 号

邮政编码：×××××

公司国际互联网网址：www. AAAA. com. cn

电子信箱：AA@ AAA. com. cn

公司选定的信息披露报纸名称：《证券时报》、《上海证券报》、《中国证券报》

登载年度报告的中国证监会指定网站的网址：http：//www. ××××. com. cn

公司年度报告备置地点：本公司档案室

公司股票上市交易所：深圳证券交易所

股票简称：AAA

股票代码：×××××

其他有关资料：

公司首次注册登记日期：××× 年 11 月 30 日

公司聘请的会计师事务所名称：×××会计师事务所有限公司

办公地址：×××××

公司前身是成立于1991 年×月的 AAAA 厂，1993 年×月进行股份制改组，同年××月××日在深交所上市。1996 年××月经临时股东大会会议讨论决定更名为 AAA 股份有限公司。本公司是最大的中成药生产企业，是中国中成药 50 强之一。产品销往内地、我国港澳地区、东南亚等地区，并逐步进入日本、欧美等国家和地区的市场。

(二)公司股东情况

1. 期末股东总数：×××户。

2. 前 10 名股东持股情况表(根据 2008 年 12 月 31 日中国证券登记结算有限责任公司深圳分公司登记存管部提供资料)

单位：股

股东总数	13291				
前 10 名股东持股情况					
股东名称	股东性质	持股比例%	持股总数	持有有限售条件股份数量	质押或冻结的股份数量
AA 有限公司	国有股东	41.52	221 757 229	221 757 229	32 000 000
AA 集团有限公司	国有股东	12.32	65 813 912	17 408 798	
×××1	社会公众股东	9.36	50 000 000	50 000 000	
×××2	社会公众股东	1.70	9 055 195		
×××3	社会公众股东	1.18	6 319 179		
×××4	社会公众股东	1.12	6 007 565		
×××5	社会公众股东	0.99	5 270 717		
×××6	社会公众股东	0.92	4 903 301		
×××7	社会公众股东	0.86	4 576 299		
×××8	社会公众股东	0.80	4 268, 679		

3. 控股股东情况

报告期内控股股东为 AA 有限公司。

AA 有限公司持有本公司 45.81%的股份，其法定代表人：××。成立日期：××××年×月×日，主要业务和产品：中药材种植，各类中西药品及保健品的研究、开发、生产经营，药用包装材料、医疗器械的经营，经营本企业自产产品的出口业务和本企业所需的机械设备、零配件、原辅材料的进出口业务（国家限定公司经营或禁止进出口的商品及技术除外）。注册资本 6.6 亿元。股权类型：有限责任公司。

4. 实际控制人情况

×××是本公司的实际控制人。××人民政府国有资产监督管理委员会是××省人民政府监督管理××省国有资产的部门，持有 AA 集团有限公司 100%的股份，××医药集团有限公司持有 AA 有限公司 100%的股份。

AA 集团有限公司法定代表人：××。成立日期：××××年×月×日，经营范围：植物药原料基地的开发和经营；药品生产、销售、研发；医药产业投资；生物资源的开发和利用；国内、国际贸易（经营范围中涉及需要专项审批的凭许可证经营）。注册资本：15 亿元，企业类型：有限责任公司。

20××年×月×日，公司发布公告，××省人民政府原则同意××集团有限公司更名为 AA 控股有限公司。本次更名后，公司实际控制人不变，仍为××省国有资产监督管理委员会。

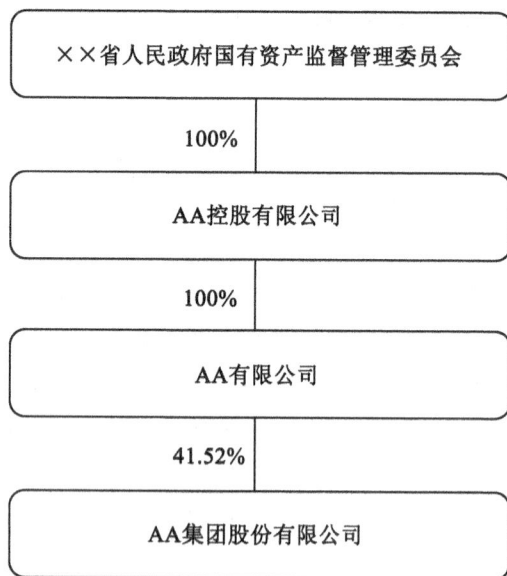

图 13-3　公司与实际控制人之间的产权及控制关系的方框图

5. 其他持有股份 10%以上的股东情况

××集团有限公司持有本公司 12.32%的股份，其法定代表人：××。成立日期：

1996 年 1 月 29 日。经营范围：在国家法规、政策允许范围内进行投资、开发。注册资本 56 亿元。股权类型：有限责任公司（国有独资）。

（三）公司董事会、监事会情况

1. 现任董事、监事、高级管理人员基本情况：第五届董事会、监事会和高级管理人员及报酬情况

2. 独立董事履行职责情况

本报告期第五届董事会有独立董事四名，他们能按独立董事的职责，关注公司经营情况、财务状况及公司法人治理结构，并亲自出席了公司 2008 年各次董事会及股东大会，积极参与公司决策，对公司股权转让、关联交易等重大事项均发表了独立意见，充分发挥了独立董事的作用，维护了公司整体利益和中小股东的合法权益。

独立董事参加董事会的出席情况如表 13-4 所示。

表 13-4 　　　　　　　　　　　　独立董事参加董事会的出席情况

姓名	本年应参加董事会次数	亲自出席（次）	委托出席（次）	缺　席（次）
1	7	7	0	0
2	7	7	0	0
3	7	7	0	0
4	7	7	0	0

二、行业基本情况

1. 医药行业是我国国民经济的重要组成部分，是传统产业和现代产业相结合，一、二、三产业为一体的产业。中华人民共和国成立以来，特别是改革开放 30 多年，我国已经形成了比较完备的医药工业体系和医药流通网络，发展成为世界制药大国。据统计：我国现有医药工业企业 3 613 家，可以生产化学原料药近 1 500 种，总产量 43 万吨，位居世界第二。改革开放以来，随着人民生活水平的提高和对医疗保健需求的不断增长，医药工业一直保持着较快的发展速度，1978 年至 2000 年，医药工业产值年均递增 6.6%，成为国民经济中发展最快的行业之一。近年来，国内医药市场规模迅速扩大，医药商业销售额年增长率达到了 20%。据统计，国内药品市场规模已经超过 3 000 亿元。

2. 2008 年下半年以来，世界经济金融形势风云突变、急剧恶化，我国经济发展面临着严重困难和严峻挑战，中国的医药产业同样也受到了国际市场萎缩和人民币升值等因素带来的压力，原料药出口受阻，利润增幅急剧下降。但在政府 4 万亿的一部分投入医疗医药情况下，在新医改的全面推进下，中国医药企业仍面临着很好的机会。分析医药商业行业 9 个主要上市公司 2008 年年报和 2009 年一季报显示，2008 年整体销售收入增速有所放缓，但全年增长仍超过 20%。

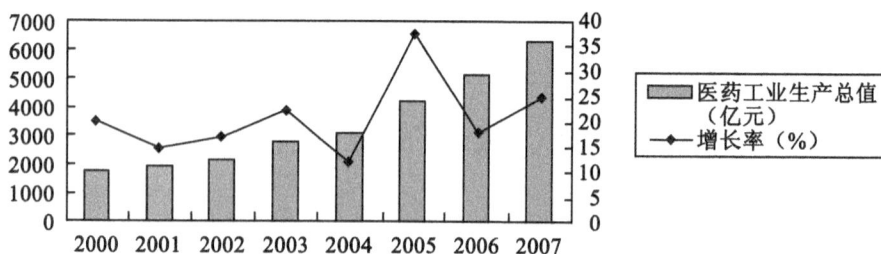

图 13-4　医药商业生产总值及增长率

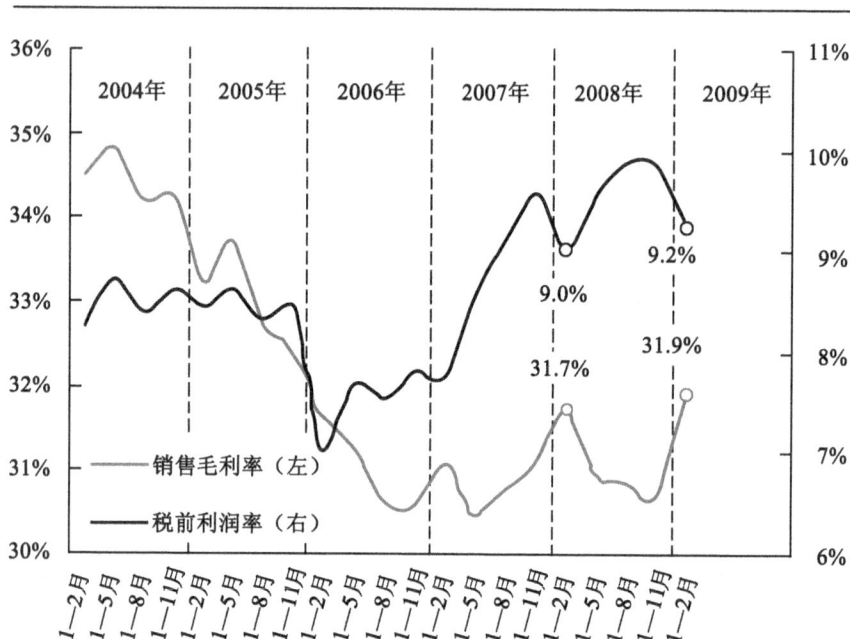

图 13-5　2009 年 1—2 月医药行业毛利率和税前利润率

3. 展望未来，中国医药行业景气才刚刚开始，未来提升空间巨大。医药产业目前进入新医改牵引下的新一轮有序发展期。未来新医改方案将对中国医药行业的市场结构、产业结构、产品结构等方面产生深刻的影响，到 2010 年，医改带来的药品增量至少在 1 000 亿以上，加上行业自然增长部分，预计未来三至五年医药行业的年增长率不会低于 20%。

三、财务分析说明

本财务分析报告依据 AA 公司 2006—2008 年年度财务报告，会计师事务所审计报告以及通过其他公开渠道取得的有关资料，对该公司进行财务分析。需要说明的是：

1. 公司董事会、监事会及董事、监事、高级管理人员保证本报告所载资料不存在任何虚假记载、误导性陈述或者重大遗漏，并对其内容的真实性、准确性和完整性承担个别及连带责任。

2. 没有董事、监事、高级管理人员对年度报告内容的真实性、准确性和完整性无法保证或存在异议。

3. 所有董事均出席了本次董事会。

4. ×××会计师事务所有限公司为本公司出具了标准无保留审计意见的审计报告。

因此，AA集团股份有限公司2006—2008年会计数据和其他相关资料在所有重大方面能公允的反映公司的财务状况、经营成果和现金流量，无须作调整。

四、主要财务数据分析

(一)企业偿债能力分析

1. 短期偿债能力分析(见表13-5)

表13-5

短期偿债能力比率	2008 年	2007 年	2006 年
流动比率	2.60	1.80	1.80
速动比率	1.84	1.08	1.15

(1)流动比率分析：AA公司2006—2008年流动比率分别为1.80、1.80、2.60。流动比率增幅明显，说明企业短期偿债能力较强。从公司2006—2008年的资产负债表可以看出，公司流动资产与负债都逐年上升，但流动资产增速快于流动负债增速。2008年受国际金融危机影响，为了维持企业正常运营，企业持有大量货币资金，导致流动比率较2007年大幅增长。中国医药制造业的平均流动比率为1.22。AA公司的流动比率大大高于行业平均水平，企业应适当减少现金持有量，扩大投资，减少资产的浪费。

(2)速动比率分析：企业该指标与流动比率指标大致相似说明企业的短期偿债能力的强弱。企业该指标保持在1为好，过大过小都有负面的影响。AA公司2006—2008年速动比率都高于1，只有2007年接近于1，企业的短期偿债能力非常强，但大量持有流动资产导致企业资源未得到充分利用，影响了企业的获利能力。

2. 企业长期偿债能力分析(见表13-6)

表13-6

长期偿债能力比率	2008 年	2007 年	2006 年
资产负债率(%)	35.46	50.61	47.74
负债股权比率(%)	55.80	108.06	99.44

（1）资产负债率分析：2006—2008 年，AA 公司的资产负债率呈下降趋势，从资产负债表可以看出，在国际金融危机的影响下，AA 公司管理层加强了对企业的日常运营管理，企业资产总额不断增加，负债略有增加，反映了公司管理水平的提高，企业的资产负债率下降，企业偿债能力较强。

（2）负债股权比率：负债股权比率是从股东权益对长期负债的保障程度来评价企业的长期偿债能力的。2006—2008 年，AA 公司的负债股权比率下降明显，企业所有者权益对债权的保障程度较高，企业财务风险较小。

（二）企业营运能力分析

企业营运相关数据如表 13-7 所示。

表 13-7

企业营运能力	2008 年	2007 年	2006 年
应收账款周转率	31.67	24.36	22.67
应收账款周转天数	11.37	14.78	15.88
存货周转率	3.36	3.44	3.95
存货周转天数	107.14	104.65	91.14

1. 应收账款周转率及周转天数：据金融网提供的数据，中国医药制造企业的平均应收账款周转率为 2.88，应收账款周转天数为 125 天。AA 公司的应收账款周转率和应收账款周转天数这两个指标都优于行业平均水平，且在 2006—2008 年，企业应收账款周转率不断上升，应收账款周转天数不断下降，说明收账速度快，平均收账期短，坏账损失少，资产流动快，偿债能力强。

2. 存货周转天数及存货周转率：上海××企业管理咨询有限公司提供的报告显示医药制造业的平均存货周转率为 3.96，平均存货周转天数为 90.91 天。相对于行业平均水平，AA 公司的存货周转率稍低，存货周转天数略高。纵向比较，企业的存货周转率从 2006 年以来一直下降，说明企业存货管理水平下降，销售能力变弱。主要原因是受金融危机影响，导致企业库存增加，产品销售困难。作为行业内领先企业，AA 公司应加强存货管理，采取积极的销售策略，减少存货营运资金占用量。

（三）企业盈利能力分析

从图 13-6、图 13-7 可以看出，从 2006—2008 年，AA 公司销售利润率变动浮动较小，基本维持在 30%左右，而医药制造业的行业平均销售利润率为 9%左右，说明 AA 公司销售获取利润的能力较强，在业内处于领先地位。公司净资产收益率呈下降趋势，但仍高于行业平均水平（8.78%），公司的资产负债表显示，2006—2008 年，公司的净利润一直增加，净资产收益率下降的原因是公司资产负债率下降，公司资本结构中权益资本增加，且市场对公司信心好于预期，导致公司股价不断上升，平均普通股股东权益增加。AA 公司每股盈余呈上升趋势，原因是在金融危机中，公司及时调整经营策略，公司销售成本得到了有效控制，销售净利不断增加。

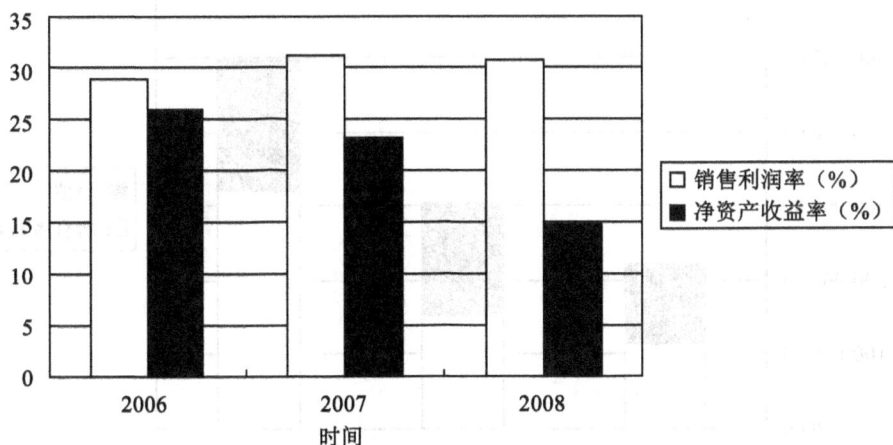

图 13-6　AA 公司主要盈利指标变动趋势

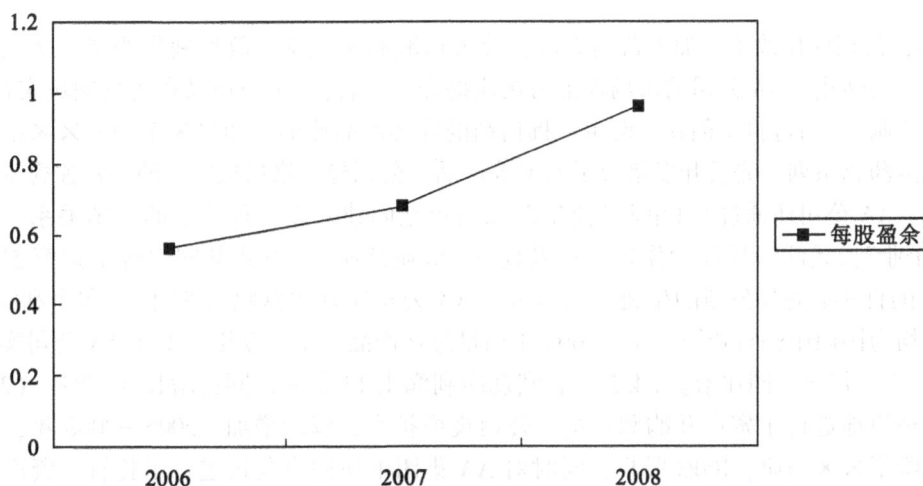

图 13-7　每股盈余

五、会计报表结构分析

(一)资产负债表结构分析

2006—2008 年资本结构如图 13-8 所示。

1. 资产方面：2006—2008 年，AA 公司资产大幅增长，2006—2008 年的总资产增长率分别为 30.69%、30.80%、72.46%。AA 公司资产迅速增加的主要原因是：(1)2006—

资产总额（万元）

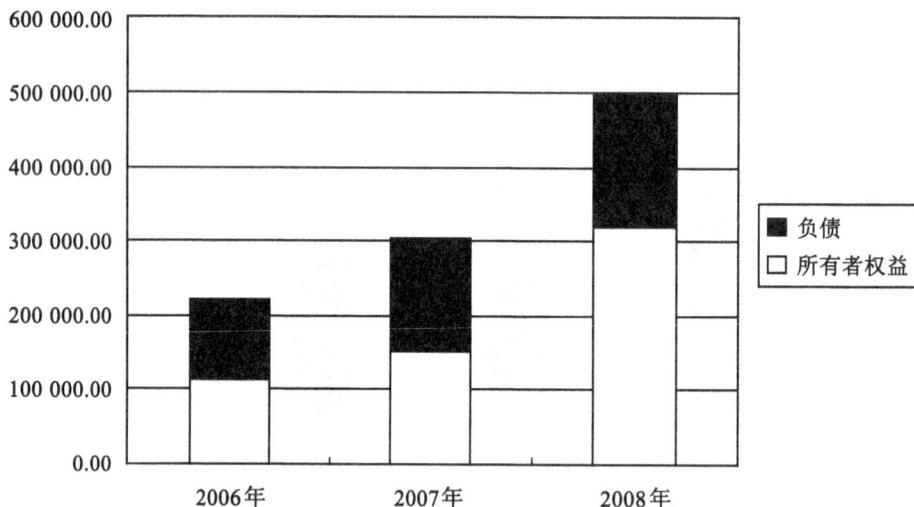

图 13-8　2006—2008 年资本结构

2008 年，公司深化改革，加大营销力度，分公司顺利实现从粗放型到集约型、从生产型到经营型的转化，AA 公司的市场攻击力快速提升。之后，AA 公司又在研发领域实行"首席科学家制"，通过自主创新，诞生一批畅销的优势产品族群。如××系列、××系列和其他天然药物系列，先后开发培育了××等产品。公司经营格局从原来的一枝独秀变为多点支撑。AA 公司还通过"订单制"使生产和销售之间建立起一种新型的产销关系。通过"虚拟企业"模式注入现代运作理念以及建立"事业部制"等方式共同促成了这家创始于 1902 年的百年品牌焕发新的生机。2008 年，AA 公司实现主营收入 57 亿元和净利润 4.6 亿元，均为国内中药行业第一位。2008 年销量过亿产品 7 个。今年一季度 AA 公司实现主营收入 15.2 亿元，同比增长 34.54%；实现净利润 1.14 亿元，同比增长 31.7%。（2）AA 公司大规模地进行了资产并购和重组，公司规模扩大，资产增加。2006—2008 年，公司先后收购了××药业、100%股权，同时对 AA 集团下属四家公司进行了托管。资产并购和重组后，实现了研发和营销等资源共享，降低了公司成本，扩大了销售额，产生了规模效应。（3）2008 年公司成功定向增发，平安寿险以 27.87 元增持 AA 公司 5 000 万股限售股，公司募集到 13.94 亿元资金。同时××厂区的建设部分完成，也增加了 AA 公司的账面资产。

　　2. 负债方面：AA 公司的资产负债率在 3 年间明显下降，公司的负债略有上升。2006 年流动负债较上年增加 33 495.7 万元；2007 年增加 39 210.9 万元；2008 年增加 24 528.6 万元。主要原因都是应付账款增加、应付票据增加、预收账款增加以及其他应付款增加。从资产负债表可以看出，公司负债中流动负债占绝大多数，公司很好地运用了短期负债筹资速度快、富有弹性、成本低的优点，且公司对负债规模进行总体控制，公司的财务风险小。

(二)利润表结构分析

从表13-8、图13-9和图13-10可以看出,2006—2008年AA公司营业收入和净利润双增,2008年公司主营收入增长率和净利润增长率分别为39.06%、38.19%。2008年,AA公司实现主营收入57亿元和净利润4.6亿元,均为国内药行业第一位。2009年AA公司新厂区建设基本完成,新基地产能设计将是现有产能的3~5倍。公开资料显示,生产基地占地1 029亩,一期投资10.8亿元,设计14个剂型,产能100亿元。同时,新园区还将引进德国等最先进的制药装备,提升AA公司生产体系的过程自动化控制水平和生产效率,这一项目的实施将成为AA公司高速发展的新起点,AA公司的盈利能力必将大幅增强。

表 13-8 **利润表** 单位:元

报告期	2008 年		2007 年		2006 年	
一、主营业务收入	5 723 198 667.65	100.00%	4 263 268 552.25	100.00%	3 204 365 599.90	100.00%
主营业务成本	3 957 991 073.48	69.16%	2 935 799 711.27	68.86%	2 274 549 067.93	70.98%
主营业务税金及附加	30 718 812.91	0.54%	24 762 903.63	0.58%	17 976 129.00	0.56%
二、主营业务利润	1 734 488 781.26	30.31%	1 302 705 937.35	30.56%	911 840 402.97	28.46%
营业费用	983 476 564.83	17.18%	643 835 502.01	15.10%	409 396 821.98	12.78%
管理费用	187 931 947.08	3.28%	192 441 718.52	4.51%	161 348 194.67	5.04%
财务费用	1 676 380.10	0.03%	(1 987 008.17)	-0.05%	1 512 068.25	0.05%
三、营业利润	523 272 566.73	9.14%	388 856 510.70	9.12%	337 021 400.85	10.52%
投资收益	5 612 185.62	0.10%	2 129 948.68	0.05%	(3 891 543.87)	-0.12%
营业外收支净额	26 364 942.96	0.46%	(1 452 645.32)	-0.03%	(757 298.68)	-0.02%
四、利润总额	555 249 695.31	9.70%	389 533 814.06	9.14%	332 372 558.30	10.37%
所得税	91 717 872.39	1.60%	57 933 529.75	1.36%	52 930 108.00	1.65%
少数股东权益	(1 888 332.56)	-0.03%	1 390 487.31	0.03%	7 261 123.61	0.23%
五、净利润	465 420 155.48	8.13%	330 209 797.00	7.75%	272 181 326.69	8.49%

(三)现金流量表分析

1. 经营活动产生的现金流量分析

2006—2008年,公司销售商品收到的现金分别为352 360.69万元、459 458.61万元、658 115.71万元。说明公司的销售能力增强,销售改革收到了良好效果。公司经营活动产生的现金流量分别为29 216.27万元、7 102.28万元、80 689.69万元。2008年增幅较前两年明显,主要公司加强了日常经营管理。

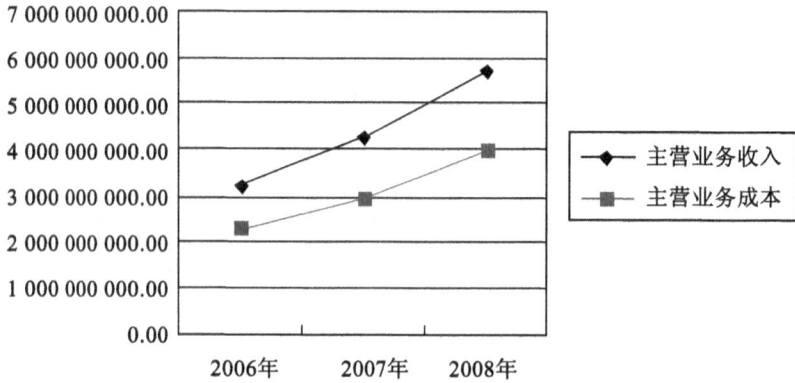

图 13-9　营业收入及营业成本

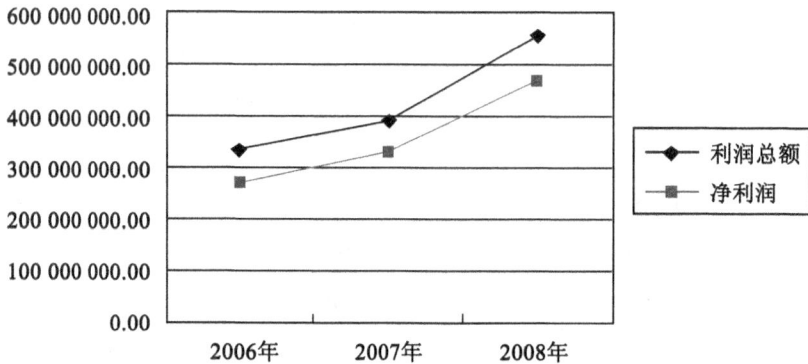

图 13-10　利润总额及净利润变动

2. 投资活动产生的现金流量分析

AA 公司 2006—2008 年投资活动的现金净流量都为负值，主要是由于 AA 公司不断并购和资产重组，扩大投资，导致资金大量流出。从比例上来说，投资活动的现金净流量占销售商品现金净流量的比例为 5% 不到，从公司整体来说，风险是很小的。长期来看，投资是为了扩大生产，随着中国医改的进行，社会对医药的需求会继续扩大，AA 公司未来的现金流肯定会增加。

3. 筹资活动的现金净流量

据现金流量表显示，AA 公司在 2006—2008 年筹资活动的现金净流量依次为 2 601.14 万元、2 407.76 万元、124 152.99 万元。2006 年和 2007 年现金流出的原因是公司偿还到期账务，公司在这两年中融资较少。2008 年由于成功定向增发中国平安 5 000 万股限售普通股，产生了 13.94 亿元的现金流入。从现金流量表可以看出，公司的债务融资明显偏少，虽然降低了公司的财务风险，但财务杠杆效果不明显，公司价值较低。

六、公司经营情况评述

根据公司各项财务指标的综合评估，并与行业平均值对比，结果如图 13-11、表 13-9 所示。

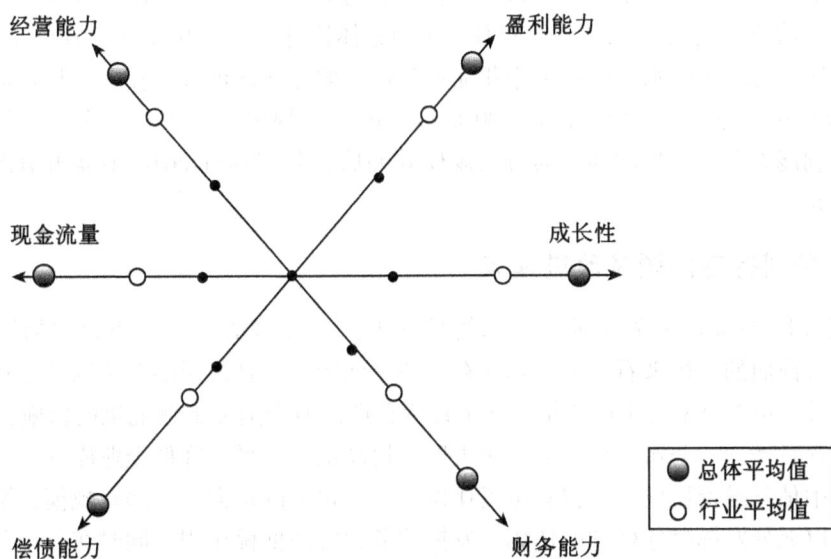

图 13-11

表 13-9

		得分	行业均值	市场均值		得分	行业均值	市场均值
AA 白药 000×××	成长性	93.34	40.98	52.17	现金流量	81.43	31.97	46.85
	财务能力	70.98	34.43	49.85	经营能力	69.82	40.98	49.60
	偿债能力	95.11	37.70	42.88	盈利能力	73.67	36.89	46.92

　　可以看出，AA 公司的各项指标都优于行业均值，说明公司的经营状况良好。在过去的五年，AA 公司是中国最优秀的中药企业，年销售收入保持 30%的增速，其核心竞争力在于独特的资源优势、出色的管理能力以及超前的战略眼光。从 2006 年起，公司经营业绩跃居中国中医药行业首位，营运能力和管理效率居于同行业领先水平，使 AA 公司从一个地方性的企业成长为一个全国性的企业，从一个行业的挑战者成长为行业领跑者。近两年，公司在××省人民政府的支持下，对×省内的制药企业进行了并购重组，扩大了公司规模，研发能力及销售渠道实现了共享，降低了公司的成本，有效地缓解了 AA 股份有限公司在搬入新产区前产能不足的状况，强化了公司的竞争力。2005 年初公司确定"稳中央、突两翼"发展战略，经过三年市场培育，2008 年两翼产品将可能双双突破 5 亿元，此时公司中央产品开始进入平稳发展期，两翼产品占工业收入比重将从 2004 年的 8%提升至 2008 年的 50%，××系列向快消品延伸基本获得成功。两翼产品 2008—2009 年费用投入依然较高，预计两翼产品净利润占工业利润比重将从 2008 年的 22%上升至 2010 年的 40%，两翼产品成为增长接力棒。急救包 2008 年会有小量销售，我们看好 AA 白药这一延伸产品的中长期市场空间。2008 年，AA 公司整体搬迁全面启动，一期投资 10.8 亿元

的产业区上马，共涉及 6 个药厂、研发、营销、商业物流、管理和配套设施，总投资预计较危机发生前节约上亿元。2009 年 6 月，集团整体搬迁项目厂房主体工程施工基本完成，预计 7 月底即可封顶断水，明年上半年完成建设、搬迁和认证等工作。项目建成后将装备 40 余条现代化的药品生产线，达到 100 亿以上的产业规模。从中长期来看，公司的营业收入和盈利能力会进一步增强，通过大规模并购后，公司预计 2010 年集团销售收入能达到 100 亿元。

七、公司存在问题及改进建议

AA 公司是行业内领先企业，公司管理水平高，公司销售收入和利润都领先其他企业，但结合前面的分析来看，公司仍然存在两个问题。一是公司的存货周转率较低，存货周转天数长。虽然 AA 公司近两年加强了存货管理，但受国际金融危机的影响，公司销售量减少，存货增加。公司应该加大销售力度，提高销售水平，降低企业库存。二是公司的融资活动中债务融资比例小，权益融资比例大。公司可以扩大债务融资规模，增加债务融资比例，以充分发挥财务杠杆的作用，发挥债务融资的抵税作用，同时在公司资本结构保持不变的情况下也可以提高每股收益，提升公司的价值。

案例二：上市公司财务报表分析案例——B 股份有限公司

财务报表分析是一项重要而细致的工作，目的是通过分析，找出企业在生产经营中存在的问题，以评判当前企业的财务状况，预测未来的发展趋势。本案例将从投资者的角度，通过对 B 公司 2005—2008 年的财务报表分析，分别从企业的盈利能力、偿债能力、营运能力、现金流状况及成长能力进行分析，得出所需要的会计信息。

一、B 股份有限公司简介

B 公司主营业务涉及电器、电子产品、机械产品、通信设备制造及其相关配件制造。其中空调和冰箱是公司的主力产品，其销售收入是公司收入的主要来源，两者占到公司主业收入的 80% 以上。其产品的国内市场占有率一直稳居同行业之首，在国外也占有相当的市场份额。该公司冰箱在全球冰箱品牌市场占有率排序中跃居第一。

二、财务指标"四维分析"

1. 盈利能力分析(见表 13-10)

表 13-10 　　　　　　　　　　　　B 公司 2005—2008 年盈利能力

财务指标	资产收益率	净资产收益率	毛利率	净利润(万元)
2005 年	3.53%	4.27%	11.76%	23 912.66
2006 年	3.70%	5.43%	14.04%	31 391.37
2007 年	5.75%	10.20%	19.01%	64 363.20
2008 年	6.28%	11.34%	23.13%	76 817.81

从 2005 年到 2008 年 B 公司的盈利能力持续上升，尤其是 2007 年上升较快。

2. 偿债能力分析（见表 13-11）

表 13-11　　　　　　　　　　　B 公司 2005—2008 年偿债能力

财务指标	流动比率	速动比率	资产负债率	有形净值债务率
2005 年	5.33%	4.11%	10.67%	13.07%
2006 年	2.65%	2.01%	25.33%	37.66%
2007 年	1.93%	1.20%	36.94%	59.81%
2008 年	1.77%	1.35%	37.03%	59.87%

总的来说偿债能力很强，尤其是 2005 年和 2006 年流动比率超过 2，速动比率超过了 1，但是这也是资金利用效率低的表现。尽管 2007 年和 2008 年的流动比率和速动比率都有所下降，但不影响偿债能力，并且资金利用率上升了。资产负债率不断上升，导致长期偿债能力有所降低，但是资产负债率没有超过 50%，长期偿债能力依然很强。

3. 营运效率分析（见表 13-12）

表 13-12　　　　　　　　　　　B 公司 2005—2008 年营运效率

财务指标	总资产周转率（次）	存货周转率（次）	存货周转天数	应收账款周转率
2005 年	2.38	16.85	21.37	16.76%
2006 年	2.57	15.15	23.76	16.47%
2007 年	3.00	11.16	32.25	30.24%
2008 年	2.60	9.78	36.82	44.28%

存货周转率有所下降，但与同行业的××电器相比还是很高的，××电器 2008 年的存货周转率是 6.8。应收账款周转率 2005 年和 2006 年比××电器要低，××电器这两年的应收账款周转率分别是 27.09 和 26.71，但是 2007 年和 2008 年 B 公司的应收账款周转率大幅提高，现金流状况得到改善。总资产周转率比较稳定，而且略高于行业水平。

4. 现金状况分析（见表 13-13）

表 13-13　　　　　　　　　　　B 公司 2005—2008 年现金状况

财务指标	现金流动负债比	现金债务总额比	销售现金比率	经营现金净流量（万元）
2005 年	64.84%	64.72%	2.83%	46 795.35
2006 年	58.39%	57.30%	6.27%	123 016.26
2007 年	31.63%	30.94%	4.34%	127 885.75
2008 年	29.65%	29.09%	4.33%	131 758.96

现金流动比率不断下降，一方面说明该企业短期偿债能力下降，另一方面说明企业的资金利用率下降。2005年64.84%的现金流动比率与同行业相比过高，资金利用率低下，所以可以认为现金流动比率不断下降对投资者是一个利好的信息，而且2008年29.65%的现金流动比率与同行业相比是比较高的，所以不会出现财务风险。销售现金比率的上升说明现金回收率比较好，这与前面的应收账款周转率上升是相互呼应的。

三、B股份有限公司收益、成长分解分析

1. 净资产收益率因素分解分析(见表13-14和表13-15)

表13-14　　　　B公司2005—2008年净资产收益率因素分解表

财务指标	营业利润率	总资产周转率(次)	权益乘数	净资产收益率
2005年	1.60%	2.38	1.12	4.27%
2006年	1.58%	2.57	1.34	5.43%
2007年	2.14%	3.00	1.59	10.20%
2008年	2.74%	2.60	1.59	11.34%

表13-15　　　　××电器2005—2008年净资产收益率因素分解表

财务指标	营业利润率	总资产周转率(次)	权益乘数	净资产收益率
2005年	0.95%	2.05	2.10	4.09%
2006年	1.17%	2.16	1.86	4.72%
2007年	1.34%	2.54	2.13	7.25%
2008年	1.80%	2.2	1.92	7.60%

B公司在电器行业处于领先的地位，无论是营业利润率还是资产周转率都高于同行业水平，但与××电器相比，财务杠杆运用的不是很充分，资金利用率不高。

以上说明B公司还有很大的发展空间，今后的发展可以从下面两方面考虑：一是提高营业利润率，二是充分利用财务杠杆效应，因为其财务杠杆低于同行业水平。

2. 自我可持续增长率因素分解分析(见表13-16和表13-17)

表13-16　　　　B公司2005—2008年可持续增长率因素分解表

财务指标	营业利润率	总资产周转率(次)	权益乘数	留存比率	可持续增长率
2005年	1.60%	2.38	1.12	−0.50	−2.09%
2006年	1.58%	2.57	1.34	0.62	3.49%
2007年	2.14%	3.00	1.59	1	11.37%
2008年	2.74%	2.60	1.59	1	12.77%

表13-17 ××电器2005—2008年可持续增长率因素分解表

财务指标	营业利润率	总资产周转率(次)	权益乘数	留存比率	可持续增长率
2005年	0.95%	2.05	2.10	0.52	2.17%
2006年	1.17%	2.16	2.13	1	4.93%
2007年	1.34%	2.54	1.86	1	7.82%
2008年	1.80%	2.2	1.92	1	8.23%

B公司2005年的可持续增长率是-2.09%，表明其2006年可支持的增长率是-2.09%，但2006年实际增长18.86%，如此高的增长率的资金来源是提高了财务杠杆，但财务杠杆是不能无限制提高的，所以这么高的增长率是不能长久的；2006年的可持续增长率是3.49%，表明其2007年可支持的增长率是3.49%，但实际增长率是50.18%，同样是飞速增长，与这种高速增长相配套的是权益乘数从1.34提高到1.59，但这种高速增长不能持久；2007年的可持续增长率是11.37%，表明其2008年可支持的增长率是11.37%，但2008年实际增长3.19%，增长率的同比下降，一方面因为2008年的财务杠杆没有变化，另一方面因为金融危机的影响。当然随着我国家电下乡政策的贯彻和经济回暖，2009年其销售增长率上升。

四、总体评价、结论和建议

1. 资本结构政策分析

公司现在属低负债、低风险的资本结构。因为是低风险，所以回报水平也不高，在同行业中处于中等水平。这说明公司可以适当增加负债水平，以便筹集更多的资金，扩大企业规模，或者向一些高利润高风险的产业作一些适当投资，以提高股东回报率。

2. 营运资本政策分析

从2005—2008年B公司的存货周转率有下降趋势，但下降幅度不大，而且远高于同行业水平；应收账款回收期有上升趋势，也略高于同行业水平。营运资本需求有小幅上升，营运资金比较充足。短期债务数额与现金储备基本持平，公司不需从银行借贷即可维持运营，说明其偿债能力较强，财务弹性还可提高。

3. EPS分析

B公司过去EPS增长率为44.62%，在所有上市公司排名(436/1710)，在其所在的家用电器行业排名为(8/19)，公司成长性合理。B公司过去EPS稳定性在所有上市公司排名(590/1710)，在其所在的家用电器行业排名为(4/19)，公司经营稳定合理。

4. 增长力分析

B公司过去三年平均销售增长率为24.07%，在所有上市公司排名(641/1710)，在其所在的家用电器行业排名为(7/19)，外延式增长合理。其过去三年平均盈利能力增长率为51.89%，在所有上市公司排名(488/1710)，在所在的家用电器行业排名为(9/19)，盈利能力合理。

【本案例参考资料】

[1]周玉娇．上市公司财务报表分析综合案例——海尔[J]．中国乡镇企业会计，2010(1)．

[2]沙洁．企业财务报表分析[J]．财会研究，2004(10)．

[3]徐洁．浅谈企业财务报表分析[J]．内蒙古科技与经济，2005(6)．

[4]王广斌．上市公司财务报表分析的基本原理与方法[J]．山西高等学校社会科学学报，2004(10)．

[5]杜鹏．上市公司市场价值评价分析[J]．工业技术经济，2002(4)．

参考文献

［1］中华人民共和国财政部．企业财务通则．

［2］中华人民共和国财政部．企业内部控制基本规范．

［3］中华人民共和国财政部会计司解读．企业内部控制应用指引．

［4］中华人民共和国财政部．企业会计准则．

［5］靳磊．财务管理基础．北京：高等教育出版社，2009．

［6］刘学华．新编财务管理习题与答案．上海：立信会计出版社，2002．

［7］李天明．现代管理会计学习题与解答．上海：立信会计出版社，2003．

［8］陈兴滨．管理会计配套习题集．北京：中国财政经济出版社，2004．